KNAUR
BALANCE

Birgit Jankovic-Steiner

Mit Lisa Bitzer

# DER FEELING-CODE

Wie wir jedes Problem fühlen, verstehen und loslassen können

KNAUR
BALANCE

**Besuchen Sie uns im Internet:**
**www.knaur-balance.de**

FSC
www.fsc.org
MIX
Papier aus verantwortungsvollen Quellen
FSC® C014496

Originalausgabe September 2019

Ein Imprint der Verlagsgruppe
Droemer Knaur GmbH & Co. KG, München

Redaktion: Dr. Ulrike Strerath-Bolz
Covergestaltung: Isabella Materne
Coverabbildung: Shutterstock.com/Karlygash (Punkte) und Phatthanit (Textur gold)
Abbildungen im Innenteil: Karten: Birgit Jankovic-Steiner, Grafiken erstellt im Verlag, teilweise unter Verwendung von Motiven von Shutterstock.com/Lyudmyla Kharlamova, Peter Hermes Furian
Satz: Adobe InDesign im Verlag
Druck und Bindung: GGP Media GmbH, Pößneck
ISBN 978-3-426-67579-3

2 4 5 3

# Inhalt

# Einleitung

»Ich weiß einfach nicht, was ich noch tun soll!«

Marina Schneider sah mich an. Die Augen meiner Klientin waren weit aufgerissen und glänzten. An ihrem Hals hatten sich nervöse Flecken gebildet. Ich seufzte innerlich. Denn auch ich war mittlerweile mit meinem Latein am Ende.

Seit einem Jahr kam Marina Schneider nun schon zu mir in die psychosoziale Beratung, um mit mir über ihr schwieriges Verhältnis zu Männern zu sprechen. Die gestandene Businessfrau hatte ein Problem: Sie wurde in nahezu jeder Partnerschaft betrogen. Immer und immer wieder. Seit Jahren.

Zu Beginn unserer Treffen war ich zuversichtlich gewesen, dass die eigentlich sehr selbstsicher auftretende Mittvierzigerin bald schon die Kurve kriegen würde. Klar, über Nacht ändert niemand sein Beziehungsverhalten. Und aus vielleicht sogar über Jahrzehnte antrainierten Beuteschemata auszubrechen, das fällt keinem leicht. Aber ich war mir sicher gewesen, dass sie, nachdem wir ihrem Problem einmal auf den Grund gegangen waren, bald schon Mittel und Wege finden würde, um sich künftig andere Männer auszusuchen.

Doch nun, ein Jahr und Dutzende Sitzungen später, war ich genauso ratlos wie meine Klientin selbst. Sie hatte in der Beratung mit mir die zerbrochene Beziehung zu ihrem Ex-Mann, das schwierige Verhältnis zu ihrem früh verstorbenen Vater, ihre Kindheit, die Themen, die sie mit ihrer Mutter hatte, und die größten Krisen ihres Lebens besprochen und aufgearbeitet. Sie war selbstkritisch und ehrlich gewesen und hatte nie ein Blatt vor den

Mund genommen. Wir hatten eine Familienaufstellung gemacht, systemische Maßnahmen besprochen, ich hatte sie sogar zu einem Hypnosetherapeuten geschickt – und dennoch zog sie die untreuen Männer an wie der Honig die Bären. Selbst die nettesten Kerle, die auf den ersten, den zweiten und sogar auf den dritten Blick wie die perfekten Schwiegersöhne wirkten und allem Anschein nach keiner Fliege etwas zuleide tun konnten, gingen nach wenigen Wochen fremd. Und weil Marina Schneider mittlerweile hinter jeder Ecke einen Seitensprung witterte, bekam sie es jedes Mal mit und zerbrach beinahe daran.

Ich war ehrlich verzweifelt. Denn ich wollte ihr so gern helfen. Sie weinte oft in unseren Sitzungen, und ich spürte ihren innigen Wunsch, endlich einen Menschen zu finden, auf den sie sich wirklich verlassen konnte. Da war etwas, das spürte ich intuitiv, was sie davon abhielt, sie selbst zu sein – doch es verbarg sich vor mir. Und vor ihr. Ich kam zu dem Schluss, dass Marina Schneider selbst gar nicht wusste, was sie so blockierte. Vielleicht war es etwas, an das sie sich nicht erinnerte – weil ihre Seele es so gut in ihrem Unterbewusstsein versteckt hatte, um nicht mehr davon verletzt zu werden. Doch wie kam ich an diese Erinnerung heran? Wie konnte ich meiner Klientin zu mehr Glück in ihren Beziehungen und ihrem Leben verhelfen? Wie konnte ich ihr wirklich *helfen?*

Natürlich wusste ich, dass mir in gewisser Hinsicht die Hände gebunden waren, denn letztendlich konnte ich sie auf dem Weg der Erkenntnis nur begleiten und vielleicht ein Lichtlein halten, nicht jedoch die entscheidenden Schritte machen. In meiner Hilflosigkeit suchte ich mir Rat bei anderen Therapeuten und besprach das Dilemma auch in der Supervision.

»Es gibt eine unbestimmte Traurigkeit in meiner Klientin, die ich einfach nicht zu fassen kriege. Meine Intuition sagt mir, dass diese Traurigkeit, dieses Gefühl des Nicht-Genügens, etwas damit zu tun hat, dass sie immerzu betrogen wird. Aber ich weiß nicht, was ich noch tun kann.«

Auch meine Kollegen waren überfragt. Sie empfahlen mir erneut die Hypnose, rieten mir, mich mit noch erfahreneren Therapeuten zusammenzuschließen, doch letztendlich waren sie genauso ratlos wie ich.

Nun saß Marina Schneider vor mir, das Gesicht in den Händen vergraben, und schüttelte verzweifelt den Kopf. »Immer gerate ich an die Falschen. Ich sollte aufhören, irgendjemanden an mich heranzulassen, dann werde ich auch nicht mehr verletzt. Es ist wie ein Fluch, der auf mir liegt!« Plötzlich richtete sie sich auf, wischte sich die verschmierte Wimperntusche aus den Augenwinkeln und sagte: »Frau Jankovic-Steiner, Sie haben mich nun so intensiv begleitet. Aber ich denke darüber nach, den Rat meiner Freundin zu befolgen. Sie war bei einem Alternativmediziner, der ihr geholfen hat ... Vielleicht hat der ja eine Idee.«

»Ja, vielleicht«, erwiderte ich zögerlich. Ich bin grundsätzlich dafür, alle Register zu ziehen, wenn es um das Seelenheil meiner Klienten geht. Gleichzeitig hatte ich eine Ahnung, dass es sich für Marina Schneider nicht auszahlen würde, ihre Sorgen zu einem Kollegen zu tragen. Hieß es nicht, dass viele Köche den Brei verdarben? Andererseits: Ich kam ja auch nicht weiter! Und es ging ihr schlecht – das war unübersehbar.

Als Marina Schneider gegangen war, grübelte ich noch lange über ihre Worte nach. Auf der einen Seite fand ich es schrecklich, wie viele Menschen in der Hoffnung auf Heilung, sei es von psychischen oder physischen Erkrankungen, von Pontius zu Pilatus rennen. Doch im Grunde werden immer nur die Symptome behandelt, selten die Ursachen, vor allem dann, wenn man andauernd den Therapeuten und die Behandlung wechselt. Denn die Hoffnungslosen fühlen sich oft gezwungen weiterzumachen, wenn eine Methode nicht klappt – nur eine Therapiestunde noch, nur einmal mehr eine Tür aufstoßen, einen Versuch noch wagen, und dann kommen sie vielleicht endlich ihrem Lebensglück ein Stück näher.

Aber kaum einer wird geheilt. Stattdessen geht es den Menschen, die derart verzweifelt auf der Suche sind, sogar schlechter. Denn mit jedem Mal, wenn die Resultate ausbleiben, die Therapie nach einer Erstverbesserung am Anfang nicht mehr anschlägt oder die Wirkung des Seminars nach nur drei Tagen nachlässt, werden sie hoffnungsloser. Wieder ein Rückschlag! Wieder keine Besserung in Sicht. Und am Ende verdienen vor allem die Therapierenden.

Die besten Therapeuten sind doch jene, dachte ich, als ich am Abend mit einem Glas Wein auf dem Sofa saß und über Marina Schneiders Verzweiflung nachdachte, denen das Leben ihrer Klienten wirklich am Herzen liegt. Die sie uneigennützig begleiten und ihnen sagen: »Suchen Sie nicht im Außen, was Sie im Innen finden müssen. Kein anderer weiß, wie es sich anfühlt, in Ihrer Haut zu stecken. Nur Sie selbst können dafür sorgen, dass es Ihnen gut geht.«

In diesem Moment, als ich in all meiner Selbstgerechtigkeit und Zufriedenheit in meiner schicken Wohnung auf dem nicht gerade günstigen Sofa saß und einen sehr guten Rotwein genoss, wurde mir schlagartig klar, dass auch ich nur deshalb ein so schönes Leben genießen konnte, weil es Menschen gab, die voller Hoffnung in meine Praxis kamen und sich von mir behandeln ließen.

Menschen, die in mir, dem Außen, nach einer Lösung für die Probleme in ihrem Inneren suchten. Menschen wie Marina Schneider.

Mit einem Mal schmeckte der Rotwein schal. Ganz langsam stellte ich das Glas auf den Couchtisch, während die Rädchen in meinem Kopf zu rotieren begannen. Ich übte meinen Beruf mit Freude aus und zog viel Befriedigung daraus, wenn ich sah, dass es meinen Klienten am Ende einer Sitzung oder Therapie besser ging als zuvor. Und ja, ich genoss auch die Position, die ich im Leben einiger Menschen einnahm, da ich als Beraterin in vielen Situationen fungierte. Ich hatte immer eine Idee oder Inspiration, wie meine Klienten ihr Leben anders gestalten oder einen Konflikt lösen konnten.

Aber verteilte ich nicht auch Ratschläge wie die »Weisheit in Person«? Als hätte ich schon alles gefühlt und erlebt? Wie weit war es um meine Fähigkeiten als Beraterin überhaupt bestellt, wenn ich einer Frau wie Marina Schneider nicht helfen konnte, ein glücklicheres Leben zu führen? War ich eigentlich in der Lage, über die Situation anderer Menschen zu urteilen, wenn ich nicht wusste, wie es sich anfühlte, in ihrer Haut zu stecken?

Tief in meinem Inneren wusste ich die Antwort auf meine Fragen: Kein Mensch, auch wenn er noch so viele psychologische, pädagogische oder medizinische Ausbildungen absolviert hat, kann wissen, wie sich das Leben eines anderen anfühlt. Natürlich kann es wichtig und nützlich sein, sich in bestimmten Lebenslagen, vor allem an Weggabelungen und vor großen Entscheidungen, Meinungen von außen einzuholen. Aber wer war ich, diese Person sein zu wollen?

Ich ging an diesem Abend mit einem unguten Gefühl ins Bett, das sich in den kommenden Tagen noch verstärkte und mich auch nach Wochen noch nicht losließ.

Die Beratungssitzungen fielen mir immer schwerer; die Zweifel, ob das, was ich meinen Klienten anbot, für sie überhaupt von Nutzen war, erdrückten mich. Schließlich entschied ich, die Arbeit als psychosoziale Beraterin für einige Monate einzustellen. Ich verspürte den dringenden Wunsch, etwas in meinem Leben und meinem Arbeiten zu verändern. Und auch wenn ich keine Ahnung hatte, was diese Veränderung sein oder bewirken konnte, wusste ich: So, wie ich es bislang getan hatte, kam ich nicht mehr weiter.

Aus einem Impuls heraus beschloss ich, für ein paar Tage in ein Naikan-Retreat zu gehen, eine Art japanisches Schweigekloster. Denn immer wieder kam mir ein Satz in den Sinn, den ich zu Beginn meiner Krise gedacht hatte: »Such nicht im Außen, was du im Innen finden willst.« Und wo könnte ich besser zur Ruhe und zu meinem Inneren finden als in einer vollkommen stillen Umgebung?

Als ich vor dem alten Bauernhaus stand, irgendwo weit weg von allem, kam mir meine Idee allerdings gar nicht mehr so gut vor. Mein Handy hatte ich zu Hause gelassen. Ich fragte mich, wie es mir möglich sein sollte, ohne Kommunikation zur Außenwelt, ohne Bücher und ohne meine geliebten Medien zu überleben. Doch ich wusste, es war an der Zeit, den Blick nach innen zu richten. Denn ich fühlte mich schlecht. Ich hatte Beratungen gegeben, die den Menschen, wie ich mittlerweile fand, nur oberflächlich halfen, hatte Geld erhalten, das mir eigentlich nicht zustand. Ich zweifelte an mir und an meinem Beruf. Also beschloss ich, mich dem Schweigen anzuvertrauen.

Ein freundlicher alter Mann begrüßte mich. Er sprach so ungeheuer langsam und bedacht, dass er mich damit fast in den Wahnsinn trieb, denn ich war (und bin bis heute) ein ausgesprochen ungeduldiger Mensch. Deswegen war ich auch froh, nur sieben Tage im Schweigekloster gebucht zu haben, die mir zu diesem Zeitpunkt wie eine Ewigkeit vorkamen.

Ich löcherte den Mönch mit Fragen. Wie läuft das hier ab? Wann gibt es Essen? Spricht man wirklich mit niemandem? Und warum ist es noch nicht einmal erlaubt, einem der Anwesenden in die Augen zu sehen? Ist das wirklich schon Kommunikation?

Doch er lächelte nur weise und sagte: »Alles, was kommt, ist gut.«

Das war's. Mehr bekam ich nicht von ihm, und die Zweifel, ob mir das Schweigekloster wirklich helfen würde, wurden noch deutlich größer. Aber nun war ich einmal hier, und so würde ich mich auch auf das Abenteuer Stille einlassen.

Er führte mich in mein spärlich eingerichtetes Zimmer. Ein Bett, ein Schreibtisch. Wofür ich den brauchte, wusste ich nicht, denn nicht einmal Schreibsachen, Papier und Stift, waren im Kloster erlaubt. Der Blick aus dem Fenster führte hinaus in die Natur, ich sah Bäume, Wiesen und einen kleinen Brunnen. Ich ließ den Blick durch meine Kammer schweifen. Die Tapeten an den Wänden waren über und über mit Blumen verziert. Eine Erinnerung aus meiner Kindheit schob sich in mein Gedächtnis: wie ich als kleines Mädchen auf dem stillen Örtchen saß und die Blumen an den Wänden zählte.

»Ab jetzt gibt es keine Worte mehr«, sagte der Mönch, der immer noch in der Tür stand. »Mach es dir gemütlich und pack deine Sachen aus. Keine Medien, keine Ablenkung. Nur du.«

Die Tür fiel ins Schloss. Ich saß auf dem harten Bett und spürte, wie Unruhe in mir aufkam. Während ich dort hockte und schwieg, drehten sich meine Gedanken immerzu im Kreis. *Wo willst du hin? Was willst du tun? Was ist die Lösung?* Und wieder von vorn. Es war zum Verrücktwerden und dauerte ein paar Tage, bis sich die Stille über meinen Körper legte und ich mich endlich ganz in Ruhe in meinem Geist umsehen konnte. »Such nicht im Außen, was du im Innen finden willst …« In meinem Inneren lag die Antwort auf alles.

Also ließ ich zu, dass meine Gedanken auf die Reise gingen. Ohne sie in eine bestimmte Richtung zu lenken, ließ ich sie treiben. Sie flossen dahin, mal plätscherten sie in Richtung Zukunft, mal sprudelten sie in der Gegenwart, und von Zeit zu Zeit strömten sie auch in die Vergangenheit. Bilder tauchten aus der sprichwörtlichen Erinnerungsflut auf. Meine Eltern kamen mir in den Sinn, Schnappschüsse aus meiner Kindheit ploppten vor meinem inneren Auge auf. Ich traf alte Wegbegleiter wieder, Freunde, zu denen der Kontakt abgebrochen war, aber auch Menschen, die leider schon länger nicht mehr unter uns weilten.

Ich dachte an Anneliese. Sie war eine gute Freundin meiner Familie gewesen und hatte wie wir in einem kleinen Ort in der Steiermark gelebt. In meiner Kindheit war Anneliese so etwas wie eine Art Ersatz-Oma gewesen, die mir in jeder Situation mit Rat und Tat zur Seite stand. Und zwar wortwörtlich, denn oft fragte ich sie, ob ich jetzt draußen spielen solle, ob diese oder jene Freundin gut für mich sei, ob ich für die Schule genug gelernt hätte und dergleichen mehr. Alles Fragen, die sich Kinder immer wieder stellen. Aber Anneliese sagte stets dasselbe: »Die Antworten auf alle Fragen sind in dir. Dein Körper weiß, was gut oder schlecht für dich ist. Lerne, auf ihn zu hören, und du weißt, was du tun musst.«

Ich saß im Schneidersitz im Meditationsraum des Klosters und unterdrückte ein Seufzen. *Ach, Anneliese,* dachte ich. *Wenn du doch nur hier wärst und mich unterstützen könntest.*

In dieser Sekunde war es, als fiele alles auf seinen Platz. Die Blumentapete in meiner Kammer. Meine Kindheit in der Steiermark. Anneliese. Die Antworten in meinem Körper. Als hätte all das, wonach ich seit Monaten, vielleicht sogar seit Jahren suchte, seine Bestimmung gefunden. Es befand sich doch alles in mir! Alles, was ich wollte, war längst da. Ich hatte es bloß nicht gesehen – blind war ich durch einen Wald gelaufen, den ich vor lauter Bäumen nicht gesehen hatte.

Ich riss die Augen auf und schnappte nach Luft. Am liebsten wäre ich direkt aufgesprungen und hätte mich an den Schreibtisch gesetzt, um meine Gedanken, die nun viel klarer und heller waren, niederzuschreiben. Aber das war nicht möglich – ich hatte nichts zum Schreiben. Ich zwang mich, die Meditation zu beenden und auf dem Weg in meiner Kammer nicht zu rennen.

Dann dachte ich die ganze Nacht durch. Ich rief mir ins Gedächtnis, was ich von Anneliese gelernt hatte: den Feeling-Code. Eine Methode der Körperbefragung, bestehend aus Hypnose, und der Arbeit mit inneren Bildern, um Antworten auf die drängenden Fragen des Lebens zu bekommen, Verhaltensmuster zu verstehen und aufzulösen und so mehr Zufriedenheit im eigenen Leben zu erreichen. Der Feeling-Code bietet jedem Menschen die Möglichkeit, in sich selbst die Wahrheit zu finden, egal, ob es um die Liebe, die eigene Familie, den Beruf oder die Ernährung geht, und alle Verletzungen, die er in sich trägt, zu erkennen und aufzulösen.

»Such nicht im Außen, was du im Innen finden willst.« Je häufiger ich den Satz dachte, desto eher war ich versucht, mir mit der flachen Hand an die Stirn zu schlagen. Anneliese hatte mich den Feeling-Code als kleines Mädchen gelehrt. Damals fand ich die Methode vor allem ungemein praktisch. Denn ich hatte durch den Feeling-Code das Gefühl, den anderen Kindern gegenüber im Vorteil zu sein. Ich wusste ja, dass mein Körper alle Fragen, die ich mir stellte, selbst beantworten konnte. Also zum Beispiel, ob ich mich lieber mit Anke oder mit Sophie verabreden sollte. Ob ich noch einmal die Matheaufgaben üben musste. Oder ob es richtig war, mich bei meinem Bruder für den Streit von neulich zu entschuldigen. Indem ich mich kurz konzentrierte, meine Aufmerksamkeit nach innen richtete und die Frage stellte, reagierte mein Körper mithilfe seiner Intuition so, dass ich genau wusste, was zu tun war.

Und genauso war es nun, fast fünfundzwanzig Jahre später. Ich wusste exakt, was zu tun war! Denn der Feeling-Code war eine Technik, die nur Anneliese und ich beherrschten. Nach ihrem Tod hatte sie mir all ihre Unterlagen und Aufzeichnungen vermacht, und lange Jahre meines Lebens hatte ich nicht gewusst, was ich mit dem ganzen Kram anstellen sollte. Doch nun stand es so klar vor mir, dass ich beinahe auflachen musste.

Es dauerte nach diesem Aha-Erlebnis im Kloster nicht lange, bis ich den Feeling-Code zum ersten Mal bei meinen Klienten anwandte. Mit vollem Erfolg. Ich war endlich in der Lage, die Menschen, die zu mir kamen, zu unterstützen – wirklich zu unterstützen. Und zwar, indem ich nichts von außen auf sie stülpte, sie nicht mit Ratschlägen »bedachte« oder ihnen unendlich viele Fragen stellte, sondern indem ich ihnen dazu verhalf, all die Antworten, nach denen sie sich sehnten, in ihrem Inneren zu finden.

Marina Schneider erlebte in einer sehr emotionalen Feeling-Code-Sitzung, woher das unbestimmte Gefühl, niemals genug zu sein, und ihr Verhalten in Bezug auf

Männer herrührten. Wir fanden in ihrem Körper die Antwort auf unsere drängendste Frage: Warum wurde sie immer wieder betrogen? Diese Antwort war so spektakulär wie überraschend, und dank ihr konnten wir einige seelische Blockaden in ihrem Inneren auflösen. Einige Monate später ließ sich meine Klientin auf einen Mann ein – einen Mann, der sich lieber die linke Hand abhacken würde, als seine Frau zu betrügen. Sie sind bis zum heutigen Tag glücklich miteinander.

Ich begann, den Feeling-Code bei all meinen Klienten anzuwenden. Nur wenig später hatte ich so viele Anfragen, dass ich sie nicht mehr allein bewältigen konnte. Ich beschloss, mein Wissen weiterzugeben, und unterrichtete auch andere in der Anwendung der Methode.

Das alles ist nun einige Jahre her. Ich habe das große Glück, vielen Menschen mit dem Feeling-Code zu einem glücklicheren Leben zu verhelfen. Manche kommen nur ein einziges Mal, viele immer wieder. Einigen helfe ich in Bezug auf ganz konkrete Fragestellungen, andere wünschen sich eine generelle »Bestandsaufnahme«. Jeder Klient ist verschieden, jede Feeling-Code-Sitzung einzigartig, und das ist auch gut so.

Ich bin glücklich darüber, durch dieses Buch die Möglichkeit zu haben, einen noch viel größeren Kreis an Interessierten, Sinnsuchern, Fragenden und Neugierigen zu erreichen. Das Buch soll dir, liebe Leserin und lieber Leser, die Methode des Feeling-Codes erläutern und einfache und effiziente Mittel an die Hand geben, mit denen es dir möglich ist, dein Leben zu betrachten, darüber zu reflektieren und es aktiv umzugestalten. Denn das kannst du selbst und eigenständig tun. Du bist nicht von der Unterstützung anderer abhängig!

Ich möchte dich einladen, mit mir auf eine Reise zur Entstehung des Feeling-Codes zu kommen, zu seinen

Ursprüngen, seiner Entwicklung und schließlich zu den Formen seiner Anwendung. Dank einiger Fallbeispiele aus meiner Praxis wirst du erkennen, dass der Feeling-Code Antworten auf alle Fragen in den verschiedensten Bereichen deines Lebens geben kann. Er verleiht dir die Möglichkeit, zu erkennen, warum es finanziell bei dir nicht klappt, weshalb der richtige Partner bislang nicht in dein Leben getreten ist und warum du beruflich noch nicht dort angekommen bist, wo du mit all deinen Fähigkeiten und Talenten sein könntest. Aber auch, warum du eine bestimmte Krankheit hast und was die unbewussten Hindernisse sind, die dich von einem Leben in Gesundheit und Zufriedenheit abhalten.

Lass dich auf eine Reise zu dir selbst ein, und du wirst sehen, wie erfüllend es ist, am Steuer des eigenen Lebens zu sitzen, anstatt nur Fahrgast in einem von der Straße abgekommenen Fahrzeug zu sein.

# 1 Elementares über den Feeling-Code

Willst du dein eigener Therapeut werden? Möchtest du in der Lage sein, in einer glücklichen Beziehung zu leben? Mehr Geld und Anerkennung zu bekommen als bisher? Über einen innerlich wie äußerlich gesunden Körper zu verfügen? Die meisten Menschen – und ich hoffe, auch du – würden diese Frage mit einem Ja beantworten.

Der Feeling-Code ist eine Therapieform, die großartige Resultate in jeder Hinsicht hervorbringen kann. Früher hatten die Menschen vorwiegend physische Beschwerden, vor allem aufgrund von schwerer körperlicher Arbeit. Heute leben wir in einer relativen Wohlstandsgesellschaft und sind vor allem mit Problemen psychischer Natur konfrontiert. Das heißt im Umkehrschluss: Wir können und dürfen uns auch die Zeit nehmen, uns mit dieser Art von Problemen auseinanderzusetzen. Unser seelisches Immunsystem, auf das ich später noch einmal ausführlicher eingehe, ist gesellschaftlich akzeptiert. Jeder weiß, dass Krankheiten nicht nur durch Erreger von außen entstehen können: Das meiste, was uns schwächt, findet in unserem Inneren statt.

Der Feeling-Code ist vor allem für kopflastige Menschen eine Technik, die zeigen kann, wie sie der eigenen Intuition wieder folgen können. Durch diese Methode wirst du lernen, wie du deine innere Stimme, die in vielen von uns stumm geworden ist, entdecken und hören kannst. In einer Feeling-Code-Sitzung ist es nicht »erlaubt«, den Kopf zu benutzen. Dennoch bist du stets bei vollem Bewusstsein und Herr deiner Sinne.

*Dein Körper ist das Archiv deines Lebens.*

Beim Feeling-Code geht es um das Hineinspüren in den Körper – denn dort, das ist die Überzeugung vieler sehr weiser Menschen, werden Emotionen, Erinnerungen und Ereignisse abgespeichert, gleich, ob sie positiv oder negativ sind. Der Körper ist das Archiv der Gefühle. Er verdrängt vielleicht, packt Unangenehmes und Verletzendes in Schachteln weit oben in die Regale, versteckt sie in alten Dokumentenmappen und wirft den Archivzettel weg. Doch der Körper vergisst nie, was ihm widerfahren ist. Er stellt eine untrennbare Einheit mit der Gefühlswelt dar. Mithilfe des Feeling-Codes können seelische Blockaden, Erinnerungen, Zuweisungen, alte Verletzungen, aber auch Momente der Freude, des Glücks und des inneren Reichtums in diesem gewaltigen, chaotischen und verwunschenen Archiv gefunden und, sofern das gewünscht ist, aufgelöst werden. So ist jeder, der die Methode auf sich angewandt hat, künftig in der Lage, seine persönlichen Ressourcen auszuschöpfen, Sorgen und Ängste zu zerstreuen und ein Leben in Zufriedenheit und Zuversicht zu führen.

*Mit dem Feeling-Code auf Entdeckungsreise gehen*

Dennoch möchte ich betonen, dass Leser, die unter schweren traumatischen Ereignissen oder physischen Erkrankungen leiden, psychotherapeutische und schulmedizinische Unterstützung suchen sollten. Dieses Buch richtet sich zwar an jeden Interessierten, kann jedoch die Expertise eines Arztes oder Psychiaters beziehungsweise Psychotherapeuten nicht ersetzen.

# Die Entstehung des Feeling-Codes

Ich komme aus der Steiermark, einer bergigen, bewaldeten Region im Süden Österreichs, die für ihren Wein, ihre Burgen, das Kürbiskernöl und ihre heilenden Quellen bekannt ist. Meine Kindheit fand mehr oder weniger im Freien statt, da das Dorf, in dem ich aufgewachsen bin, von Natur, Wald und Wiesen umgeben ist.

Neben meinen vier Geschwistern und meinen Eltern war vor allem eine Person für mein Leben prägend: Anneliese, eine in den Bergen Österreichs lebende Kräuterfrau, die mit meiner Familie in sehr engem Kontakt stand. Sie war, obwohl sie in meiner Erinnerung eigentlich immer alt war, ziemlich flippig und unkonventionell, was mit Sicherheit auch an ihrem Beruf lag: Sie galt als Heilerin. Zahlreiche Menschen pilgerten zu ihr, wenn sie gesundheitliche Probleme hatten oder in schwierigen Lebensphasen Hilfe brauchten. Anneliese wusste immer, was zu tun war. Sie half bei Tag und manchmal auch in der Nacht, wenn sie Traum-Energiearbeit für die betreffenden Klienten machte.

Ich kann nicht mit Gewissheit sagen, woher Anneliese das umfassende Wissen hatte, das sie mir im Laufe der Zeit übergab. Ich erinnere mich aber noch an einen Raum in ihrem Haus, in dem sie sehr viele alte Bücher aufbewahrte und wo ich sie oft fand, wenn sie in einem dieser alten Bände schmökerte. Hauptsächlich im *Buch der Schatten*, das sie mir nach ihrem Tod ebenfalls vermachte.

Wer Anneliese kennenlernte, spürte sofort ihr offenes Herz. Sie war ein sehr guter, ausgesprochen mitfühlender Mensch, und bis zu ihrem Umzug nach Indien, der ihr nicht leichtfiel, war ich fast täglich mit ihr in Kontakt. Doch sie musste gehen, denn sie war zu Höherem berufen – das war sowohl mir als auch ihr klar. Sie wanderte also nach Indien aus und eröffnete dort ein Heim für missbrauchte Frauen. Ich war gerade einmal zwanzig Jahre alt und vor Kurzem nach Wien umgezogen. Nach ihrem Tod im Jahr 2015 vermachte sie mir ihre gesammelten Unterlagen, mit denen ich zunächst aber nicht viel anzufangen wusste.

Zum ersten Mal kam ich als kleines Mädchen mit Annelieses Heilmethode in Berührung. Ich hatte den ganzen Vormittag am Küchentisch gemalt, und eigentlich hatte meine Zieh-Oma mich gebeten, nach Hause zu gehen, weil sie eine Klientin erwartete. Doch meine Neugier war zu groß. Immerhin hatte ich schon gehört, was sich die Leute über Anneliese erzählten: dass sie eine Hexe sei. Und dass sie Leuten helfen konnte, wo kein Arzt mehr Rat wusste.

Ich verabschiedete mich zum Schein von Anneliese und lief aus dem Raum. Kurz darauf, in einem unbeobachteten Moment, als sie gerade in die Speisekammer ging, um die Dose mit dem Kaffeepulver zu holen, huschte ich wieder in die Stube und versteckte mich zwischen dem Küchenschrank und der Wand in einer schmalen Nische. Es war das ideale Versteck. Ich kauerte mich zusammen und hielt vor Aufregung die Luft an, während Anneliese in aller Seelenruhe die Kaffeemaschine befüllte und den kleinen roten Knopf am Gerät drückte.

Für eine Weile blieb es ruhig. Nur das Brummen und Gluckern der Kaffeemaschine erfüllte den Raum. Umso mehr schrak ich zusammen, als es plötzlich an der Tür klopfte. Mein Herz fing an, wild zu schlagen, und ich war mir absolut sicher, dass man es im ganzen Raum hören konnte. Doch weder Anneliese noch ihre Besucherin schienen Notiz von mir zu nehmen. Sie begrüßten einander und setzten sich an den Tisch. Dann eröffnete Anneliese das Gespräch und fragte ihren Gast, wie sie ihr helfen könne. Die Frau erzählte ihr, dass sie vor vielen Jahren ihre Tochter verloren habe. Aus meinem Versteck heraus konnte ich nicht erkennen, ob sie weinte, aber ich hörte ihrer zitternden Stimme an, dass sie immer noch sehr ergriffen war von dem Verlust.

Vorsichtig beugte ich mich nach vorn, um etwas mehr zu sehen. Mit angehaltenem Atem riskierte ich einen Blick. Zum Glück hatte mir Anneliese den Rücken zugewandt, sodass sie mich nicht sehen konnte, und die Klientin war so in das Gespräch vertieft, dass sie mich nicht bemerkte. Denn auch wenn ich jung war, wusste ich doch, dass diese Unterhaltung nicht für meine Ohren bestimmt war. Ich spähte um die Ecke des Küchenschranks. Im Bruchteil einer Sekunde nahm ich das Bild der alten Frau in mich auf. Sie saß tief gebückt auf der Bank, hatte lockiges, schneeweißes Haar und eingefallene Wangen. Sie wirkte auf mich, als ob sie starke Schmerzen hätte – was, wie ich bald schon erfuhr, auch der Wahrheit entsprach.

Vieles, was ich an diesem Tag hörte, verstand ich nicht. Doch ich begriff, dass die alte Dame über den Tod ihrer Tochter nie hinweggekommen war. Ihr Herz war erkaltet. Der Verlust hatte sich im wahrsten Sinne des Wortes in ihren Körper eingemeißelt.

Ich hockte in meiner Nische und presste die Lippen zusammen. Vor meinem inneren Auge tauchte das Bild eines eiskalten, steinernen Herzens auf. Blau, hart und regungslos. Ich fragte mich, wie konnte ein Herz kalt sein? Es war doch rot, das wusste ich aus der Schule, und bewegte sich andauernd, wenn das Blut hindurchgepumpt wurde. Ich spürte, wie mich eine Welle des Mitgefühls ergriff. Ohne es beeinflussen zu können, traten mir Tränen in die Augen und liefen mir über die Wangen. Ich lauschte der zittrigen Stimme der alten Frau und Annelieses sonoren, beruhigenden Worten und betete inständig, dass sie der Dame helfen könnte.

Aus meiner Position heraus konnte ich nicht sehen, was genau Anneliese mit der alten Frau tat – wie sie ihr konkret half. Aber ich spürte, dass sich in der kommenden halben Stunde etwas veränderte. Die Atmosphäre im Raum wurde heller, weicher, freundlicher, und das lag nicht nur am Duft des Kaffees, der sich langsam bis in die kleinste Ritze der Stube ausbreitete.

Ich verstand damals nicht alles – und doch lernte ich unglaublich viel an diesem Tag. Denn ich erfuhr, wie effektiv Annelieses Behandlung war, die damals noch nicht den Namen Feeling-Code trug, in keinem Lehrbuch stand und auch an keiner Universität gelehrt wurde. Bis heute verbinde ich den Geruch von frisch aufgebrühtem Kaffee mit dieser Situation – und sehr viel Trost. Es war der Duft, der Anneliese stets umgab.

Nach diesem Ereignis begann ich mich mehr für die Behandlungen und Sitzungen meiner Zieh-Oma zu interessieren. Sie erzählte mir, sie habe die Methode der »Körperbefragung«, wie sie es nannte, von einer Gruppe sehr weiser und naturverbundener Frauen gelernt. Anneliese war zehn Jahre bei diesen Frauen in eine Art Lehre gegangen und hatte die Methoden und Techniken dann durch eigene Erkenntnisse und Selbsterfahrungen ergänzt.

»Kannst du mir beibringen, was du von den Frauen gelernt hast?«, wollte ich wissen.

Sie lächelte. »Wenn du das möchtest, kann ich das tun.«

## Die drei Grundsätze des Feeling-Codes

Jede Theorie fußt auf bestimmten Axiomen, also als wahr angenommenen Grundsätzen. Die Biologie geht beispielsweise davon aus, dass die Zelle die kleinste lebende Einheit aller Organismen ist. Im christlichen Glauben geht alles auf die Idee zurück, dass Gott der Schöpfer der Welt ist. Und im Grundgesetz lautet der erste Satz: Die Würde des Menschen ist unantastbar.

Auch der Feeling-Code baut auf drei Thesen auf, die ich dir im Folgenden vorstellen möchte. Ich weiß, dass du lieber gleich mit der ersten Feeling-Code-Sitzung anfangen möchtest. Aber du hast es so lange ohne diese großartige Technik ausgehalten – denkst du nicht, dass ein paar Minuten mehr dann keinen Unterschied machen? Je besser du die Grundlagen verstanden hast, desto intensiver werden deine Erlebnisse später sein und desto nachhaltiger wird das Lösen alter, seelischer Blockaden in deinem Körper gelingen. Außerdem haben die meisten von uns verlernt, ihrer Intuition zu vertrauen. Die innere Stimme ist der wichtigste Wegbegleiter bei der Anwendung des Feeling-Codes. Wenn du fähig sein möchtest, die Methode in jeder Lebenslage anzuwenden, empfehle ich dir, dich Stück für Stück voranzuarbeiten. Dein Körper ist eine Wundermaschine – er stellt alles zur Verfügung, was du brauchst, um glücklich zu sein. Lerne, ihn mit Bedacht und Gefühl zu befragen, und du wirst staunen, wie oft er dir Signale sendet.

### Das Gedächtnis des Körpers

Jeden Tag erleben wir Hunderte, ja Tausende von Situationen. Die meisten davon vergessen wir wieder – zum Glück, denn würden wir uns an jeden einzelnen Moment unseres Lebens erinnern, würde unser Gehirn vermutlich nach kürzester Zeit wegen Überlastung den Dienst quittieren.

Wieso gibt es aber Erlebnisse, die wir nicht vergessen? An die wir uns nicht nur minutiös zu erinnern glauben, sondern deren damals wahrgenommene Sinneseindrücke wir sogar nachempfinden, wenn wir uns die Episode ins Gedächtnis rufen?

*Besondere Erlebnisse werden zu einzigartigen Erinnerungen.*

Schuld daran ist der Hippocampus, ein kleiner Teil unseres Gehirns, der seinen Namen seiner besonderen Gestalt verdankt, er ist nämlich wie ein Seepferchen geformt. Erleben wir etwas, was uns nachhaltig beeindruckt, etwa weil es von uns als besonders positiv oder negativ oder eben als eindrucksvoll empfunden wird, so wird diese Episode inklusive aller Einzelheiten im Hippocampus zwischengelagert. Bildlich gesprochen, könnte man den Hippocampus mit dem Schneideraum beim Film vergleichen: Die betreffende Szene wird unbewusst und mit allen relevanten Informationen geschnitten, abgespeichert und zur Wiederholung zur Verfügung gestellt. Häppchenweise wird sie dann dem Langzeitgedächtnis, genauer gesagt der Großhirnrinde, zugespielt. Nur so ist es zu erklären, weshalb wir, wenn wir beispielsweise ein bestimmtes Lied hören, sofort wieder in die Situation hineinkatapultiert werden, die wir mit diesem Song verbinden. Wir fühlen uns dann nicht nur wie damals, wir nehmen auch alle vergangenen Sinneseindrücke wieder wahr und bekommen mitunter sogar eine Gänsehaut, erhöhten Puls und feuchte Hände. Glücklicherweise passiert das nur bei besonderen Musikstücken, die wir mit einer bestimmten, emotional ergreifenden Situation verbinden. Ansonsten wäre Radiohören körperliche Schwerstarbeit.

*Erinnerungen manifestieren sich in Körper und Geist.*

Mittlerweile weiß die Forschung, dass Erinnerungen nicht nur in unserem Gehirn, sondern auch in unserem Körper gespeichert werden, und zwar bis in die kleinste Zelle. Von Immunzellen beispielsweise ist bekannt, dass sie ein »Gedächtnis« haben, wobei der Begriff hier etwas irreführend ist, da wir ein Gedächtnis oft mit einem Gehirn gleichsetzen, und selbstverständlich hat nicht jede Immunzelle ein eigenes Gehirn. Und doch erkennen sie Erreger wieder, die sie bereits einmal erfolgreich bekämpft haben, und können sofort mit der Arbeit beginnen, wenn ein Eindringling sein Unwesen treibt.

Wenn nun auf dieser kleinsten biologischen Ebene eine »Gedächtnisleistung« stattfindet, ist es doch nur logisch, wenn auch der Rest des Körpers Erinnerungen, die im Laufe eines Lebens gemacht werden, speichert – also physisch zum Ausdruck gebrachte Angstreaktionen, Schockstarren, Glücksmomente und so weiter. Das passiert insbesondere dann, wenn die Ereignisse traumatisch oder von besonders hohem psychischem oder emotionalem Stress (dem guten wie dem schlechten) geprägt waren. Man unterscheidet zwischen dem expliziten Gedächtnis, das wiedergeben kann, was beispielsweise gestern oder am letzten Weihnachtsfest passiert ist, und dem implizierten Gedächtnis – dem Körpergedächtnis. Gerade negative Erlebnisse wie Traumata, Verletzungen, Unfälle und so weiter werden von uns in diesem implizierten Gedächtnis »vergraben«. Kognitiv, also mit unserem Verstand, kommen wir nur schwer oder gar nicht an die in der Vergangenheit liegenden Ereignisse heran, denn unser Körper möchte uns vor den Schmerzen, die das Ereignis ausgelöst hat, schützen.

Doch egal, wie tief die Episoden verschüttet sind: Sie wirken in unserem Unterbewusstsein und beeinflussen unser Denken und Handeln. Meistens leider unbemerkt. So kann sich beispielsweise ein Trauma aus der Kindheit, sagen wir ein lebensbedrohlicher Zustand, in dem wir beinahe erstickt wären, in Atemnot und asthmaartigen Anfällen in Stresssituationen heute ausdrücken, ohne dass sich unser explizites Gedächtnis an den Vorfall erinnern kann oder unser Verstand das Erlebte mit der Gegenwart in Verbindung bringt.

*Explizites oder impliziertes Gedächtnis:*
*Nichts wird vergessen.*

In Träumen oder unter Hypnose ist es möglich, die oft in Symbolen verschlüsselten Ereignisse aufzudecken. Es kann jedoch auch vorkommen, dass sie erst durch physische Empfindungen oder Sinneseindrücke freigelegt werden, die an das Erlebnis von damals »erinnern« – besonders Gerüche, Geräusche und Geschmäcke beleben verschüttete Erinnerungen wieder.

Muskeln, Sehnen, Bänder, selbst die kleinste Körperzelle speichert unsere Erfahrungen ab. Gerade schwerwiegende Erlebnisse können mitunter starke Schmerzen im Körper auslösen, deren tatsächliche Ursache aber kein Arzt erkennt und bei denen kein Medikament, keine schulmedizinische Therapie und keine Operation helfen.

Von meiner Mentorin Anneliese weiß ich, dass sich traumatische Ereignisse nicht nur in der äußeren Hülle des Menschen, auf seiner Haut, in seinem Skelett und der Muskulatur niederlegen können, sondern dass vor allem die Organe Speicher von Erfahrungen sind. Nicht umsonst spricht man bei Liebeskummer auch von »Herzschmerz« oder dass einem ein schlimmer Streit »an die Nieren« geht (mehr dazu in Kapitel 8 »Der Feeling-Code und die Gesundheit«).

Was tief in unserem Körper und unserem Geist verborgen bleibt, kann zu einer seelischen Blockade werden, die wir psychisch oder physisch spüren – oder die uns ganz unbemerkt davon abhält, ein Leben in Freiheit und Selbstbestimmung zu führen. Eine körperliche Blockade lässt sich zwar durch eine äußerliche Behandlung wie zum Beispiel eine Massage lindern, doch so werden nur die äußere Hülle und die Symptome zu heilen versucht, nicht aber die Ursache. Wer sich wirklich grundlegend verstehen möchte, sollte sich nicht nur um seinen Geist, sondern auch um seinen Körper kümmern. Denn: **Erfahrungen werden nicht nur in unserem Gehirn, sondern auch in unserem Körper abgespeichert.**

### Erfahrungen im Körper spüren

Nimm dir einen Moment nur für dich. Leg dich aufs Sofa oder setz dich bequem hin und schalte ein Lied ein, das dir etwas bedeutet. Am besten benutzt du Kopfhörer, damit du voll und ganz in den Song eintauchen kannst. Schließe die Augen und stell das Musikstück an.

Lass dich von der Melodie treiben und lass deinen Gedanken freien Lauf. Es ist egal, wohin sie wandern. Hör dir das Musikstück bis zum Ende an und genieße dann den Moment der Stille. Stell dir folgende Fragen:

- Woran hat mich das Lied erinnert?
- Welche Bilder sind vor meinem inneren Auge aufgetaucht?
- Was habe ich gefühlt?

- Wer ist mir erschienen?
- Was habe ich geschmeckt oder gerochen?
- Wie hat mein Körper reagiert? Gab es eine Körperstelle, die warm wurde oder angefangen hat zu kribbeln?

Möglicherweise hat dich das Lied in eine besonders freudige oder auch traurige Stimmung versetzt. Lass alle Gefühle zu. Nach einigen Minuten darfst du den Moment gedanklich abschließen. Ich empfehle dir, dir vorzustellen, wie du eine Schallplatte, auf der sich dein Lied befindet, vom Plattenteller nimmst, wieder in die Hülle packst und zurück ins Regal schiebst.

### Glaubenssätze

Nicht immer muss es ein besonderes Ereignis aus unserer Vergangenheit sein, das uns unbewusst beeinflusst. Auch bloße Gedanken haben diese Macht. Unser Gehirn kann nämlich nicht unterscheiden zwischen Imagination und Realität. Ob du dir also intensiv vorstellst, einen Streit mit jemandem zu haben, oder ob du den Streit wirklich hast: Dein Gehirn schüttet dieselben Stresshormone aus und »erlebt« die Auseinandersetzung auf die gleiche Weise.

So kann das, was eigentlich nur in deinem Kopf stattfindet, zu einer tatsächlichen körperlichen Erfahrung werden. Dein Herz schlägt schneller, wenn du im Kino sitzt und eine spannende Verfolgungsjagd auf der Leinwand siehst. Das »Mitheulen« im Kino oder vor dem Fernseher kennen ja ohnehin die meisten von uns. Du fröstelst, wenn du dir vorstellst, durch einen dunklen, nächtlichen Wald zu laufen. Oder du fängst an zu lächeln, wenn du an jemanden denkst, den du sehr gern hast. Und das sind nur die körperlichen Reaktionen, die du wahrnimmst. Dein Hormonhaushalt arbeitet unterdes auf Hochtouren und sendet massenhaft Botschaften bis in jede kleinste Blutbahn aus.

*Jeder Gedanke hinterlässt Spuren an und in unserem Körper, denn der Körper ist der Spiegel unserer Seele.*

Dein Körper ist also in der Lage, Anspannung, Unbehagen und Zuneigung zu empfinden – selbst wenn er die Situationen gar nicht real erlebt, sondern sich dein Gehirn nur in sie hineinversetzt, da die aktivierten Areale im Hirn die gleichen sind. Deine Gedanken beeinflussen damit deine echten körperlichen Reaktionen – und dein Sein.

Das können wir uns zunutze machen, und zwar mithilfe von Glaubenssätzen. Es handelt sich dabei um tiefe Überzeugungen, die bestimmen, wie wir die Welt wahrnehmen und wie wir uns selbst sehen.

Glaubenssätze sind Aussagen, die eine Bedeutung, eine Wertung oder eine Ursache beschreiben. Unser Handeln und Denken werden stark von ihnen beeinflusst. Glaubenssätze bilden sich ein ganzes Leben lang; viele davon erlernen wir bereits in der Kindheit. Als Kinder glauben wir das, was uns unsere Eltern und die Menschen um uns herum sagen. Wir lernen, dass Geld nicht stinkt, der frühe Vogel den Wurm fängt und dass man manchmal der Baum und manchmal der Hund ist. Aber auch, dass nach Regen Sonne kommt, eine schöne Frau nichts entstellen kann und wir geliebt werden, egal, was passiert. Alle Glaubenssätze, denen wir begegnen, haben sich aus den Erfahrungen unserer Eltern oder anderer Erziehungs- oder Bezugspersonen gebildet, die uns damit auf das Leben vorbereiten wollen.

Sätze, an die wir glauben, können positiv wirken, aber auch negativ und damit hinderlich. Wer immer hört:

»Unsere Familie ist vom Pech verfolgt« oder: »Man soll bloß nicht sagen, dass alles gut ist, sonst kommt das Unglück ins Haus«, wird eine ganz andere Einstellung zum Leben entwickeln, als wenn er jeden Morgen von seinen Eltern das wunderbare Zitat von Oscar Wilde gesagt bekommt: »Am Ende wird alles gut. Und wenn es noch nicht gut ist, ist es noch nicht zu Ende.«

*Glaubenssätze werden Wirklichkeit.*

Von besonders erfolgreichen Menschen weiß man, dass sie sich am Morgen oder vor schwierigen Momenten mit einem Mantra, einem positiven Glaubenssatz, motivieren. *Ich schaffe das!* ist ein klassisches Beispiel für einen solchen Satz. Er wird oft belächelt, doch tatsächlich sind Mantras viel mehr als nur »gutes Zureden«: Die positiven Botschaften sorgen für reale körperliche Reaktionen, beispielsweise die Ausschüttung bestimmter Hormone oder das Anspannen einiger Muskelgruppen, und werden somit zu einer tatsächlichen körperlichen Empfindung.

Die Kehrseite der Medaille liegt natürlich auf der Hand, denn was positive Mantras können, schaffen negative Glaubenssätze schon lange. In meiner Praxis erlebe ich sehr oft, dass negative Glaubenssätze tief im Unterbewusstsein meiner Klienten verankert sind. Wenn jemand zum Beispiel immer wieder denselben Typ von Männern oder Frauen anzieht, der ihm oder ihr eigentlich nicht guttut, hat das oft mit dem Glaubenssatz »Ich bin es nicht wert, geliebt zu werden« zu tun, der irgendwo im Inneren sein Unwesen treibt. Unser Gehirn erkennt nämlich leider nicht nur keinen Unterschied zwischen Imagination und Realität, es weiß auch nicht, was gut und was schlecht ist. Es wertet nicht. Es kann

Unwahrheiten schlichtweg nicht herausfiltern, sondern speichert sie einfach ab wie alles andere und stellt sie in (un-)passenden Situationen zur Verfügung.

Für dich persönlich heißt das, dass du vermutlich wie fast alle Menschen Glaubenssätze in deinem Gehirn gespeichert hast, die nicht der Wahrheit entsprechen, dir aber trotzdem unbewusst schaden. Wer immer denkt: *Ich bin nicht besonders attraktiv!*, muss sich nicht wundern, wenn er nur selten von jemandem angesprochen wird. Wer hingegen tief in seinem Inneren glaubt: *Ich bin einfach ein Glückspilz*, wird sich nicht retten können vor »zufälligen« positiven Ereignissen. **Glaubenssätze wirken sich auf unser unmittelbares Sein aus** – deshalb ist es wichtig, negative Glaubenssätze aus unserem Denken zu löschen und positive hineinzubitten.

### *Denk dich glücklich!*

Es liegt an dir, ein Bewusstsein darüber zu entwickeln, welche Glaubenssätze du mit dir herumträgst. Wie stehst du zum Beispiel zum Thema Geld, und woher kommt deine Einstellung dazu? Kannst du vielleicht nur deshalb nicht mit Geld umgehen, weil dir das seit deiner Kindheit gesagt wird? Auch zum Thema Liebe gibt es zahllose Glaubenssätze, wie »Alle Männer sind schlecht« oder: »Frauen sind nur hinter dem Geld her!«. Lässt du dich von deinen negativen Glaubenssätzen lenken oder bringst du den Mut auf und hast den Ehrgeiz, sie zu hinterfragen? Es geht nicht darum, deine Wahrnehmung zu ändern oder ein vollständig anderer Mensch zu werden. Aber wenn du deine Einstellung zu den Dingen hinterfragst, wirst du bald schon über dich und die negativen Gedankenbarrieren hinauswachsen.

»Denk nur in positiven Sätzen und versuche, immer

mit einem schönen Gedanken einzuschlafen«, sagte mir meine Mentorin Anneliese oft. Dasselbe möchte ich auch an dich weitergeben. Versuch es, und du wirst sehen, wie sich dein positives Denken auf dein ganzes Leben auswirkt.

### Mindmap-Glaubenssätze

Um herauszufinden, welche Glaubenssätze in dir verankert sind, möchte ich dich darum bitten, dir ein leeres Blatt Papier und einen Stift zu nehmen. Schreib in die Mitte des Blattes einen Begriff, bei dem du dich in Bezug auf deine Einstellung dazu überprüfen möchtest, z.B. Geld, Arbeit, Liebe, Sex, Freundschaft, mein Körper und so weiter. Schreib nun alle Sätze auf, die du mit diesem Begriff in Verbindung bringst – achte darauf, dass es Sätze sind, die du von anderen gehört hast.
Ein Beispiel:

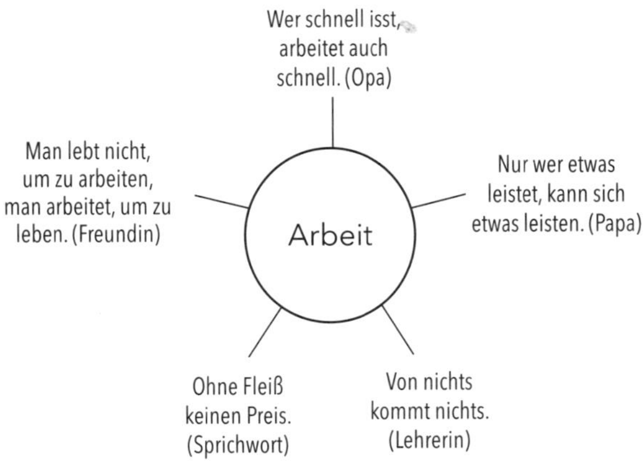


Jetzt bist du dran. Du hast dir einen bestimmten Begriff herausgesucht, in unserem Beispiel Arbeit. Warum hast du das getan? Gibt es ein Problem beim Thema Arbeit? Oder bei Thema Gelderdienen? Verdienst du zu viel oder zu wenig? Bist du zufrieden mit deiner aktuellen Position?

Stell dir die Frage: Was bedeutet Arbeit für mich? Schreib dir mindestens zehn Sätze auf, die etwas darüber sagen, was Arbeit für dich bedeutet. Wenn du damit fertig bist, kannst du beide Blätter nebeneinanderlegen und vergleichen. Du wirst schnell erkennen, welche Glaubenssätze du von wem übernommen hast. Überlege, welche dieser Sätze dich antreiben und welche dich aufhalten oder behindern. In dem Moment, in dem du dir darüber klar wirst, hast du den ersten Schritt in Richtung Eigenverantwortung getan.
Ich empfehle dir außerdem, alle Glaubenssätze der dich beeinflussenden Personen einer genauen Prüfung zu unterziehen. Wieso hat dein Opa gesagt, wer schnell isst, arbeitet schnell? In welchem Beruf, unter welchen Umständen hat dein Opa gearbeitet? In welchem Kontext ist der Glaubenssatz zu verstehen? Wenn du auf diese Art und Weise jeden Glaubenssatz überprüfst, wirst du bald schon feststellen, dass die meisten Glaubenssätze bloße Allgemeinplätze sind oder einzig und allein mit dem Leben derjenigen zu haben, die sie gesagt haben. Nicht jedoch mit deinem.

## Unser seelisches Immunsystem

Ähnlich wie ein körperliches Immunsystem, das uns, wenn es stark und gesund ist, vor äußeren Krankheitserregern schützt, gibt es ein seelisches Immunsystem. Es bewahrt uns vor psychischen Problemen und hilft uns in emotional belastenden Situationen. Eine Person mit einem intakten seelischen Immunsystem kann sich von Rückschlägen schnell erholen und kommt rasch wieder auf die Beine, wenn sie von etwas »umgehauen« wurde.

Leider neigen wir dazu, uns viel zu wenig um unser Innenleben zu kümmern. Anstatt uns mit Unangenehmem aktiv auseinanderzusetzen, schieben wir belastende Situationen und Personen gern zur Seite. Auch sorgen wir oft nicht für ausreichend Entspannung und Erholung in unserem fordernden Alltag. Und so passiert es leicht, dass unser seelisches Immunsystem aus dem Gleichgewicht gerät.

*Das seelische Immunsystem*
*braucht Zuneigung und Pflege.*

Wenn du zu viele Belastungen in deinem Leben hast, die du kaum bewältigen kannst, meldet sich irgendwann dein seelisches Immunsystem. Es wird schwach und sendet Signale aus, die du aber häufig nicht erkennst. Irgendwann wird es sagen: »Nein, jetzt ist Schluss! Du bist zu weit gegangen! Jetzt suche ich mir eine Krankheit, um Abstand zum Stress zu gewinnen und um endlich umsorgt zu werden.«

Nicht selten passiert es, dass Menschen am Wochenende oder im Urlaub krank werden – ihr körperliches Immunsystem macht plötzlich schlapp. Ausgerechnet in der Freizeit! Warum ist das so? Weil das Stressniveau, das in unserem Alltag immerzu weit oben ist, abrupt absinkt und die Erreger im Körper plötzlich leichtes Spiel haben.

Genauso verhält es sich auch mit dem seelischen Immunsystem. Gestresste, gereizte, emotional belastete Menschen reagieren in einer Konfliktsituation viel weniger gelassen als diejenigen, die sich regelmäßig ihre Auszeiten nehmen und aktive Seelenpflege betreiben. Deshalb ist es notwendig, sich von Problemen nicht abzulenken, sich Konflikten zu stellen und selbstkritisch und achtsam in zwischenmenschliche Auseinandersetzungen zu gehen – vor allem mit sich selbst.

Das seelische Immunsystem wird gern mit dem Begriff der Resilienz oder der seelischen Widerstandsfähigkeit beschrieben. Resiliente Menschen haben ein starkes und fast »unverwüstliches« seelisches Immunsystem, und genau das unterscheidet sie von weniger resilienten, also nicht so belastbaren Menschen.

*Resilienz und seelisches Immunsystem*
*gehen Hand in Hand.*

Die US-amerikanische Psychologin Emmy Werner erforschte das Phänomen der Resilienz als eine der Ersten. Sie begleitete im Rahmen einer Studie vierzig Jahre lang rund siebenhundert Kinder auf Kauai, einer hawaiianischen Insel, und stellte fest, dass sich ein Drittel der Kinder gut entwickelte, obwohl ihre Entwicklungschancen als eher schlecht eingestuft worden waren. Doch im Vergleich zu einer anderen Gruppe waren diese Kinder beruflich erfolgreicher, körperlich und psychisch gesünder und weniger verhaltensauffällig. Sie verfügten über Resilienz, obwohl sie unter schweren, risikoreichen Bedingungen aufgewachsen waren. Resiliente Personen reagieren also unempfindlicher auf psychische Belastungen wie Stress oder Frust und handeln flexibler in schwierigen, sich ändernden Situationen. Sie verfügen über ein stärkeres seelisches Immunsystem.

*Pflege dein seelisches Immunsystem –*
*es hält dich gesund und macht dich stark!*

Vielleicht sind auch dir Menschen bekannt, die immer nur das Negative sehen und vom Schlechtesten ausgehen? Das sind Menschen, deren seelisches Immunsystem schwach ist – oder hoffnungslos überlastet. Sie haben weder gelernt, es kontinuierlich zu pflegen, noch sind sie in der Lage, regelmäßig Frühjahrsputz in ihrer Seele zu machen. Und das ist wichtig, denn Zellbiologen haben herausgefunden, dass das seelische Immunsystem genauso wie das körperliche geschwächt sein kann und Körper und Seele in diesem Fall daran gehindert werden, zu gesunden. **Ein starkes seelisches Immunsystem ist die Basis deiner Zufriedenheit.**

### Psychische Schmerztabelle

Resilienz kann man glücklicherweise trainieren. Ich möchte dich bitten, dir ein leeres Blatt Papier zu nehmen und auf die linke Seite eine 0 zu schreiben, auf die rechte Seite eine 10.

Denk nun an den schwärzesten Moment in deinem Leben - den Augenblick, als es dir so schlecht ging wie nie zuvor. Schreib ein Schlagwort, das du mit dieser Situation verbindest, unter die 0.

Als Nächstes möchte ich dich bitten, an den glücklichsten Tag in deinem Leben zu denken. Den Moment, als alles einfach nur wunderbar war und als du dir gewünscht hast, es möge sich niemals ändern. Schreib ein Schlagwort, das du mit diesem Augenblick verbindest, unter die 10.

Wenn dir das nächste Mal etwas widerfährt, das dich aus der Bahn wirft, das dich traurig, wütend oder hoffnungslos macht, nimm dir das Blatt Papier (oder erinnere dich daran) und stell dir folgende Frage: Wo auf einer Skala von 0 (= extrem unglücklich) bis 10 (= extrem glücklich) würde ich meine aktuelle Lage ansiedeln?

Indem du den jetzigen Moment mit dem schlimmsten und schönsten deines Lebens in Relation setzt, wirst du sehen, dass deine Lage nicht ganz so aussichtslos ist, wie es dir derzeit vielleicht vorkommt. Denn auch den Moment, den du mit 0 bewertet hast, hast du überlebt und verarbeitet! Er hat dich stärker und erfahrener gemacht.

Es sind nur drei Grundsätze, doch ich wiederhole sie noch einmal, weil ich möchte, dass du sie dir merkst.

1. **Erfahrungen werden nicht nur in unserem Gehirn, sondern auch in unserem Körper abgespeichert.**
2. **Glaubenssätze wirken sich auf unser unmittelbares Sein aus.**
3. **Ein starkes seelisches Immunsystem ist die Basis deiner Zufriedenheit.**

Der Feeling-Code, über den du auf den folgenden Seiten noch viel mehr erfahren wirst, baut auf diesen drei grundlegenden Thesen auf. Wenn du sie verinnerlicht hast und in der Lage bist, sie zukünftig in dein Leben zu integrieren, bist du heute schon einen gewaltigen Schritt vorangekommen.

# 2 Der Feeling-Codes als Lebenseinstellung

Du hast nun schon eine Menge über den Feeling-Code erfahren und kannst es sicher kaum abwarten, endlich *in medias res* zu gehen. Ich möchte dir aber noch eine ganz wichtige Botschaft mit auf den Weg geben, bevor es losgeht. Sie lautet: Der Feeling-Code ist nicht nur eine einfache Selbstheilungsmethode für Körper und Seele, sondern vor allem anderen eine Sache der Lebenseinstellung.

Er bietet dir die Möglichkeit, mit zukünftigen Problemen souverän und selbstbestimmt umzugehen und dich von ihnen zu distanzieren. Emotionen werden dich nicht länger zu kopflosem Tun verleiten, du wirst vielmehr in der Lage sein, mit klarer innerer Haltung und aufgeräumtem Inneren Lösungen für alle Belange deines Lebens zu finden. Indem du blinde Flecken in dir erkennst und seelische Blockaden auflöst, wirst du bei regelmäßiger Anwendung des Feeling-Codes keine Gefühlsausbrüche als Reaktion auf andere mehr haben, sondern emotional unabhängig in engem Kontakt mit jedem Menschen stehen, den du in deinem Leben willkommen heißen magst. Darüber hinaus hilft dir der Feeling-Code, Schuldgefühle aufzulösen und dir selbst zu vergeben. So wirst du in der Lage sein, deine individuellen Lebensziele zu erreichen und endlich glücklich zu sein.

### *Mit dem Feeling-Code das Glück ins Leben holen*

Glück ist meiner Meinung nach kein Zustand, den es mit aller Macht und großer Anstrengung zu erreichen gilt. Ich glaube, Glück sollte eine Grundeinstellung sein. Kein flüchtiger Moment, der einen Wimpernschlag später schon wieder vergangen ist, sondern eine Vorstellung davon, wie das Leben sein soll. Wir denken häufig, wenn wir diesen und jenen Job erreichen, ein bestimmtes Gehalt verdienen, einen tollen Menschen an unserer Seite haben und so weiter werden wir endlich glücklich. Das ist jedoch zu kurz gedacht – denn Glück ist nichts, das man bekommt, indem man bestimmte Ziele erreicht. Natürlich kann es kurzfristig glücklich machen, ein tolles Auto zu fahren oder zehn Kilo abzunehmen. Aber was ist danach? Wenn man dem Glück immerzu hinterherjagen muss, weil es mit bestimmten Gegenständen, Zuständen oder Personen verbunden ist, gerät man allzu schnell aus der Puste.

Was bedeutet es also, ein glückliches und erfülltes Leben zu führen? Diese Frage kann auf verschiedenste Weise betrachtet werden, und entsprechend viele Antworten gibt es darauf. Viele sind zufrieden, wenn sie Menschen um sich haben, die sie lieben. Die meisten meiner Klienten wollen eine Familie gründen, Kinder bekommen und ein Haus bauen. Andere ziehen das Singleleben vor. Sie lieben es, frei zu sein und die Welt bereisen zu können, ohne auf jemanden Rücksicht nehmen zu müssen.

*Was macht dich wirklich glücklich?*

Es ist von existenzieller Bedeutung für dich, zu erkennen und dir einzugestehen, was für dich Lebensglück bedeutet. Dabei sind nur deine eigenen Ziele und Vorstellungen wichtig – denn allzu oft hängen wir gesellschaftlichen Idealen nach, die eigentlich gar nicht die unseren sind. Möglicherweise wird es Zeit für dich, von der ein oder anderen lieb gewonnenen Gewohnheit, einstudierten Verhaltensmustern und Vorstellungen, wie das Leben zu sein hat, Abschied zu nehmen. Das klingt im ersten Moment vielleicht Furcht einflößend, da die wenigsten Menschen Veränderung *wirklich* lieben. Sie bedeutet Unsicherheit und Angst, denn das, was man kennt, kann einen zumindest nicht mehr negativ überraschen. Doch nicht umsonst heißt es: Wer loslässt, hat die Hände frei! Vor allem dann, wenn du unzufrieden bist oder ein Ungleichgewicht spürst, kann es nicht schaden, einen Blick über den Tellerrand zu wagen. Die meisten großartigen Dinge geschehen nun einmal außerhalb unserer Komfortzone.

*Wir müssen bereit sein, uns von dem Leben zu lösen, das wir geplant haben, um das Leben führen zu können, das uns erwartet. (Joseph Campell)*

Welche Werte sind dir wichtig? Welche Bedeutung schreibst du Geld, Familie, Liebe und Freundschaften, einem Urlaub und der Gesundheit zu? Unsere Werte und Ziele sind es, die uns frühmorgens aufstehen lassen und uns die nötige Kraft geben, um den Tag zu beginnen. Es sollten die schönen Seiten des Lebens sein, die uns motivieren, nicht die unangenehmen. Natürlich verhält es sich nicht immer so, dass uns nur die positiven Ziele antreiben – auch Sorge kann Motivation sein. Angst ist jedoch ein schlechter Ratgeber. Ich empfehle dir, dich auf das Gute zu fokussieren: Glück in der Liebe, Gesundheit, Wohlstand und enge zwischenmenschliche Bindungen, um nur ein paar Beispiele zu nennen. Gutes, nicht Schlechtes sollte unser Motivator sein, gleich, ob es Freiheit, finanzielle Unabhängigkeit oder beruflicher Erfolg ist, eine intakte Familie, ein gesichertes soziales Umfeld oder einfach nur die Möglichkeit, morgens mit einem Kaffee in Ruhe und Entspannung den Tag zu beginnen.

Nicht jeder kann sofort benennen, was seine wichtigsten Werte im Leben sind. Die gesellschaftlichen Anforderungen an uns sind hoch – ein schickes Auto, ein schönes Haus, eine glückliche Ehe scheinen von höchster Bedeutung für die meisten von uns zu sein. Aber gilt das auch für dich? Wenn du ganz ehrlich zu dir bist? Wenn du in dich hineinhorchst und dich fragst: Was macht mich wirklich glücklich?

### Wertsachen

Was ist dir wichtig? Um das herauszufinden, möchte ich eine kleine Übung mit dir machen, die dir mehr Klarheit bringen soll. Schreib auf fünfzehn leere Zettel je einen Wert auf, der für dich von Bedeutung ist. Da es nicht immer leicht ist, gleich alle Werte zu benennen, die einen vorantreiben, findest du hier Inspiration:

Verantwortung
Leidenschaft Freude Kreativität Ansehen
Dankbarkeit
Fairness Wohlstand Authentizität
Unabhängigkeit
Gesundheit Inspiration
Wachstum Nachhaltigkeit Glück Vertrauen Frieden
Teamgeist Respekt Treue Achtsamkeit
Karriere Kinder
Liebe Gerechtigkeit
Reisen Glaube
Toleranz Sport Freundschaft
Güte Integrität
Freiheit Nächstenliebe
Mut Familie Würde
Anerkennung
Empathie
Gelassenheit
Geld Loyalität
Spaß

Du hast die fünfzehn Zettel beschrieben? Gut. Sortiere die fünf Werte aus, die dir am wenigsten wichtig sind. Wiederhole das Vorgehen, bis nur noch fünf Zettel vor dir liegen - dies sind die fünf Werte, auf die es für dich persönlich am meisten ankommt. Sieh dir die fünf Werte an. Ist eine Überraschung dabei? Oder hast du genau das erwartet?
Überprüfe im nächsten Schritt, ob sich diese Werte in deinem Leben wiederfinden. Wie viel Zeit investierst du beispielsweise in Freundschaften, wenn sie einen hohen Wert für dich haben? Oder in deine Gesundheit? Was tust du, um deinem Streben nach Gerechtigkeit Genüge zu tun? Und lebst du tatsächlich so nachhaltig, wie es dir wichtig ist?
Wenn deine Werte und dein Leben einen hohen Deckungsgrad haben, kann ich dir nur gratulieren. Du bist ein echter Glückspilz! Wenn du aber in deiner Beziehung oder in deinem Beruf auch nur gegen einen deiner Werte lebst, so wäre es empfehlenswert, hier anzusetzen und etwas zu verändern.

Was ist überhaupt ein glückliches Leben? Studien haben bewiesen, dass die meisten Menschen in materiell gesicherten Verhältnissen leben müssen, um zufrieden zu sein. Denn wer täglich um sein Überleben kämpfen muss oder von existenziellen Sorgen erfüllt ist, kann sich nur wenig oder gar nicht um sein Innenleben kümmern. Davon abgesehen, kann man sagen, dass man ein glückliches Leben hat, wenn man sich in seelischem Gleichgewicht befindet und mit positiven Träumen, Wünschen und Zielen erfüllt ist.

*Selbstreflexion als Startkapital*

Um das zu erreichen, kannst du versuchen, mehr Selbstreflexion in dein Leben zu integrieren. Es ist immer wieder hilfreich, zu betrachten, was gerade im Leben ansteht, wo du dich zurzeit auf deinem Lebensweg befindest und wo etwas anzupassen, zu korrigieren oder zu ändern ist. Ich persönlich reflektiere sehr gerne über mich und mein Leben. Darunter verstehe ich, dass ich mich dahingehend beobachte, wie ich auf bestimmte Situationen, Menschen und Entscheidungen reagiere. Ich sehe mir genau an, was es zum Beispiel in mir auslöst, wenn sich Personen mir gegenüber negativ verhalten. Oder wenn ich unangenehme Situationen vorfinde und alte Erfahrungen auf neue Situationen übertrage, ohne sofort zu erkennen, dass es in Wirklichkeit eben nur alte Erfahrungen sind und die neue Situation rein gar nichts damit zu tun hat.

*Sieh genau hin, es gibt viel zu entdecken!*

Ein glückliches Leben zu führen heißt aber auch, aktiv zu werden. Es bedeutet, Verantwortung für dich und dein Dasein zu übernehmen und zu versuchen, aus einer möglichen Opferrolle auszusteigen. Es bleibt nicht aus, dass es von Zeit zu Zeit nötig ist, dich nochmals in Erfahrungen hineinzubegeben und auch schmerzhafte Gefühle zuzulassen und zu akzeptieren. Reflexion bedeutet, ehrlich mit dir selbst zu sein und bei Bedarf auch dort hinzusehen, wo es wehtut. Wenn du dein Leben reflektierend betrachtest und entsprechend handelst, erkennst und akzeptierst du auch wunde Punkte, Schwachstellen und vielleicht sogar blinde Flecken in deinem Körper und in deiner Seele.

Blinde Flecken sind Teile des eigenen Selbst, die von der Persönlichkeit nicht wahrgenommen werden. Sie entstehen meist aufgrund einer Schutzreaktion der Seele auf negative Ereignisse im Leben. Von anderen werden diese blinden Flecken oft besser gesehen als von dir selbst. Hier kommt jetzt aber wieder der Feeling-Code ins Spiel. Sein Zweck ist es, deine blinden Flecken erkennbar zu machen, damit du dich mit ihnen auseinandersetzen kannst. Indem du diese Bereiche in Körper und Psyche öffnest, erlangst du die Möglichkeit, sie mit Positivem zu befüllen.

Du hast dein Leben selbst in der Hand – nur du allein entscheidest, wer du bist und wie du handelst. Du bist der Schlüssel. Denn jede Krankheit, jedes Leid und jede traurige Stimmung, die du empfindest, hat mit dir zu tun und damit, wie du dich selbst und deinen Körper wahrnimmst. Für alles in deinem Leben gibt es einen bestimmten Grund. Geldsorgen, berufliche Stagnation oder Beziehungsprobleme sind in dir selbst, in deinem Unterbewusstsein zu finden, und genau deshalb hast auch nur du die Macht, das zu ändern.

### *Die Kraft der Selbstliebe*

Das hört sich nach einer Menge Verantwortung an, hab ich recht? Ich weiß, der Gedanke, dass die Pflicht bei niemand anderem als bei dir selbst liegt, kann beängstigen. Immerhin gibt es dann niemanden mehr, auf den du die Verantwortung abwälzen kannst. Kein Partner, der dich betrügt. Kein Kollege, der dich piesackt. Kein Freund, der dich im Stich lässt. Die gute Nachricht ist jedoch: Den Partner, der dich betrügt, kannst du nicht ändern. Den Kollegen, der dich piesackt, ebenso wenig wie den Freund, der dich im Stich lässt. Aber *dich* kannst du ändern! Dich und deine Einstellung zu diesen Personen, ihren Aussagen, ihren Handlungen und der Art und Weise, wie sie dir gegenübertreten. Du bist der Mensch, der entscheidet, wie du behandelt werden möchtest – und das sollte, da sind wir uns hoffentlich einig, immer respektvoll und mit Liebe geschehen. Also fang am besten direkt an … und zwar mit dir.

Selbstliebe war früher ein Wort für mich, das ich oft gehört, aber nie wirklich verstanden hatte beziehungsweise nicht in mir spüren und erst recht nicht anwenden konnte. Viele meiner Therapeuten und Berater erklärten mir, ich müsse lernen, mich selbst zu lieben. Immer wieder wurde ich darauf hingewiesen, mir das Thema der Selbstliebe anzusehen, aber ich konnte damit einfach nichts anfangen. »Dein Problem ist die mangelnde Selbstliebe. Deine Partner lieben dich nicht, weil du selbst es nicht tust. Du bist nicht gut in deinem Job, wenn du nicht fähig bist, dich selbst wertzuschätzen.« Und so weiter und so fort. Diese Aussagen hingen mir, ehrlich gesagt, schon zum Hals heraus.

Dann, irgendwann während einer Feeling-Code-Sitzung, wurde mir wie aus dem Nichts heraus klar, was Selbstliebe wirklich ist: Selbstliebe ist Arbeit. Aber eine sehr schöne Arbeit, die dir Glück und Lebensfreude bescheren wird.

Oder anders gesagt:

*Selbstliebe ist,*
*… wenn mir kalt ist und ich mir etwas zum Anziehen hole, obwohl ich mitten in einem wichtigen Gespräch bin.*
*… wenn mich eine Person mit ihren Geschichten total vereinnahmt, ich daran aber nicht interessiert bin und das Gespräch freundlich unterbreche, um nicht mehr zuhören zu müssen.*
*… wenn ich einen privaten Termin absage, weil ich mich nicht darauf freue, und stattdessen lieber zu Hause bleibe.*
*… wenn ich für andere Menschen nur so viele Dinge erledige, dass meine eigenen Angelegenheiten nicht zu kurz kommen.*
*… wenn ich mit meinem Partner schlafe, weil ich es will, und nicht, weil ich denke, ich sollte es tun.*

Es klingt so einfach – und das ist es auch. Selbstliebe bedeutet, sich um sich selbst zu kümmern und sich mit liebevollem Blick zu betrachten, wie man es bei jemandem tut, den man sehr schätzt. Selbstliebe heißt, das zu tun, was einem guttut. Sie bedeutet, Grenzen zu setzen und sich anzusehen, was man wirklich tun will – mit welchen Menschen man zusammen sein möchte und mit welchen nicht.

*Das Wort »Nein« ist Ausdruck deiner Selbstliebe.*

Selbstliebe bedeutet auch, Nein zu sagen. Zu Aufforderungen und Verpflichtungen, die einem nicht entsprechen und die sich für einen nicht stimmig anfühlen. Zu einem Essen, das man nicht zu sich nehmen will. Zu Personen, die einem nicht mehr wichtig sind. Zu einer Stadt, die dich langweilt. Das ist die ehrlichste Form der Selbstliebe. Wenn du in der Lage bist, dich selbst so wertzuschätzen, dass du deine eigenen Regeln aufstellst, dann hast du ein gutes Maß an Selbstliebe gefunden.

Ein ganz wichtiger Satz für jeden Menschen lautet: »Ich liebe und schätze mich so, wie ich bin!« Probier es doch einmal aus und sag den Satz laut. Am besten stellst du dich dazu vor den Spiegel. Wenn es dir schwerfällt, den Satz mit einem guten Gefühl auszusprechen, gibt es etwas Nachholbedarf in Sachen Selbstliebe. Und keine Angst – das geht den meisten erst einmal so. Es ist nämlich nicht nur befremdlich, mit seinem eigenen Spiegelbild zu sprechen, sondern auch am Anfang etwas merkwürdig, zu sich selbst »Ich liebe dich« zu sagen.

Wie wäre es mit einer weiteren kleinen Übung?

## Liebeserklärung an dich

Nimm dir fünf Klebezettel und schreib kleine Liebesbotschaften darauf. Denk dabei an einen Menschen, den du richtig gerne magst: dich. Wenn du Probleme hast, dir Sätze einfallen zu lassen, denk an die Liebeserklärungen oder Komplimente, die du schon einmal von anderen bekommen hast – und natürlich an diejenigen, die du gerne mal hören würdest. Oder bediene dich bei diesen Botschaften:

Verteile die fünf (wenn du magst, natürlich auch mehr) Zettel nun in deiner Wohnung. Wähle am besten Plätze aus, an denen du häufig vorbeiläufst, zum Beispiel am Badezimmerspiegel, am Kühlschrank, an der Wohnungstür, am Schlüsselbrett und so weiter. Du wirst bereits in ein paar Tagen merken, wie gut es tut, dir immer wieder selbst zu sagen, was du dir wert bist.

Kommen wir zurück zum Feeling-Code. Er ist eine Methode, in das Innere deines Körpers zu hören. Ich unterscheide zwischen dem Kleinen Feeling-Code, der besonders für einfache Entscheidungen und den Einstieg geeignet ist, und dem Großen Feeling-Code. Während der Kleine Feeling-Code vor allem das Ziel hat, eine Klärung zu erreichen, kannst du mit dem Großen Feeling-Code konkret die Selbstheilung deiner Seele aktivieren. Der Feeling-Code ist universell und in jeder Lebenslage einsetzbar – je häufiger du das tust, desto geübter wirst du. Und falsch machen kannst du dabei nichts.

Tatsächlich gibt es aber ein paar Regeln, an die du dich halten solltest. Es sind keine in Stein gemeißelten Gesetze, sondern sie sind eher mit einer Badeordnung im Schwimmbad vergleichbar. Wenn du möchtest, dass der Feeling-Code nachhaltig wirkt, empfehle ich dir, die Regeln durchzulesen und zu verinnerlichen. Aber keine Angst: Es wird kein Bademeister kommen und überprüfen, ob du vom Beckenrand ins Wasser gesprungen bist. Du allein entscheidest, wie du dich bei einer Sitzung verhalten willst. Denn nur du bist verantwortlich für dein Leben – egal, ob mit »Badekappe« oder ohne.

*Regel #1 Sei ehrlich zu dir selbst!*

Akzeptiere dich so, wie du wirklich bist. Es hilft nichts, wenn du einem Ideal deiner selbst hinterherrennst. Betrachte dich aufrichtig und ehrlich – und voller Nachsicht. Wir sind alle nur Menschen mit unzähligen Fehlern, Marotten und Macken. Keiner ist besser als der andere. Zugegeben, manchmal schmerzt es, sich selbst mit schonungsloser Ehrlichkeit zu begegnen. Schwächen einzugestehen und zuzugeben, dass man alles andere als vollkommen ist, kann wehtun. Und doch wirst du nur auf diese Weise eine echte Veränderung bewirken.

Wenn du in einer Großen Feeling-Code-Sitzung in oder auf deinem Körper entlangwanderst, kann es sein, dass Geschichten, Erfahrungen und Gefühle an die Oberfläche kommen, die du anfänglich nicht zuordnen kannst. Sie gefallen dir vielleicht nicht und vermitteln dir ein unangenehmes Gefühl. In diesen Fällen ist es unabdingbar, hinzusehen – auch wenn es quälend ist. Du kannst dir sicher sein, dass dieser Schmerz heilsam sein wird, es gibt nämlich einen Unterschied zwischen Schmerz, der dich verletzt, und Schmerz, der dich verändert. Diesen Unterschied wirst du bald schon spüren, wenn du dir und deinem Inneren aufrichtig begegnest.

*Regel #2 Sei frei von Bewertungen!*

Nicht zu bewerten, heißt, Dinge lediglich wahrzunehmen, also nur zu beobachten – ohne über die Wahrnehmung zu urteilen. Eine Empfindung kann niemals falsch oder richtig sein, sie ist einfach, wie sie ist. Nur wer bei der Beobachtung seiner selbst die Wertung außen vor lässt, kann die Wahrheit erkennen: Gefühle, Geschichten und Erfahrungen, die vor unserem inneren Auge erscheinen, auch solche, die schon sehr lange im Verborgenen lagen. Das bedeutet auch, sich von alten Mustern und Vor-Urteilen zu distanzieren, gleich, ob sie förderlich oder schädlich für dich sind.

Der Feeling-Code fordert dich dazu auf, nicht an der Oberfläche zu bleiben, sondern in deine körperliche und emotionale Vergangenheit zu gehen. Er hilft dabei, alte und schon lange vergessene Erfahrungen wieder aus der Versenkung hervorzuholen, um darin mögliche seelische Blockaden aufzulösen, die sich auf dein jetziges Leben auswirken. Lass es einfach zu und werde zum Beobachter. Sieh und staune, welche Antworten dein Körper für dich bereithält!

### *Regel #3 Hab Vertrauen!*

Vertraue darauf, dass deine Seele nur diejenigen Erfahrungen zum Vorschein bringt, die du zum gegebenen Zeitpunkt emotional ertragen kannst. Schmerzhafte Erfahrungen von früher treten immer nur so stark in Erscheinung, wie du und deine Seele es jetzt gerade aushalten könnt. Vertraue auf den Schutzmechanismus in deinem Inneren! Im Feeling-Code wird dir nichts passieren, womit du nicht fertigwerden kannst.

### *Regel #4 Vergib – dir selbst und allen anderen!*

Der Feeling-Code arbeitet nicht nur an der Oberfläche, sondern geht in die Tiefe. Er berührt deine Vergangenheit und nimmt Kontakt zu deiner Seele auf. Mit belastenden bewussten oder unbewussten Erinnerungen an negative Erlebnisse muss fast jeder Mensch leben. Im Gegensatz zu unserem Alltag, in dem wir Verstörendes gern aus unserem Leben verdrängen und vergessen, ist es während einer Feeling-Code-Sitzung ausdrücklich erwünscht, dass Emotionen hervortreten. Du darfst trauern, wüten, weinen, aber dich auch freuen, jubilieren und lachen. Es gibt kein Richtig und kein Falsch – nur dich und das, was in dir liegt.

Der Feeling-Code hilft dir dabei, deine seelischen Wunden aufzudecken, neu zu verarzten und dann zum Heilen ruhen zu lassen. Und er geht noch weiter, denn er fordert dich dazu auf, dir selbst und allen anderen zu vergeben. Vergebung heißt, dass man aufhört, sich eine bessere Vergangenheit zu wünschen. Sie hat dich zu dem gemacht, was du heute bist: zu einem wunderbaren Menschen, der alle Möglichkeiten hat, ein Leben in Glück und Fülle zu leben.

### *Regel #5 Es ist immer der richtige Zeitpunkt!*

Wann ist der richtige Zeitpunkt, etwas zu verändern? Genau jetzt. Auch wenn der Feeling-Code ohne Zweifel anstrengend sein kann, weil er an die Substanz geht und keine Oberflächenkosmetik betreibt: Es kann sich nur etwas verändern, wenn du den ersten Schritt gehst. Natürlich gibt es bessere und schlechtere Phasen im Leben, Momente, in denen du dich stark und gerüstet fühlst, und solche, in denen du die Decke über den Kopf ziehen möchtest. Ich empfehle dir, nicht auf den richtigen Zeitpunkt zu warten – denn der Feeling-Code wirkt immer. Da du Drehbuchschreiber, Regisseur und Hauptdarsteller deines Lebensfilms in einer Person bist, wird während einer Sitzung nichts passieren, was du nicht willst. Also leg los! Ob heute nur ein Tag oder Tag eins ist, entscheidest du allein.

# 3 Im Dialog mit dir

Im Feeling-Code ist die Kommunikation mit dir selbst das A und O. Das soll nicht heißen, dass du ab heute mit Selbstgesprächen beginnst, sondern dich vielmehr dazu ermuntern, häufiger dem Klang deiner inneren Stimme zu lauschen. Sie ist das Sprachrohr deiner Intuition – und leider haben die meisten von uns verlernt, ihr zuzuhören. Doch was man verlernt hat, kann man sich auch wieder aneignen. Wie bei einer Fremdsprache gibt es bestimmte Vokabeln, die du mit Übungen trainieren kannst. Am Anfang wird es dir vielleicht schwerfallen, dich mithilfe deiner Intuition durch deinen Alltag zu bewegen. Doch nur durch sie bist du in der Lage, die Sprache deines Körpers zu verstehen und dich bald schon souverän mit dir selbst »zu unterhalten«.

## Intuition

Obwohl wir in einer Gesellschaft leben, die vorrangig durch den Verstand geprägt wird, bist du deiner Intuition sicher schon einmal begegnet. Sie wird oft auch Bauchgefühl genannt oder als Eingebung bezeichnet. Der Begriff wird definiert als »ein plötzlich auftauchender Gedanke, der eine Person in einer bestimmten Angelegenheit sinnvoll handeln lässt«. Mir persönlich gefallen weder der Begriff Eingebung noch die Definition, da sie viel zu kurz greifen. Intuition ist meiner Meinung nach nicht nur plötzlich vorhanden; außerdem bedeutet nicht jeder intuitive Gedanke, den ein Mensch hat, dass er automatisch auch sinnvoll handelt.

Der Begriff Intuition kommt aus dem Lateinischen und bedeutet wörtlich übersetzt »genau hinsehen, anschauen« beziehungsweise »unmittelbare Anschauung«. Er bezeichnet die Fähigkeit des Menschen, Einsichten oder Entscheidungen aus dem Unterbewusstsein zu erlangen, das heißt, ohne den Verstand zu benutzen. Der Mensch ist das einzige Wesen auf der Welt, das über eine Intuition verfügt – denn obwohl wir oft auch von einem Instinkt sprechen, unterscheiden sich die beiden Begriffe grundlegend. Instinkt wird im Deutschen auch Naturtrieb genannt und bezeichnet den angeborenen Mechanismus der Verhaltenssteuerung. Vor allem Tiere verfügen über einen ausgeprägten Instinkt, und natürlich haben auch wir Menschen Instinkte.

*Intuition bedeutet, genau hinzusehen.*

Im Grunde kann man die beiden Begriffe ganz einfach unterscheiden: Instinkte dienen dem Überleben und sind von Angst gesteuert. Sie werden insbesondere dann aktiv, wenn du in einer Gefahrensituation bist und nicht mehr nachdenkst, sondern nur noch reflexhaft handelst. Intuitionen hingegen werden von Freude begleitet und helfen vor allem bei der Entscheidungsfindung. Das Besondere ist, dass die Intuition in stressigen oder Furcht einflößenden Situationen oft nicht zu uns spricht, denn die innere Stimme braucht Ruhe und Raum, um sich Gehör zu verschaffen.

*Erst in der Stille hörst du die innere Stimme.*

Intuition bedeutet, dass du ohne kognitive, also verstandesmäßige Denkleistung ein Gefühl in deinem Inneren verspürst – und wenn du es zulässt, beeinflusst es dein

Handeln unmittelbar. Intuition kann dir im Restaurant beim Betrachten der Speisekarte begegnen, beim ersten Kennenlernen einer Person, aber auch vor wichtigen Entscheidungen eine Unterstützung sein. Leider leben wir in einer Welt, die intuitives Verhalten oftmals verhindert. Der Verstand leitet uns in fast allen Bereichen des Lebens. Kindern, die rein intuitiv handeln, da sie noch nicht über die nötigen Erfahrungen verfügen, um zu reflektieren, wird die Intuition sogar abgewöhnt. »Lass dir das noch mal durch den Kopf gehen« oder »Schlaf mal eine Nacht drüber« sind Sätze, die wir alle schon gehört haben.

### Kopf oder Zahl

Diese Übung hilft dir in Situationen, wenn du eine Entscheidung treffen sollst, aber einfach nicht weißt, welche die richtige ist.
Nehmen wir an, du sollst dich zwischen A und B entscheiden – das kann alles sein: ein Abend auf der Couch oder in einer Bar? Ein Date oder eine Freundin auf ein Glas Wein treffen? Im nächsten Urlaub nach Mallorca oder in die Bretagne fahren?
Nimm dir eine Münze und leg fest, welche Seite mit A und welche mit B verbunden ist. In unserem Beispiel: Kopf ist A, Zahl ist B.
Wirf die Münze. Noch während sie in der Luft ist, frage dich selbst: Was hoffst du, welche Seite wird am Ende oben liegen? Dafür bleiben dir nur Millisekunden, aber sie werden ausreichen, um dir zu sagen, was du *wirklich* willst. In so kurzer Zeit kann nämlich nur die Intuition entscheiden – der Verstand ist viel zu langsam dafür.
Du bist dir immer noch nicht sicher? Es gibt noch einen weiteren Tipp, um herauszufinden, was du möchtest: Wenn die Münze auf eine Seite gefallen ist, überprüfe deine körperliche Reaktion. Bist du glücklich, Kopf zu sehen? Oder eher enttäuscht, dass nicht die Zahl oben liegt? Falls das tatsächlich so ist, weißt du, dass B deine richtige Antwort ist.

Weshalb sind intuitive Reaktionen weniger angesehen als von der Logik geführte? Albert Einstein sagte einmal: »Der intuitive Geist ist ein heiliges Geschenk und der rationale Verstand ein treuer Diener. Wir haben eine Gesellschaft entwickelt, die den Diener ehrt und das Geschenk vergessen hat.« Wohlbemerkt: Hier spricht der Entdecker der Relativitätstheorie – ein Mann der Wissenschaft, für den Logik ein alltägliches Werkzeug war.

*Intuition ist Intelligenz in Lichtgeschwindigkeit.*

Und dennoch hat Albert Einstein recht: Die meisten von uns haben verlernt, auf ihr Bauchgefühl zu hören. Das liegt vor allem in den westlichen Gesellschaften an unserer Sozialisation. Logisches Denken wird gefördert, intuitives Handeln belächelt. Möglicherweise hat dies damit zu tun, dass Intuition im Gegensatz zur Ratio nicht kalkulierbar ist und damit einen potenziellen Unsicherheitsfaktor darstellt. Wer aufgrund einer inneren Stimme Entscheidungen trifft, ist für sein Gegenüber nicht berechenbar und damit ein Risiko. Darüber hinaus gelten Intuition und Gefühl als weibliche Attribute, Verstand und Logik sind männlich konnotiert. Die Geschicke der Menschheit werden seit Jahrhunderten von Männern gesteuert. Klar, dass alles, was »weiblich« wirkt, bislang wenig Platz zur Entfaltung hatte.

Im Feeling-Code ist die Intuition dein wichtigstes Handwerkszeug. Vielleicht besitzt du schon eine ausgesprochen starke Intuition und bist geübt darin, auf sie zu hören – dann hast du Glück und kannst das Kapitel ganz entspannt als Auffrischung verstehen. Wahrscheinlicher ist jedoch, dass auch deine Intuition unter dem Verstand begraben wurde. Die kommenden Seiten sollen dir mit einfachen Übungen für den Alltagsgebrauch dabei helfen, dein Bauchgefühl neu zu entdecken und der inneren Stimme zu lauschen, wenn sie zu dir spricht.

*Jeder Mensch hat eine innere Stimme –*
*doch die wenigsten hören ihr zu.*

Um ein intuitiver Mensch zu sein, ist es von enormer Bedeutung, mit sich selbst in Kontakt zu sein und seine Wahrnehmung zu trainieren. Vor allem durch die neuen Medien sind wir dazu verleitet, mit dem Blick aufs Handydisplay oder mit Kopfhörern im Ohr durch die Stadt zu laufen und die Welt um uns herum auszublenden. Das mag in bestimmten Situationen und Stimmungen richtig und passend sein. Wenn wir uns aber ununterbrochen mit Bildern und Musik betäuben, unterdrücken wir eine besondere Form der Wahrnehmung, die nicht über den visuellen oder auditiven Kanal funktioniert, den sogenannten sechsten Sinn. Deshalb gilt für die erste Intuitionsübung: Mach deine Augen und Ohren auf und nimm wahr, was um dich herum passiert! So trainierst du deine Körperwahrnehmung im Alltag und damit das, was du im Außen und Innen wahrnimmst.

### Kleine Wahrnehmungsschule

Begib dich in eine ganz normale Alltagssituation, beispielsweise beim Wochenendeinkauf auf dem Markt oder auf deinem Weg zur Arbeit. Lass dein Mobiltelefon ganz bewusst in der Tasche. Im besten Fall bist du allein unterwegs, damit du dich auch nicht mit einem Gespräch oder der Anwesenheit einer anderen Person ablenken kannst.

Lauf die Straße entlang oder schlendere über einen Platz. Wenn es dir lieber ist, kannst du dich auch in ein Café setzen – dann aber ohne Zeitung oder Buch.

Beobachte, was um dich herum passiert. Nimm die Menschen wahr, die dir begegnen, am Nachbartisch sitzen oder vor dir in der Schlange stehen. Wie sind diese Menschen angezogen? Worüber unterhalten sie sich? Wie reden sie? Wie wirken sie auf dich: zufrieden, gestresst oder traurig? Wie reagieren die Menschen auf dich? Wie fühlst du dich, wenn du hier sitzt, gehst oder wartest? Wie reagiert dein Körper? Und schließlich: Wann sagt er dir, dass es Zeit ist zu gehen – ohne dass du auf die Uhr gesehen hast?
Sobald du genug gesehen und gehört hast (und glaub mir, dein Körper wird dir das Zeichen senden, dass er gehen möchte), geh an einen Ort, an dem du allein sein kannst, und lass deine Empfindungen Revue passieren. Je häufiger du diese Übung machst, desto mehr schulst du deine Wahrnehmung – und damit deine Intuition.

## Morphogenetisches Feld und Intuitionsfeld

Der Feeling-Code ist ein sehr intuitives Werkzeug. Er bedient sich des sogenannten Intuitionsfelds, das sich in deinem Inneren befindet. In ihm wird alles gespeichert, womit du im Laufe deines Lebens in Verbindung getreten bist. Deine Erfahrungen, Wünsche, seelischen Blockaden, Muster, positive wie negative Begegnungen – alles! Im Feeling-Code wird die Wirkung des Feldes genutzt, das sich über Zeit und Raum im allumfassenden Sinn ausdehnt. Dieses Feld steht jedem Menschen jederzeit zur Verfügung, es ist jedoch nicht über den Verstand erreichbar.

Dein Intuitionsfeld steht in enger Verbindung zum morphogenetischen (oder kurz: morphischen) Feld, das dich permanent umgibt. Es wurde zuerst von dem britischen Autor und Biologen Rupert Sheldrake beschrieben. 1981 veröffentlichte er in seinem ersten Buch die von ihm entwickelte Theorie zu besagtem Feld und seine Hypothese eines »Gedächtnisses der Natur«. Er geht davon aus, dass die Natur ein ihr innewohnendes und allumfassendes Gedächtnis hat. Dieses Gedächtnis enthält das Urwissen der Menschheit und alle Informationen bezüglich ihrer Entstehung und Entwicklung. Darüber hinaus ist Sheldrake überzeugt, dass alle Lebewesen auf diesem Planeten durch ein unsichtbares Netz miteinander verbunden sind.

### *Von der kleinsten Zelle bis zum großen Ganzen*

Zu Beginn bezog sich der Begriff des morphogenetischen Feldes nur auf die Natur, vor allem auf die Formenbildung in der Botanik. Sheldrake rätselte jahrelang, warum die Zellen eines Blumenblatts und eines Blumenstiels unter dem Mikroskop identisch, also ununterscheidbar sind, obwohl sich doch aus diesen Zellen ganz unterschiedliche Formen entwickelt haben. Er kam zu dem Schluss, dass es eine Art Bauplan geben muss, der sich dem menschlichen Auge (auch unter unendlicher Vergrößerung) entzieht, und bezeichnete ihn als unsichtbaren Entwurf, der der Form des wachsenden Organismus zugrunde liegt. Bald kam er darauf, dass es sich um Felder handeln muss, die die Zellen von außen in eine bestimmte Form bringen. Die Theorie des morphogenetischen Feldes, also des Feldes der Formentstehung, war geboren.

Sheldrake untersuchte Regionen auf der ganzen Welt, um seine These zu belegen. In Indien wurde er Zeuge einer Heuschreckenplage, die ganze Landstriche wortwörtlich auffraß. Er bemerkte einige Pflanzen, die einen bestimmten Stoff ausschütteten und die Heuschrecken so davon abhielten, sie zu fressen. Doch die eigentliche Sensation beobachtete der Wissenschaftler viele Kilometer weiter: Dort schütteten Pflanzen dieser Gattung denselben Stoff aus, obwohl es keine geografische oder geobiologische Verbindung zwischen den Gebieten gab, in denen die Gewächse vorkamen – und auch keine Heuschrecken. Durch Feldstudien wie diese kam Sheldrake zu der Erkenntnis, dass es eine Art riesiges, universelles Netz geben muss, dass alles miteinander verbindet. Auch der Mensch ist Teil dieses Netzwerks, selbst wenn er verlernt hat, die Signale und Botschaften zu verstehen. Nur so ist es zu erklären, dass beispielsweise Stunden vor dem Tsunami von Thailand im Jahr 2004 sämtliche Tiere der Küstenregionen in höher gelegene Gebiete flüchteten, obwohl es zu diesem Zeitpunkt noch keine messbare Erschütterung der Erde gab, wohingegen am Ende der Katastrophe mehr als zweihunderttausend Menschen starben.

### *Entdecke das Universum – in dir und um dich herum!*

Der Feeling-Code geht davon aus, dass es eine Form von Energie gibt, die alle Informationen in unserem Universum sammelt, speichert und jederzeit und überall verfügbar und abrufbar macht, beinahe wie eine Art riesiges Wikipedia, das dich in jedem Moment deines Lebens umgibt. Das morphische Feld ist als eine Art allumfassendes Bewusstseinsfeld zu verstehen – als Verbindung zwischen dir und der Welt, zwischen dir und anderen Menschen und zwischen dir und allem, was dir widerfährt.

Wer lernt, seiner Intuition zu vertrauen, erhält Zugang zum morphischen Feld. Möglicherweise kennst du das: Du triffst eine Freundin und schlägst ihr etwas vor. Sie erwidert: »Ich wollte gerade genau dasselbe sagen.«

In diesem Moment befindet ihr euch im morphischen Feld. Es befindet sich außerhalb eurer körperlichen Hülle und verbindet euch unsichtbar miteinander. Es fällt dir umso leichter, an das morphische Feld anzudocken, je sicherer du dich in deinem individuellen Intuitionsfeld bewegst und mit je mehr intuitiven Menschen du dich umgibst.

Dein Intuitionsfeld sendet dir ununterbrochen Signale, etwas zu tun oder besser bleiben zu lassen – und dabei muss es nicht nur darum gehen, nicht in die unbeleuchtete Seitenstraße einer zwielichtigen Gegend hineinzuspazieren, sondern es kann auch viel subtiler daherkommen. Vielleicht hattest du auch schon mal ein ungutes Gefühl bei etwas, ohne diese Empfindung näher beschreiben zu können. Manchmal begegnet man auch Menschen, bei denen man intuitiv weiß, dass sie nichts Gutes im Schilde führen, selbst wenn sie auf den ersten Blick charismatisch wirken. Das Ganze funktioniert natürlich auch umgekehrt: Denn was, denkst du, hat es wohl mit der Liebe auf den ersten Blick auf sich?

Der Feeling-Code befähigt dich, durch bestimmte Techniken der Trance und Erdung Zugang zu deinem Intuitionsfeld und damit langfristig auch zum morphischen Feld zu erlangen. Durch die aktive Auseinandersetzung mit dem Unterbewusstsein, das Hören der inneren Stimme und das Hineinspüren in den Körper erfährst du alles, was in deinem Intuitionsfeld gespeichert ist und aus dem morphischen Feld gesendet wird. Indem du diese Felder anzapfst, kannst du mehr Klarheit in allen Lebensbereichen erlangen. Die daraus stammenden Informationen sind immer eine Momentaufnahme der jeweiligen Situation, in der du gerade steckst, die aber natürlich auch längerfristig Gültigkeit haben kann. Beide Felder werden ständig mit neuen Daten gespeist, es kommen täglich neue Informationen hinzu. So wird der Speicher der Felder in jeder Minute auf den neuesten Stand gebracht – genau wie ein Rechner, der jeden Tag mit neuen Daten gefüttert wird und Dateien abspeichert.

*Reboot für deinen Körper, Update für deine Seele*

Manchmal fällt es schwer, Zugang zu seinem Intuitionsfeld zu erlangen. Das kann daran liegen, dass tausend alte Dateien darauf herumliegen und es »vollmüllen«. Der Feeling-Code hilft dir, deinen Körper zu rebooten, also einen Neustart zu machen. Wie bei einem Computer oder Smartphone kannst du so Speicherplatz gewinnen, den du mit neuen Erfahrungen und Empfindungen füllen kannst. Denn das menschliche Unterbewusstsein ist wie eine Festplatte: Wird sie zu lange nicht defragmentiert, also aufgeräumt, passt irgendwann nichts mehr darauf. Und es kommt noch viel schlimmer, denn auch die »Programme« laufen ab einem bestimmten Zeitpunkt nicht mehr. Wir sind also fortwährend dazu aufgefordert, unseren Speicher zu leeren und zu reinigen, alte Geschichten, Verletzungen und Erfahrungen loszulassen und Platz für Neues zu machen, um die Dinge zu fühlen, die uns wirklich von Nutzen sind.

**Essen für Leib und Seele**

Wenn du das nächste Mal vor deinem Kühlschrank stehst oder im Restaurant vor der Speisekarte sitzt, schalte ganz bewusst deinen Kopf aus und den Empfänger der inneren Stimme an. Dabei handelt es sich nicht um dein Magenknurren oder deinen Appetit. Die innere Stimme ist ein Gefühl tief in deinem Inneren, das genau weiß, was dein Körper gerade braucht.
Also dreh die Lautstärke voll auf und hör zu! Denk nicht an die

Kalorien, an deine Blutfette oder dein schlechtes Gewissen am nächsten Morgen. Und schieb deine Gelüste und deine Gier beiseite - sie alle haben nichts mit deiner inneren Stimme zu tun.
Studiere stattdessen die Auswahl, egal, ob vor dem Gemüseregal, dem Kühlschrank oder der Speisekarte. Stell dir vor, wie es wäre, ein Gericht aus Zucchini zuzubereiten - oder würde es deinem Körper besser tun, ein Nudelgericht zu bestellen? Vielleicht probierst du einmal etwas aus, was du noch nie gegessen hast? Oder ist heute der richtige Tag für Soul Food, das die Seele streichelt?
Lausche deiner inneren Stimme und lass deine Intuition entscheiden. Ich bin mir sicher, dass sie dir sagen wird, was dein Körper möchte.

## Die innere Stimme

Dein Körper ist in der Lage, dir unentwegt Botschaften zu übermitteln. Wenn du fähig bist, diese Nachrichten nicht nur zu empfangen, sondern auch zu verstehen, wirst du verblüfft sein, wie präzise dein Körper Antworten auf all deine Fragen gibt.

Aber wo findest du deine innere Stimme? Wie kannst du die Lautstärke hochdrehen, wenn sie zu leise ist? Und wie übersetzen, was sie dir sagt?

Vielleicht hast du schon einmal die Erfahrung gemacht, dass dir dein Körper durch ein bestimmtes Gefühl signalisiert hat, du sollst etwas tun oder lieber bleiben lassen. Das können kleine Dinge sein wie zum Beispiel, dass du appetitlos auf ein eigentlich köstliches Mahl reagierst. Dass du plötzlich Kopfschmerzen bekommst, bevor du zu einer Party aufbrechen willst, auf die du eigentlich nicht gehen möchtest. Oder dass du unbewusst nach links abgebogen bist, anstatt nach rechts zu gehen, und mit einem Mal kommst du in einer Gegend heraus, in der du noch nie warst. Die meisten von uns übersehen die Signale und überhören Botschaften des Körpers – auch, weil die innere Stimme oft nur ein Flüstern ist. Wir entscheiden in den häufigsten Fällen mit dem Kopf, nicht mit dem Gefühl. Das fängt im Restaurant an, wenn wir einen Salat bestellen, obwohl uns eigentlich die Pasta auf der Karte anlacht, und kann bei einem Partner aufhören, für den wir uns mit dem Verstand, nicht aber mit dem Herzen entschieden haben.

*Die innere Stimme ist immer ehrlich,*
*aber niemals verletzend.*

Die gute Nachricht lautet: Es gibt kaum eine Entscheidung, die man nicht revidieren kann. Bestellungen können storniert werden, Mietverträge gekündigt, Ehen geschieden, Freundschaften wiederbelebt und Krankheiten geheilt werden. Nicht immer nimmt es ein gutes Ende, wenn wir uns umentscheiden – aber ganz sicher ist es besser, bei einer wichtigen Entscheidung auf unsere innere Stimme zu hören, anstatt sie zu ignorieren.

Die innere Stimme ist manchmal laut und manchmal leise. Sie kann flüstern, schreien, aber auch betteln und gut zureden. Von größter Bedeutung ist, dass du sie nicht mit den Glaubenssätzen in deinem Kopf verwechselst. Denn allzu oft finden wir uns in einer Situation wieder, in der wir es in unserem Innenohr flüstern hören: »Das wird nie was! Das geht ganz sicher schief.«

Die innere Stimme ist aber kein Kritiker oder Miesmacher. Sie wertet nicht, sie beurteilt nicht – vielmehr ist sie der Übermittler der Botschaften deines Körpers. Doch tatsächlich ist die Verwechslungsgefahr zwischen der inneren Stimme und all den anderen Stimmen in dir groß. Wenn du also das nächste Mal auf dem Sofa sitzt und keine Lust hast, zum Sport zu gehen, versuche genau zu unterscheiden: Wer hat keine Lust? Dein innerer Schweinehund oder du? Dein Verstand rät dir natürlich, dich aufzuraffen. Dein schlechtes Gewissen treibt dich zusätzlich an. Viele Menschen verwechseln ihr schlechtes Gewissen mit der inneren Stimme. Es handelt sich dabei jedoch um etwas ganz anderes, da wir das schlechte Gewissen vor allem als Schuldgefühl wahrnehmen, wenn wir gegen uns auferlegte Gebote und Regeln verstoßen.

Und dann gibt es auch noch einige Glaubenssätze in deinem Inneren, die zusätzlich für Unruhe sorgen: *Du bist einfach ein unsportlicher Mensch!* Doch wenn du genau hinhörst, in dich hinein, in die Tiefen deines Körpers, wirst du wissen, was heute für dich richtig ist. Denn die innere Stimme will dir niemals schaden. Sie weiß genau, was dir guttut, und ist in besserem Kontakt zu deinem Körper als Verstand, schlechtes Gewissen und innerer Schweinehund zusammen.

*Wer der inneren Stimme lauscht,*
*lernt, der Intuition zuzuhören.*

Die innere Stimme ist das Sprachorgan deiner Intuition. Sie wispert dir leise zu: »Ist das wirklich eine gute Idee?« Oder sagt manchmal auch klar und deutlich: »Großartig! Das machen wir.« Sie ist dein bester Berater, also lerne, ihr genau zuzuhören, wenn sie Nachrichten an dich sendet. Vielleicht fällt es dir noch nicht leicht, deiner inneren Stimme zuzuhören und dem Bauchgefühl zu folgen, wenn du die letzten Jahrzehnte alles mit dem Kopf entschieden hast.

Möglicherweise denkst du jetzt: *Das klingt ja alles wunderbar, aber wie folge ich meiner inneren Stimme? Ich weiß ja gar nicht, wie sie sich anhört.*

Nicht immer ist die innere Stimme eine wirkliche Stimme, die uns etwas zuflüstert. Sie kann auch als Gefühl auftreten, das wir irgendwo im Körper wahrnehmen, oder als echte physische Empfindung. Wenn ich zum Beispiel besonders aufgeregt bin oder mich eine Situation überfordert, kribbeln meine Unterarme.

### *Richtige Entscheidungen treffen mit der inneren Stimme*

Wir müssen immer wieder Entscheidungen in unserem Leben treffen. Manche fallen uns leicht, für andere brauchen wir sehr lange. Wie häufig gerätst du über eine Entscheidung ins Grübeln, wälzt Gedanken hin und her und lässt dich von Zweifeln und Unsicherheit irritieren? Und auch dann, wenn du dich zu einer Entscheidung durchgerungen hast, bleibt ein Rest an ungutem Gefühl zurück, und du fragst dich, ob du vielleicht nicht doch einen Fehler gemacht hast? Kommt dir das bekannt vor? Kein Wunder, dass du zweifelst – denn du hast die Entscheidung wahrscheinlich ohne deine innere Stimme getroffen.

Die innere Stimme liegt niemals falsch. Wenn du ihr gefolgt bist, kannst du dir sicher sein, dass sie in der Sekunde, in der du auf sie gehört hast, richtiglag. Möglicherweise verändern sich die Umstände, und die Situation entwickelt sich in eine Richtung, die du nicht mehr als angenehm empfindest. Dann ist es an der Zeit, eine neue Entscheidung zu treffen und sich an die veränderten Umstände anzupassen.

Ich bin davon überzeugt: Die meisten Fehlentscheidungen kommen zustande, wenn du *zu viel* nachdenkst (nicht zu wenig). Gedanken entstehen im Kopf, und wenn wir bei unseren Entscheidungen nur das Gehirn befragen, nehmen wir unserer inneren Führung und der Intuition die Möglichkeit, sich zu entfalten. Die Beschaffenheit unserer Gedanken hängt jedoch überwiegend von äußeren Einflüssen ab. Denken ist nützlich, wenn es um die analytische Verarbeitung von Sachverhalten geht, die außerhalb unseres Selbst liegen. Genau deshalb ist es aber nur bedingt sinnvoll, etwas bloß aus dem Verstand heraus oder rein intellektuell zu entscheiden, vor allem, wenn es um Dinge geht, die den eigenen Lebensweg und dich ganz persönlich betreffen.

Denken ist natürlich nicht verboten, sondern ausdrücklich erwünscht! Denn dadurch versorge ich einen Speicher in meinem Kopf mit Informationen, aus denen meine Intuition dann Relevantes für die jeweilige Situation abrufen kann. Rationale Informationen und die Intuition aus deinem Inneren werden im Idealfall von dir miteinander kombiniert.

*Deine Intuition ist das Steuer,*
*mit dem du deine Handlungen lenkst.*

Das heißt konkret: Erst denken, dann fühlen – und entscheiden! Wenn die innere Stimme spricht, äußert sich das in uns mit einem Gefühl der Sicherheit und Gewissheit, nicht das Falsche zu tun, sondern auf dem richtigen Weg zu sein. Sie zeigt dir diesen *einen* Weg, der nicht immer selbstverständlich sein muss und durchaus schmerzvolle Erfahrungen mit sich bringen kann, aber doch der richtige ist. Wenn du also die Gewissheit hast, etwas tun zu müssen, weil es sich einfach richtig anfühlt, dann folge diesem Impuls und sei voller Vertrauen. Du hast die Verbindung mit deiner inneren Stimme aufgenommen.

Wenn du dir jetzt nicht sicher bist, ob du deine innere Stimme bereits gehört hast, denk an folgende Situation: Ist dir schon einmal etwas widerfahren, von dem du hinterher gedacht hast »Ich wusste, dass das nicht gutgeht!«? Bingo. Wenn du nicht gerade der größte Schwarzmaler unter der Sonne bist, war das deine innere Stimme, die Kontakt zu dir aufgenommen hat.

Nicht jeder kann seine innere Stimme immer laut und deutlich hören. Es gibt Lebensphasen, in denen wir sie gar nicht vernehmen. Meist ist die innere Stimme dann überlagert von Sorgen, Ängsten, innerer und äußerer Unruhe und Unsicherheit. Aber keine Sorge, die innere Stimme kann man trainieren wie einen Muskel. Je häufiger du Kontakt zu ihr aufnimmst, desto klarer wird sie zu dir sprechen. Nimm sie ernst, hör ihr genau und aufmerksam zu und kommuniziere stets in einer wertschätzenden Art und Weise mit ihr. Denn sie hilft dir bei allen Entscheidungen, die du im Laufe deines Lebens treffen musst.

Dein Körper sendet unentwegt positive wie negative Gefühle – nicht umsonst spricht man von einem »guten oder schlechten Gefühl im Bauch«. Das ist nichts anderes als deine innere Stimme, die versucht, sich Gehör zu verschaffen. Wenn du lernst, ihr zuzuhören, und ihre Hinweise ernst nimmst, könnt ihr schon bald ein sehr gut harmonierendes Team werden, das reibungslos zusammenarbeitet. Gemeinsam könnt ihr ein Gespür dafür entwickeln, wo deine Grenzen sind, was dich gesund erhält, wie du glücklich wirst. Mit deinem Selbst und deinem Körper verbunden und eins zu sein, also die Einheit von Körper und Seele zu erlangen, ist ein wunderbares und beglückendes Gefühl, das dir im Inneren wie im Äußeren Stärke und Selbstbewusstsein verleiht.

Du möchtest nicht länger warten und deiner inneren Stimme mehr Raum geben? Wunderbar! Du kannst gleich hier und heute damit anfangen, kleine intuitive Entscheidungen in deinem Leben willkommen zu heißen.

**In die Zukunft sehen**

Du hast in diesem Kapitel schon einige grundlegende Übungen zur Stärkung deiner Wahrnehmung und Intuition kennengelernt und hoffentlich erfolgreich angewandt. Nun ist es an der Zeit, dir ein paar weitere Tipps zu verraten, wie du deine Intuition in den unterschiedlichsten Phasen deines Lebens hervorkitzelst. Im Prinzip kannst du hundert Mal am Tag deine Intuition trainieren, egal, ob du auf dem Weg zur U-Bahn bist oder dich im Supermarkt an der Kasse in eine Schlange einreihen sollst. Also Ärmel hochkrempeln – und loslegen!

- Wenn dein Telefon klingelt: Wirf keinen Blick auf das Display. Sag stattdessen vorher, wer es sein könnte. Dasselbe funktioniert übrigens auch mit Kurznachrichten und E-Mails.
- Wenn du jemanden anrufst: Befrage vorher deinen Bauch. Wird die Person abnehmen, dich wegdrücken, oder ist nur die Mailbox dran?
- Wenn du zur U-Bahn gehst: Bevor du in die Station läufst, spüre kurz in dich hinein und frage dich, wie lange es wohl dauern wird, bis die nächste U-Bahn fährt. Eine Minute? Drei Minuten? Oder fährt sie dir gerade vor der Nase weg?
- Wenn du auf eine Ampel zufährst: Was sagt deine Intuition? Wird die Ampel gleich umschalten oder grün beziehungsweise rot bleiben?
- Wenn du mit jemandem verabredet bist: Hör auf deine innere Stimme. Möchtest du dich mit der Person wirklich treffen? Oder wäre es besser, ihr abzusagen?

Du siehst, es gibt unendlich viele Möglichkeiten, die Intuition zu trainieren. Selbst wenn es dir auf den ersten Blick merkwürdig oder albern vorkommen mag, schon bald wirst du feststellen, dass sich deine Quote verbessert – und das hat nichts damit zu tun, dass du besser rätst als vorher. Du lernst vielmehr, deinem Bauchgefühl zu vertrauen, und trittst langsam, aber sicher in Kontakt mit deiner unmittelbaren Umgebung.

## Bodyhearing

Um der inneren Stimme zu lauschen, bist du dazu aufgefordert, in deinen Körper hineinzuhorchen. Damit verwandt ist das sogenannte Bodyhearing oder die Körperbefragung. Darunter verstehe ich die bewusste geistige Hinwendung zu einzelnen Körperteilen sowie die Wahrnehmung der körperlichen und geistigen Empfindungen an den einzelnen Stellen. Das heißt, du hörst beim Bodyhearing in deinen Körper hinein und nimmst wahr – ganz wertfrei und offen für alles, was kommt.

Egal, ob du gerade in einem Bein, einem Arm, deinem Kopf oder einem Organ unterwegs bist, überprüfe das Körperteil auf folgende Empfindungen:

- Ist es dort hell oder dunkel?
- Warm oder kalt?
- Laut oder leise?
- Hart oder weich?
- Eng oder weit?
- Rau oder glatt?

Das Bodyhearing hilft dir, zu erkennen, was in deinem Körper vor sich geht und in welchem Zustand er sich befindet. Im Feeling-Code ist es nämlich nicht notwendig, in tiefer Trance oder Hypnose zu sein. Es genügt vollkommen, die Wahrnehmung bewusst auf das Innere deines Körpers zu richten, die Stille zuzulassen und die Botschaften zu empfangen.

*Lass die Stille zu und*
*lausche der inneren Stimme.*

Das ist natürlich nicht leicht, gerade am Anfang. Vor allem Menschen, die ohnehin schon Schwierigkeiten haben, zur Ruhe zu kommen, oder die schlecht einschlafen und sich nur mit Mühe konzentrieren können, werden es anfangs sicher als anstrengend empfinden, mit ihrem Körper in Dialog zu treten. Aber lass dich nicht entmutigen! Übung macht den Meister. Und wie du gleich erfahren wirst, hatte auch ich zu Beginn Schwierigkeiten, mich auf diese Art der Kommunikation mit mir selbst einzulassen.

*Bei meiner ersten selbst durchgeführten Bodyhearing-Sitzung war ich richtig aufgeregt. In den Unterlagen von Anneliese hatte ich gelesen, wie ich mich entspannen, in mich hineinfühlen und dann nacheinander verschiedenen Körperregionen einen Besuch abstatten sollte. Ich hatte ja keine Ahnung, was mir da alles begegnen würde – immerhin war ich noch nie auf eine solche Art und Weise in meinem Körper unterwegs gewesen.*
*Ich legte mich hin, schloss die Augen und versuchte, mich zu entspannen. Das klappte natürlich erst einmal gar nicht, denn meine Gedanken fuhren Karussell. Nach ein paar Minuten gelang es mir jedoch, sie zu fokussieren und mit der Reise durch meinen Körper zu beginnen.*
*Aus heutiger Sicht weiß ich, dass ich damals in einem Affenzahn unterwegs war und geradewegs durch mich hindurchrannte. Ich flitzte von Arm zu Arm, Bein zu Bein, hüpfte vom*

*Kopf in den Unterleib und jagte wieder zurück. Und obwohl ich mehr mit dem Unterwegssein als mit dem Beobachten oder Hineinhorchen beschäftigt war, nahm ich einige merkwürdige Dinge an mir wahr.*

*Zunächst einmal spürte ich meine Füße nicht. Das irritierte mich sehr – immerhin war ich mir sicher, dass sie in den vergangenen drei Minuten nicht einfach abgefallen waren. Ich wackelte mit den Zehen, um mich zu vergewissern, dass sie noch da waren. Nun gut, dachte ich, dann fühlt sich das jetzt eben so an. Und je mehr ich mich auf das fehlende Gefühl einließ, desto mehr spürte ich, dass ich im gesamten Unterleib ein taubes Gefühl hatte, das ich mir nicht recht erklären konnte.*

*Außerdem kam es mir so vor, als ob meine linke Hand plötzlich in die Luft hochsteigen würde. Sie wurde immer leichter, und ich hätte Stein und Bein schwören können, dass sie von der Matratze abhob – aber ich spürte ja immer noch den Stoff des Lakens unter meinen Fingerspitzen.*

*Dann geschah etwas wirklich Seltsames. Mein linkes Bein bewegte sich, als wäre es von einem riesigen Magneten angezogen, plötzlich nach rechts. Als ich das spürte, runzelte ich die Stirn und fühlte genauer nach. Doch, ja, es war unverkennbar. Ich öffnete die Augen und richtete mich auf. Mein linkes Bein lag genau da, wo ich es hingelegt hatte: im gleichmäßigen Abstand zum rechten.*

*Ich legte mich wieder hin, schloss die Augen und konzentrierte mich erneut auf mein Bein. Wieder meinte ich, einen deutlichen Zug nach rechts zu spüren, doch diesmal ließ ich das Gefühl zu und merkte es mir. Denn mir fiel wieder ein, was ich in Anneliеses Unterlagen gelesen hatte: dass alles, was kommt, seine Berechtigung hat und nicht bewertet werden darf.*

*Damals wusste ich es noch nicht. Aber es war der Beginn des Feeling-Codes, den ich seitdem schon Hunderte Male bei mir und anderen angewandt habe.*

Wenn du das Bodyhearing in einer Feeling-Code-Sitzung anwendest, ist es auf jeden Fall ratsam, dich an einen Ort zurückzuziehen, an dem du ungestört bist. Das Handy sollte ausgeschaltet sein, genau wie die Türklingel, und keine ablenkenden Geräusche sollten dich stören. Je entspannter du bist, desto mehr wirst du hören. Such dir deshalb für dein erstes Bodyhearing einen Tag aus, an dem du keine weiteren Termine hast und der Paketbote garantiert nicht klingelt.

*Empfange Nachrichten aus deinem unbekannten Universum.*

Um die Signale des Körpers zu empfangen, wäre es gut, wenn du innerlich nicht gestresst bist. Für das Bodyhearing (und später auch für den Feeling-Code) ist es ideal, den sogenannten Alphazustand zu erreichen. Man befindet sich in diesem Zustand, wenn sich Körper und Seele entspannen – in etwa so, wie es kurz vor dem Einschlafen der Fall ist. Die Atmung ist ruhig und entspannt, die Aufmerksamkeit fährt runter. Vielleicht kennst du dieses Gefühl auch von einer langen und eintönigen Autofahrt. Dein Gehirn befindet sich im Autopilot, deine Gedanken schweifen ab. Du befindest dich in einem tranceähnlichen Zustand – genau wie beim Tagträumen. In diesem Alphazustand, wenn du den Kontakt zu Zeit und Raum verlierst, bist du am aufnahmefähigsten für Botschaften aus einem anderen Universum: deinem Unterbewusstsein.

### Der Sitz der Gefühle

In der folgenden Übung geht es darum, den Sitz deiner Gefühle kennenzulernen und erste Erkundungstouren durch deinen

Körper zu machen. Denn alles, was du brauchst, ist bereits vorhanden: der Sender (die Intuition), der Resonanzkörper (du selbst) und die Antennen (dein Wille, etwas zu verändern) – du bist möglicherweise nur noch nicht in der Lage, den Empfänger richtig einzustellen. Das lernst du jetzt mit der Bodyhearing-Technik.
Wenn du das nächste Mal in einer Situation bist, in der du eine starke Emotion verspürst (unabhängig davon, ob sie positiv oder negativ ist: Wut, Trauer, Freude, Eifersucht …), möchte ich dich darum bitten, dir eine ruhige Ecke zu suchen, dich hinzusetzen und die Augen zu schließen. Stell deine Füße auf dem Boden ab, leg die Hände auf die Oberschenkel und atme tief ein und aus.
Wenn du spürst, dass es um dich herum leiser wird, weil du die Umgebung ausblendest, richte den Blick nach innen. Wo sitzt das Gefühl, das du spürst? Ist es im Bauch? Oder in deinem linken Knöchel? Zwickt dein Ellbogen? Schmerzt dein Kopf? Verspürst du ein Flattern in der Brust? Es gibt unendlich viele Möglichkeiten, wo und auf welche Art du eine Emotion körperlich spüren kannst.
Sobald du das Gefühl lokalisieren konntest, schaust du es dir genauer an. Ist es ein angenehmes oder unangenehmes Gefühl? Schmerzt es? Ist es kalt oder warm? Groß oder klein? Hat es eine Farbe?
Welche Gedanken tauchen auf, während du in dich hineinhorchst? Positive? Oder blinkt ein warnendes »Etwas stimmt nicht«-Zeichen vor deinem inneren Auge auf?
Ich empfehle dir, deine Beobachtungen schriftlich festzuhalten und dich zukünftig immer dann, wenn dich ein Gefühl »übermannt«, für einen Moment zur Kontemplation zurückzuziehen. Sicher wirst du bald schon den Sitz deiner Wut vom Ort deiner Liebe unterscheiden können – dann beglückwünsche ich dich! Du hast einen weiteren, aber entscheidenden Schritt gemacht und dich ein ganzes Stück besser kennengelernt.

# 4 Der Kleine Feeling-Code (Klärung)

Es gibt unzählige Arten von Behandlungsmöglichkeiten, Methoden und Techniken zur Lebensverbesserung, die jeder an sich selbst ausprobieren kann. Doch keine Therapie der Welt kann von außen die Erkenntnis bringen, die man im Grunde in sich selbst trägt. Der Feeling-Code ist ein Geschenk, das du dir selbst machen kannst, denn nur in dir findest du die Antworten auf all deine Fragen.

Du kannst den Kleinen Feeling-Code in jedem Bereich deines Lebens einsetzen, egal, ob es um Fragen zu deinem Beruf oder deiner Berufung, zu deinem Partner oder deinem Liebesleben, deinen Freunden, deinem Körper oder deiner Seele geht. Die Methode ist so einfach, dass du sie im Nu erlernen wirst, und macht so viel Spaß, dass du sie bestimmt bald ständig anwenden möchtest. Nur zu! Dir sind keine Grenzen gesetzt, und je häufiger du übst, desto deutlicher werden die Antworten ausfallen. Sie liegen in dir – du allein bist diesen Lebensweg, der dein eigener ist, gegangen. Nur du lebst in deinem Körper, und du allein hast es in der Hand, etwas aus deinem Leben zu machen. Mithilfe des Feeling-Codes kannst du aufhören, im Außen zu suchen, und finden, was in dir liegt.

*Der Feeling-Code ist dein Geschenk an dich selbst.*

Der Kleine Feeling-Code eignet sich hervorragend für geschlossene Fragestellungen und ist ein wunderbares Instrument der Entscheidungshilfe. Deswegen verwenden wir für den Kleinen Feeling-Code auch den Begriff der Klärung. Dank deiner Intuition, die du in den vergangenen Kapiteln bereits trainieren konntest, wird es dir nicht schwerfallen, diese simple Technik im Nullkommanichts zu erlernen und künftig anzuwenden.

Wichtig ist, dass du verstehst, dass bei einer Feeling-Code-Sitzung, egal, ob groß oder klein, dein Verstand für eine Weile nicht gebraucht wird. Wir arbeiten rein emotional und körperfühlend, deine Ratio ist während einer solchen Sitzung also nicht eingeladen. Das kann dich zunächst verunsichern, und ganz bestimmt fühlt es sich erst einmal merkwürdig an, wenn du anfängst, dich auf den Feeling-Code einzulassen. Aber wie lautete doch gleich Regel #3? *Hab Vertrauen! Dir kann nichts passieren.*

*Meinen ersten Feeling-Code habe ich als Kind mit Anneliese durchgeführt. Es war das Jahr 1993, ich war zehn Jahre alt und in der vierten Klasse der Grundschule. Bald schon würden die Empfehlungen fürs Gymnasium verschickt werden – und ich hatte das Zeug dazu. Ich war ein aufgewecktes Kind, das Wissen aufsog wie ein trockener Schwamm. Doch nun hatte ich in der Mathearbeit eine Fünf geschrieben. Und ich konnte mir einfach nicht erklären, wieso. Ich war doch gut in Mathe! Ich mochte Zahlen und hatte, im Gegensatz zu vielen anderen aus meiner Klasse, keine Probleme, im Unterricht mitzukommen. Manchmal erklärte ich meiner Banknachbarin sogar, was die Lehrerin gerade an die Tafel geschrieben hatte, oder ließ sie beim Test von mir abschreiben.*

*Warum in aller Welt hatte ich bei dieser Arbeit so versagt?*

*Ich würde keinen Ärger bekommen – ich war ja eine gute Schülerin, und einmal war keinmal. Trotzdem wusste ich, dass mich meine Mutter mit traurigen Augen angucken und eine Erklärung von mir einfordern würde.*

*»Hast du nicht genug gelernt?«, würde sie mich fragen und mir*

*vermutlich nicht glauben, wenn ich behauptete, dass ich mich ausreichend vorbereitet hatte. »Dann hast du es nicht verstanden«, würde sie als Nächstes behaupten.*
*Was sollte ich dagegen sagen? Ich schämte mich sehr und war enttäuscht von mir selbst. Und wütend!*
*Ich saß unter dem Baum im Garten meiner Eltern und betrachtete ein weiteres Mal das Blatt Papier in der Hand, in dessen oberer Ecke rechts die rote Fünf prangte. Meine Lehrerin hatte die Ziffer zweimal umkringelt und mir sogar eine persönliche Notiz daruntergeschrieben: Birgit, das kannst du besser!*
*Natürlich konnte ich es besser. Aber wenn ich nicht einmal wusste, weshalb ich fast alle Aufgaben falsch gelöst hatte, wie konnte ich es dann beim nächsten Mal besser machen?*
*»Na? Welche Laus ist dir denn über die Leber gelaufen?«*
*Ich sah erschrocken nach oben und starrte in Annelieses Gesicht. Derart in Gedanken versunken, hatte ich nicht bemerkt, dass sie durch den Garten auf mich zugeschlendert gekommen war.*
*»Gar keine.« Ich stopfte hastig die Arbeit in meinen Rucksack und verschränkte die Arme vor der Brust. Ich wollte vor Anneliese nicht zugeben, dass ich eine so schlechte Zensur geschrieben hatte.*
*Sie warf den Kopf in den Nacken und lachte. »Also wirklich, Birgit. Du müsstest doch wissen, dass ich dich besser kenne.« Sie ging vor mir in die Hocke. »Was ist los?«*
*Ich haderte noch einen Moment mit mir, dann zog ich die verhauene Arbeit aus dem Rucksack. »Ich weiß nicht, warum ich eine Fünf geschrieben habe«, meinte ich schmollend und wagte es nicht, meiner Zieh-Oma in die Augen zu blicken.*
*»Möchtest du es herausfinden?«*
*Ich sah verwundert auf. »Klar.«*
*»Dann komm mit. Ich zeig dir, wie das geht.« Sie stand auf und hielt mir ihre Hand hin – und ich zögerte keine Sekunde.*
*Anneliese führte mich in mein Zimmer, wo ich den Rucksack in*

*die Ecke pfefferte und mich erwartungsvoll auf dem Bett niederließ. Sie selbst nahm auf meinem kleinen Schreibtischstuhl Platz und fragte: »Hast du ein paar weiße Zettel für mich? Unbeschriebene?«*
*Ich sagte ihr, wo sie solche Zettel in dem Rollcontainer unter dem Schreibtisch finden könne, und wartete gespannt ab, was als Nächstes passierte.*
*Anneliese nahm sich einen Stift und die Zettel. Dann sagte sie: »Wir werden verschiedene Sätze auf die Papiere schreiben und so versuchen, herauszufinden, warum du in der Arbeit eine Fünf geschrieben hast.«*
*Ich war zehn Jahre alt und verstand, ehrlich gesagt, gar nichts. Was sollten mir die Sätze bringen? Aber okay, ich wusste, dass Anneliese es gut mit mir meinte, und bislang hatte sie mit ihren Methoden und Tipps stets richtig gelegen. Also ließ ich mich auf das Experiment ein.*
*»Was könnte der Grund für die schlechte Note sein?«, fragte sie mich. »Vielleicht hast du nicht genug gelernt.«*
*Schon wollte ich aufbegehren und schnappte nach Luft, doch Anneliese lächelte und meinte: »Ich glaube dir, wenn du sagst, dass du dich ausreichend vorbereitet hast. Wir wollen nur herausfinden, wie es beim nächsten Mal besser wird.«*
*Grummelnd stimmte ich zu und beobachtete Anneliese dabei, wie sie den Satz »Ich habe genug für die Arbeit gelernt« auf einen der Zettel schrieb.*
*»Warum schreibst du nicht auf ›Ich habe nicht genug für die Arbeit gelernt‹?«, wollte ich wissen, denn mir war aufgefallen, dass Anneliese eine positive Formulierung gewählt hatte.*
*Sie grinste. »Das Universum versteht kein Nein und auch kein Nicht. Positive Sätze sind besser als negative.«*
*Ich kapierte zwar nicht, was sie meinte, nickte jedoch. Wir überlegten und sammelten weitere Sätze rund um den Unterricht, die Schule und die Mathearbeit: »Ich konnte mich bei der Arbeit gut konzentrieren«, »Ich mag meine Lehrerin«, »Ich*

*mag Mathe«, »Ich gehe gern in die Schule«, »Ich fühle mich wohl in meiner Klasse« und so weiter.*

*Wir beschrieben etwa zehn Zettel, die Anneliese danach zusammenfaltete und vermischte. Sie bat mich, eines der Zettelchen aus dem kleinen Papierberg auszuwählen. Ich zog einen Zettel und danach gleich einen zweiten. Den einen nahm ich in die linke Hand, den anderen in die rechte Hand, genau wie Anneliese es mir auftrug.*

*Dann legte ich mich aufs Bett und schloss die Augen. Anneliese streichelte meine Füße, während sie mir Worte zuflüsterte, und schnell befand ich mich in einem angenehmen, entspannten Zustand.*

*Sie sagte: »Konzentriere dich auf deine linke Hand und auf den Zettel darin. Stell dir vor, du siehst ihn vor deinem inneren Auge. Öffne aber nicht die Augen, sondern versuche, ihn dir von innen heraus anzusehen. Stell dir vor, du wirst ganz klein, so klein wie ein Gummibärchen, und schlenderst in dieser Größe durch deinen Körper. Durch den Mund kann die kleine Birgit in den Körper hinein. Geh von dort durch den Hals, vorbei an den Lungen, an deinem Herzen und die Arme entlang, bis du bei deiner linken Hand angekommen bist. Sieh dich in dieser linken Hand um, und sag mir bitte, was du dort siehst.«*

*Ich brauchte einen Moment, um zu antworten. Die Augen fest zusammengekniffen, konzentrierte ich mich auf meine linke Hand. Erst sah ich gar nichts und spürte nur meine Fingernägel, die sich in meinen Handballen bohrten, so fest drückte ich die Hand zur Faust.*

*Doch dann plötzlich tat sich etwas. Ich erkannte verschiedene Farben. In meiner Faust. Vor Schreck hätte ich beinahe die Augen aufgerissen, doch Anneliese hatte mir ja gesagt, ich solle die Augen geschlossen halten. Also atmete ich einmal tief ein und aus und sagte dann: »In meiner Hand ist es sehr bunt, und es gibt viele Farben. Ich weiß nicht, was ich hier tun soll, aber es fühlt sich ganz gut an.«*

*»Ist es eng oder hast du viel Platz dort?«*
*Ich dachte nach. »Es ist viel Platz. Wie ein großes, helles Zimmer.«*
*Anneliese fragte weiter. »Kannst du etwas hören? Sind da Töne, Gefühle oder Erinnerungen, die du spürst?«*
*Aus der Ferne vernahm ich Töne … und kurz darauf erkannte ich, dass es eine Melodie war. Ein Klavier spielte. Ich lauschte in meine linke Hand hinein und erkannte schließlich ein Stück, das sich mein Onkel gern auf CD anhörte und das mich immer sehr beruhigte. Ich berichtete Anneliese von meiner Beobachtung.*
*»Gibt es eine Person, die du in diesem Raum siehst?«*
*»Nein, keine Person, aber da ist eine kleine und kuschelige Katze. Sie kommt zu mir, und ich streichle sie.«*
*Ich war absolut verblüfft. Ein heller Raum, eine Klaviermelodie und eine Katze – in meiner linken Faust? Das war ja großartig! Ich fühlte mich ein bisschen wie Alice im Wunderland. Das war ein Buch, aus dem mir früher meine Mutter vorgelesen hatte, in dem ich mittlerweile aber selbst gern schmökerte. Ich spürte, wie ich noch mehr entspannte und mich ganz auf Anneliese und ihre Körperreise einließ.*
*»Lass uns mal den Zettel in der anderen Hand anschauen«, schlug Anneliese vor. »Über deinen linken Arm spaziert die kleine Birgit zurück zum Oberkörper. Am Herzen vorbei, in die rechte Schulter, den Ober- und den Unterarm entlang, bis du in deiner rechten Hand ankommst. Wie sieht es da aus?«*
*In Gedanken war ich als kleine Figur durch meinen Oberkörper geflutscht und war, je mehr ich mich meiner rechten Hand näherte, immer trauriger geworden. Irgendwie fühlte sich meine rechte Faust dunkel und schwer an. Ich sah mich um. Hier war es ganz anders als in der linken Hand. Der Raum, den die kleine Birgit um sich herum sah, war klein und eng. Ich fühlte, dass ich hier nicht viel Platz hatte, und erkannte auch viel weniger Farben.*
*»Ich mag es nicht hier«, erklärte ich Anneliese. »Es ist kalt und nicht schön.«*

*Anneliese bat mich, meine rechte Faust wieder zu verlassen, und wanderte mit der kleinen Birgit zusammen wieder zurück zum Herzen. Dann sagte sie: »Wenn du gleich die Augen öffnest, bist du ganz entspannt und ruhig.«*
*Ich schlug die Augen auf, blinzelte ein paarmal gegen die Helligkeit und sah Anneliese neugierig an. »Und jetzt?«*
*»Jetzt schauen wir mal, was auf dem Zettel in deiner linken Hand steht.«*
*Ich öffnete die Faust und reichte Anneliese das zerknitterte Papier. Sie entfaltete es langsam und hielt es mir dann so hin, dass ich die Schrift darauf lesen konnte. Auf dem Zettel stand: »Ich mag Mathe.«*
*»Dein Gefühl in der Faust war sehr gut. Du hattest genug Platz, hast viele Farben gesehen und ein Musikstück gehört, das dich beruhigt.« Sie nickte in Richtung meiner rechten Hand.*
*Langsam faltete ich den Zettel auseinander. Darauf stand geschrieben: »Ich konnte mich bei der Arbeit gut konzentrieren.«*
*»Glaubst du, dass der Satz stimmt? Denk daran, wie dein Körper auf den Zettel reagiert hat.«*
*Ich schüttelte den Kopf. »Nein. Ich glaube nicht, dass der Satz stimmt.« Und nun konnte ich mich auch daran erinnern, dass ich während der Arbeit unglaublich nervös gewesen war. Ich wusste wieder, wie schwer es mir gefallen war, mich auf die Aufgaben zu konzentrieren. Irgendwie hatte mich alles an diesem Tag abgelenkt. Ein Vogel, der vor dem Fenster vorbeigeflogen war. Das Husten von Thomas aus der Reihe vor mir. Und die quietschenden Gummisohlen meiner Lehrerin, während sie gemächlich durch das Klassenzimmer geschritten war.*
*»Warum fallen mir jetzt wieder all diese Dinge ein, die ich vorhin noch nicht gewusst habe?«, wollte ich verblüfft wissen.*
*Anneliese lächelte und zuckte mit den Schultern. »Das Gedächtnis in deinem Kopf erinnert sich nur an manche Dinge. Dein Unterbewusstsein vergisst jedoch nichts.«*
*Das war ja fantastisch! Nun wusste ich, warum ich eine schlech-*

*te Note geschrieben hatte: Ich hatte mich nicht richtig konzentrieren können an diesem Tag.*
*Aber was konnte ich dagegen tun?*
*»Zuerst nehme ich einmal das schlechte Gefühl aus deiner rechten Hand«, erklärte Anneliese und wies mich an, mich wieder auf das Bett zu legen und die Augen zu schließen. Leise Worte murmelnd, strich sie sanft über meine Hände.*
*Ich flüsterte: »Was machst du da?«*
*»Psst.« Anneliese streichelte weiter. »Nicht reden. Ich lasse in Liebe getränkte Herzen in deine rechte Hand fließen. Die helfen, das schlechte Gefühl zu vertreiben.«*
*Ich wusste nicht, was das bedeutete, doch es schien zu funktionieren. Schon nach ein paar Sekunden spürte ich, dass sich meine rechte Faust viel leichter und heller anfühlte als zuvor.*
*»Das ist aber noch nicht alles«, erklärte mir Anneliese, nachdem ich die Augen wieder geöffnet und mich aufgesetzt hatte. »Du musst auch ein bisschen was dafür tun, damit du in Zukunft wieder bessere Noten schreibst. Deine Mutter ist doch Lehrerin. Sie kennt bestimmt einige Konzentrationsübungen, die sie dir beibringen kann. Was hältst du davon, wenn du ihr heute Nachmittag von der Fünf erzählst und ihr auch sagst, dass du dich nicht gut konzentrieren konntest, als ihr die Arbeit geschrieben habt? Und dann fragst du sie gleich nach ein paar Übungen.«*
*Wir sahen uns an diesem Tag nicht nur die zwei zufällig gezogenen Zettel an, sondern überprüften alle Papiere mithilfe von Annelieses Methode. Ich fand heraus, dass viele meiner Gedanken, die ich hatte, nicht zutrafen. Beispielsweise hatte ich auf einen Zettel geschrieben, dass meine Lehrerin die anderen Kinder lieber mochte als mich. Doch als sich der Zettel in meiner Hand befand und ich mich auf ihn konzentrierte, hatte ich ein durchweg freundliches und gutes Gefühl in der Faust – und wusste damit, dass meine Annahme falsch war. Auch der Satz »Ich habe genug gelernt« wurde von meinem Körper mit Zustimmung beantwortet. Daher konnte ich mir von nun an*

*sicher sein, dass meine Vorbereitung grundsätzlich richtig, ich aber am Tag der Arbeit nicht ganz da gewesen war.*
*Ich gebe gern zu, dass ich an diesem Nachmittag mit Anneliese noch nicht so genau wusste, was ich von der Methode halten sollte. Als kleine Birgit in der Größe eines Gummibärchens durch den eigenen Körper zu wandern, war schon etwas gewöhnungsbedürftig. Bei meiner ersten Reise durch mein Inneres schickte mich Anneliese nicht nur in die Arme, sondern ließ mich auch beschreiben, wie ich mein Herz, meine Lungen, meine Leber und viele andere Organe sah. Wie sie sich anfühlten, wo es hell und dunkel, laut und leise, warm und kalt war. Die meisten Bilder, die ich während der Feeling-Code-Sitzung empfing, waren schön, gesund und kraftvoll. Doch ich lief auch durch dunkle, tiefe Täler. An manchen Stellen duftete es frisch und gut, an anderen roch es irgendwie verdorben. Ich fand Schönes und weniger Schönes in mir – und lernte so viel über mich wie noch nie zuvor in meinem Leben.*

Der Kleine Feeling-Code ist nicht nur leicht umzusetzen, er ist auch eine ideale Vorbereitung für eine Große Feeling-Code-Sitzung. Ich empfehle dir, mit dem Kleinen Feeling-Code zu beginnen, damit du ein Gespür für dich und deinen Körper bekommst. Am Anfang ist es ungewohnt, in sich hineinzuhören – lass dir und deiner Intuition Zeit, einander kennenzulernen. Möglicherweise hast du sie seit Jahren ignoriert oder deine innere Stimme nicht gehört. Obwohl das Intuitionsfeld immer in dir ist, sind viele von uns nicht vertraut mit den Botschaften daraus. Überfordere dich nicht, indem du mit den großen Lebensfragen anfängst. Trainiere dich zuerst im Kleinen. Wenn du am eigenen Leib erfahren hast, welche Weisheit dein Körper bereithält, wirst du im Großen Feeling-Code nur wenig Schwierigkeiten haben.

## Schritt für Schritt zur Klärung (Kleiner Feeling-Code)

Du hast dich für den Kleinen Feeling-Code entschieden, der dir hilft, dich zwischen mehreren Möglichkeiten zu entscheiden. Bevor du loslegst, solltest du dir klarmachen, worum es bei deiner Frage geht. Kannst du dich vielleicht nicht zwischen verschiedenen Urlaubszielen entscheiden? Stehst du zwischen zwei Menschen? Oder weißt du noch nicht, ob du den kommenden Samstagabend auf einem rauschenden Fest, im Kino oder in der heimischen Badewanne verbringen möchtest?

Nicht immer spricht die Intuition so klar zu uns, dass wir sie sofort hören. Mit dem Kleinen Feeling-Code erhältst du ein einfaches Mittel, wie du geschlossene Fragen sehr leicht beantworten kannst. Unter geschlossenen Fragen verstehe ich Fragen, auf die du bereits mehrere Antworten gefunden hast – sogar eher zu viele.

Nehmen wir einmal an, du hast entschieden, dass du dieses Jahr in den Sommerurlaub fahren möchtest. Nun gibt es zwei Destinationen, die zur Auswahl stehen, Cornwall und die Toskana. Seit Tagen denkst du darüber nach, was du lieber möchtest. An Cornwall reizen dich die Natur und die schöne Küste, gleichzeitig hast du Bedenken wegen des Wetters. Die Toskana lockt mit italienischer Lebensart, Kunst und Kultur – doch du befürchtest, dass sie im Sommer überlaufen sein könnte. Es gibt genauso viele Argumente für das eine wie für das andere Urlaubsziel, und kaum meinst du, dass die Entscheidung in eine Richtung ausgeht, melden sich Zweifel.

Was also tun? Der entscheidende Punkt ist: Es gibt kein Richtig und kein Falsch. Sowohl die Toskana als auch Cornwall haben viel zu bieten, und sicher würdest du in beiden Gegenden eine wunderbare Zeit verbringen, egal, ob es regnet oder du bei vierzig Grad im Schatten auf der Piazza schwitzt.

Trotzdem solltest du dich entscheiden, wenn du nicht beschließt, einfach beiden Destinationen einen Besuch abzustatten. Die Methode des Kleinen Feeling-Codes hilft dir, die Antwort herauszufinden, die bereits in dir liegt. Denn deine Intuition weiß, welche Entscheidung für dich besser ist – du musst ihr nur noch helfen, an die Oberfläche zu gelangen und die Zweifel zum Verstummen zu bringen, die Ausdruck des Widerspruchs zwischen deinem Verstand und deinem Gefühl sind.

### Der Kleine Feeling-Code für zwei Auswahlmöglichkeiten

1. Schaffe eine angenehme und entspannende Atmosphäre. Schalte alle Kommunikationsgeräte und eventuell auch die Türklingel aus, dunkle vielleicht den Raum etwas ab (so, wie es dir angenehm ist), zünde eine Kerze an und verteile, sofern du das wünschst, einen angenehmen Duft im Raum.
2. Nimm dir zwei unbeschriebene Zettel und einen Stift. Denk an deine Fragestellung und notiere die beiden Auswahlmöglichkeiten auf den Papieren. Falte die Zettel so zusammen, dass du nicht mehr erkennst, was darauf steht.
3. Vermische die Zettel, am besten mit geschlossenen Augen.
4. Nimm je einen Zettel in die Hand und schließe sie zur lockeren Faust.
5. Spüre nun in dich hinein. Das funktioniert besonders gut, wenn du dir vorstellst, wie deine Aufmerksamkeit (in Gestalt eines kleinen Wesens, dir selbst als Kind, eines roten Energieballs oder in jeder anderen Form) in deinen Mund schlüpft und durch deinen Hals in dein Herz rutscht.
6. Lehne dich zurück, leere deinen Geist und konzentriere dich noch einmal auf deine Fragestellung. Du kannst sie dir auch im Geiste vorsprechen.

7. Vom Herzen aus wandert deine Aufmerksamkeit in eine deiner Hände. Es ist egal, ob du links oder rechts anfängst. Konzentriere dich auf eine Hand und den Zettel darin und beobachte, was du empfindest. Wird die Hand warm, oder ist sie eher kalt? Fühlt sich die Aufmerksamkeit pulsierend, stechend oder flächig an? Ist das Gefühl angenehm oder eher unangenehm?
8. Wandere nun über dein Herz in die andere Hand und beobachte, was du empfindest. Wie fühlt sich der Zettel in deiner Faust an? Wärmer oder kälter als in der anderen Hand? Schwerer oder leichter? Positiver oder negativer?
9. Frage dich, welche Hand dir ein besseres Gefühl vermittelt. Vielleicht dauert es einen Augenblick, bis du dich entschieden hast. Wenn du aber wirklich deinen Verstand loslässt und dich nur auf dein Gefühl konzentrierst, wirst du einen Unterschied zwischen der rechten und der linken Hand spüren. Der Zettel, zu dem du dich mehr hingezogen fühlst, der dir ein besseres Gefühl verschafft, enthält deine Antwort.
10. Sieh nach, was auf dem Zettel steht, für den du dich entschieden hast – und überprüfe deine Reaktion.
11. Bist du glücklich? Dann hast du die richtige Wahl getroffen! Bist du enttäuscht? Vielleicht hast du die Signale deines Körpers missverstanden. Ich empfehle dir, am kommenden Tag noch einmal eine Kleine Feeling-Code-Sitzung abzuhalten und dieses Mal noch genauer zu beobachten, wie unterschiedlich sich deine beiden Hände mit den Zetteln darin anfühlen.

Den Kleinen Feeling-Code für zwei Auswahlmöglichkeiten kannst du, wenn du das Vorgehen verinnerlicht hast, bald schon überall und zu jeder Zeit anwenden, gleich, ob es im Zug, in der U-Bahn, an einer Straßenkreuzung oder im Bekleidungsgeschäft ist. Schließe einfach nur kurz die Augen, konzentriere dich auf deine Fragestellung und hör in deinen Körper hinein. Er wird dir mit absoluter Sicherheit die intuitiv richtige Antwort auf deine Frage geben.

Oft kommt es jedoch vor, dass wir nicht nur zwei Möglichkeiten zur Auswahl haben, sondern mehrere. Wenn unsere Intuition noch nicht glasklar mit uns kommuniziert und genau sagt, was für uns gut ist, kann es in solchen Fällen ziemlich verwirrend werden. Mithilfe des Kleinen Feeling-Codes für mehrere Auswahlmöglichkeiten gebe ich dir eine sehr einfache Methode an die Hand, wie du auch dann gute Entscheidungen treffen kannst.

### Der Kleine Feeling-Code für mehrere Auswahlmöglichkeiten

1. Schaffe eine angenehme und entspannende Atmosphäre. Schalte alle Kommunikationsgeräte und eventuell auch die Türklingel aus, dunkle vielleicht den Raum etwas ab (so, wie es dir angenehm ist), zünde eine Kerze an und verteile, sofern du das wünschst, einen angenehmen Duft im Raum.
2. Nimm dir mehrere unbeschriebene Zettel und einen Stift. Denk an deine Fragestellung und notiere die verschiedenen Auswahlmöglichkeiten. Falte die Zettel so zusammen, dass du nicht mehr erkennst, was darauf steht.
3. Vermische die Zettel, am besten mit geschlossenen Augen.
4. Stell dich in die Mitte des Raumes. Dies ist dein Ausgangspunkt.
5. Nimm mit geschlossenen Augen den ersten Zettel in die Hand und frage: *Wo soll ich dich hinlegen?* Lass dir Zeit und spüre tief in dich hinein. Wo will der Zettel liegen?
6. Verteile nach und nach alle zusammengefalteten Zettel im Raum. Kehre dabei immer wieder zu deinem Ausgangspunkt zurück. Du wirst merken, dass einige Zettel weit weg von dir entfernt liegen und einer bis zwei näher bei dir. Mög-

licherweise hast du einen sogar versteckt und unter ein Kissen geschoben?

7. Wenn du alle Zettel verteilt hast, gehst du sie der Reihe nach ab und entfaltest sie. Der Zettel, der dem Ausgangspunkt am nächsten liegt, kommt auch deiner intuitiven Antwort am nächsten. Die Zettel, die weit von dir entfernt liegen, sind zu diesem Zeitpunkt (noch) nicht empfehlenswert oder grundsätzlich nichts für dich.

*Ein paar Tage nachdem Anneliese den ersten Feeling-Code mit mir gemacht hatte, bemerkte ich in der Schule, dass meine Freundin Stefanie ganz rote, verweinte Augen hatte.*
*»Was ist denn los?«, fragte ich sie.*
*Sie schluchzte: »Ach, Bixi! Meine Eltern wollen sich scheiden lassen!«*
*Oje. Ich nahm Stefanie in den Arm und versuchte, sie zu trösten. Doch mehr, als sie fest umarmen, konnte ich nicht tun, und das frustrierte mich.*
*»Ich glaub, ich bin schuld daran«, weinte sie weiter. »Vielleicht lassen sie sich ja scheiden, weil sie mich nicht mehr lieb haben.«*
*»Das ist doch Quatsch«, meinte ich.*
*Stefanie sah mich aus verquollenen Augen an. »Woher willst du das wissen? Das kannst du gar nicht.«*
*Ich zögerte und dachte daran, wie verzweifelt ich vor ein paar Tagen wegen der Mathearbeit gewesen war. Ob Annelieses Methode auch bei Stefanie funktionierte? Ich könnte es einmal ausprobieren. Schiefgehen konnte sicher nichts, Stefanie weinte ja sowieso schon.*
*Ich bat sie, mich in der Pause unter der großen Linde am Rand des Schulhofs zu treffen. Mit ein paar unbeschriebenen Zetteln und einem Stift ausgerüstet, setzte ich mich unter den Baum und wartete auf sie. Mit hängenden Schultern kam sie an und ließ sich neben mich ins Gras plumpsen.*

*»Also«, fing ich meine kleine Sitzung an. Ich war ein bisschen aufgeregt, nahm mir aber vor, mir das nicht anmerken zu lassen. »Deine Eltern wollen sich scheiden lassen. Und du denkst, du bist schuld daran.«*

*Sie nickte unglücklich.*

*Ich schrieb auf einen der Zettel: »Ich bin schuld an der Scheidung meiner Eltern.«*

*»Du denkst, sie haben dich nicht mehr lieb?«*

*Wieder nickte sie, und ich schrieb auf zwei Zettel: »Mama hat mich lieb.« Und: »Papa hat mich lieb.«*

*»Denkst du noch irgendwas?«, wollte ich von Stefanie wissen. Die hatte wieder zu weinen angefangen und stellte mir deshalb auch keine Fragen, warum ich all diese Dinge von ihr wissen wollte.*

*Leise flüsterte sie: »Vielleicht wäre es besser, wenn ich weggehe. Dann könnten Mama und Papa wieder glücklich zusammen sein.«*

*Ich seufzte und schrieb auf einen letzten Zettel: »Es ist besser, wenn ich gehe.«*

*Dann bat ich Stefanie, sich auf den Rücken zu legen und zu entspannen. Im Sportunterricht hatten wir schon einmal Meditationsreisen gemacht, daher wusste ich, was man sagen muss, damit jemand anderes sich entspannt. Während Stefanie mit geschlossenen Augen neben mir lag und tief ein- und ausatmete, faltete ich die Zettel zusammen und vermischte sie. Ich drückte Stefanie einen Zettel in jede Hand und bat sie, sich vorzustellen, wie sie als kleine Stefanie durch ihren Körper bis in die linke Faust reiste.*

*»Was siehst du da?«, wollte ich wissen.*

*»Hä?« Stefanie zog die Stirn kraus. »Was soll ich da sehen? Ich hab doch die Augen zu!«*

*»Ich meine, was sieht die kleine Stefanie in deiner linken Hand?«*

*»Nix.«*

*»Konzentriere dich mal darauf. Ist es da warm oder kalt?«*
*Sie schwieg einen Moment, dann sagte sie: »Es ist warm.«*
*»Und ist da eine Farbe?« Ich hatte bei meiner Feeling-Code-Reise auch einige Farben gesehen, deswegen war es das Naheliegendste, danach zu fragen.*
*»Ich … ja, es ist gelb«, erwiderte Stefanie verblüfft.*
*»Fühlt sich die Hand gut an?«*
*»Ja, ich glaub schon.«*
*Wir wanderten in die andere Hand, und sie erzählte mir, was sie dort wahrnahm: »Es ist schwarz. Und klebrig.«*
*»Wie die Lakritze von Michael, die neulich in seinem Schulranzen geschmolzen ist?«*
*Sie lachte. »Ja, genau so!«*
*Ich sagte Stefanie, dass sie die Augen wieder öffnen könne, und nahm ihr dann voller Spannung den Zettel aus der linken Hand. Darauf stand: »Mama hat mich lieb.«*
*»Siehst du. Deine Mama hat dich lieb. Deine Hand hat sich nämlich gut angefühlt, deswegen stimmt das, was auf dem Zettel steht.«*
*»Waaas?« Stefanie sah mich verwundert an. »Aber … aber woher weißt du, dass das stimmt?«*
*»Ich weiß es, weil du es weißt.« Ich tippte ihr mit dem Zeigefinger auf die Brust. »Ganz tief in dir drin.«*
*Dann ließ ich mir von Stefanie den anderen Zettel zeigen. Darauf stand: »Ich bin schuld an der Scheidung.«*
*»Deine Hand hat sich nicht gut angefühlt, schwarz und klebrig. Wie Lakritze. Das heißt, dass der Satz darin nicht stimmt. Du bist also nicht schuld an der Scheidung.«*
*Stefanie sagte jetzt gar nichts mehr. Stattdessen rollten ihr wieder Tränen über die Wangen. Ich berührte sie an der Schulter.*
*»Aber das ist doch super, Steffi. Wollen wir uns auch anschauen, ob die anderen Sätze stimmen, die du aufgeschrieben hast?«*
*Sie nickte eifrig, und wir überprüften auch die anderen beiden Zettel auf ihren Wahrheitsgehalt. Es kam heraus, dass Stefa-*

*nies Papa sie lieb hatte und dass ihr Körper ihre Idee, wegzugehen, damit ihre Eltern sich wieder mochten, nicht gut fand.*
*Am Ende fiel sie mir um den Hals. »Danke, Bixi! Du hast mir so geholfen!«*
*Und ich wusste: Es war definitiv nicht das letzte Mal gewesen, dass ich den Feeling-Code bei jemand anderem oder bei mir anwandte.*

# 5 Der Große Feeling-Code (Heilung)

Wie du gesehen hast, ist der Kleine Feeling-Code eine sehr einfache Methode, die lediglich etwas Ruhe und Training erfordert. Der Große Feeling-Code verlangt etwas mehr Übung, da er noch tiefer in deinen Körper hineingeht und dich auch zu alten Wunden, Blockaden und Verletzungen führt. Er klärt nicht nur, wie es der Kleine Feeling-Code tut, er heilt. Das Prinzip ist dabei dasselbe: Du hast ein Thema, mit dem du dich auseinandersetzen möchtest, und begibst dich mit diesem auf die Reise in dein Innerstes. Indem du in dich hineinhörst, erhältst du nicht nur Antworten auf deine Fragen, sondern bist auch in der Lage, das heilen zu lassen, was in dir vielleicht noch verletzt ist.

*Lerne mit dem Feeling-Code, dich selbst zu heilen.*

Der Große Feeling-Code eignet sich daher für zwischenmenschliche Beziehungen wie in der Familie oder dem Freundeskreis, für berufliche Situationen, Beziehungsfragen, Gesundheit und jeden anderen Bereich deines Lebens, in dem du das Gefühl hast, dass es vielleicht nicht ganz rundläuft. Denn ist dies der Fall, liegen die Gründe mit an Sicherheit grenzender Wahrscheinlichkeit nicht nur im Außen. Dein Verhalten, dein Auftreten, dein Wesen, dein Charakter, deine Wünsche, Träume, Vorstellungen und Prägungen – all das beeinflusst deine Welt. Fühlst du dich in dieser Welt nicht mehr wohl, bist *du* der Schlüssel. Du kannst alles ändern, was mit dir zu tun hat. Ja, wirklich alles! Hab Vertrauen und lass dich auf den Feeling-Code ein. Er wird dir mehr über dich verraten, als du ahnst.

Wie bemerkenswert die Erfahrungen sind, die man auf einer solchen Feeling-Code-Reise macht, und wie sehr es das Leben beeinflusst, wenn man alte Blockaden auflöst, die einen bis in die Jetztzeit prägen, möchte ich dir am Beispiel von Marina Schneider erklären, die du aus dem Vorwort kennst. Du erinnerst dich bestimmt an die Frau, die in jeder Beziehung betrogen wurde und sich einfach nicht erklären konnte, warum. Möchtest du wissen, was in ihrem Inneren schuld daran war, dass sie sich immer die falschen Männer aussuchte?

*Ich saß in meiner Praxis im Behandlungszimmer, vor mir ein Berg Papier. Mit unruhigen Fingern blätterte ich durch die Seiten. Seitdem ich aus dem Schweigekloster zurückgekommen war, hatte ich unendlich viele Aufzeichnungen gemacht. Zudem hatte ich in den vergangenen Tagen alle Unterlagen zusammengetragen, die Anneliese mir nach ihrem Tod vermacht hatte. Ich hatte alles gelesen, was ich hatte finden können, und fühlte mich so gut vorbereitet auf die bevorstehende Sitzung, wie ich eben sein konnte.*

*Dennoch war ich nervös. Es war das erste Mal, dass ich eine Feeling-Code-Sitzung bei einem anderen Menschen anwandte – sah man von meinen kindlichen »Therapiesitzungen« unter dem Lindenbaum ab. Klar, in den letzten Tagen war ich mehrmals mithilfe der Technik in das Innerste meines Körpers vorgedrungen und hatte verblüffende Antworten auf Fragen gefunden, die ich mir schon seit Jahren stellte. Ich war überzeugt, dass der Feeling-Code bei mir funktionierte – aber würde er es auch bei Marina Schneider tun?*

*Die Mittvierzigerin saß im Sessel mir gegenüber und knetete unruhig ihre Hände. »Und Sie meinen, dass diese Methode hel-*

*fen könnte, Erinnerungen aus meiner Vergangenheit hochzuholen?«*
*Ich versuchte, so überzeugt auszusehen, wie ich mich fühlte. »Ja, das glaube ich. Der Körper speichert Erfahrungen ab, die das Gehirn längst verdrängt hat. Vor allem dann, wenn sie zu schmerzhaft sind. Alles, was unsere Seele zu sehr verletzt, wird von unserem Körper in eine Art Geheimarchiv verschoben. Unser Unterbewusstsein hat noch Zugriff darauf, und die Erinnerungen beeinflussen auch unsere Gegenwart. Nur wissen wir es oft nicht.«*
*Sie atmete zweimal tief durch. »Also gut. Wird schon schiefgehen.« Dann sah sie mich an. »Was muss ich tun?«*
*Ich bat sie, es sich auf der Liege bequem zu machen, die ich eigens für meinen Versuch ins Behandlungszimmer hatte bringen lassen. Etwas irritiert legte meine Klientin Schuhe und Blazer ab und streckte sich auf der Liege aus. Ich breitete eine Decke über sie, zündete eine Duftkerze an und dimmte das Licht.*
*Dann bat ich sie, die Augen zu schließen und sich meiner Führung zu überlassen. In den folgenden Minuten versetzte ich Marina Schneider in einen tranceähnlichen Zustand. Ich sprach mit ruhiger Stimme, ähnlich wie bei einer Meditation, und konnte sehen, wie die angespannte Haltung von ihr abfiel.*
*»Können Sie sich an daran erinnern, als Sie ein kleines Mädchen waren?«, fragte ich sie.*
*»Ja.« Sie lächelte.*
*»Gut. Ich möchte Sie bitten, an sich als Kind zu denken. Stellen Sie sich vor, die kleine Marina steht vor Ihnen und sieht zu Ihnen auf.«*
*Sie sagte nichts, aber anhand ihres Gesichtsausdrucks konnte ich erkennen, dass sie das Bild visualisiert hatte.*
*»Stellen Sie sich nun vor, wie die kleine Marina schrumpft. Lassen Sie sie immer kleiner werden, bis sie nur noch wenige Zentimeter groß ist. Die kleine Marina sitzt nun auf Ihrer Brust und sieht Sie an. Können Sie sie sehen?«*

*Marina Schneider erwiderte mit belegter Stimme: »Ja, ich kann sie sehen.«*

*»Was hat sie denn an?«*

*»Ein blaues Kleid mit weißen Punkten. Und so einen weißen, albernen Kragen. Auf den bestand meine Mutter immer.« Sie grinste, und ich sah, wie ihr eine Träne aus dem Augenwinkel rann.*

*Zum Glück wusste ich, dass es vollkommen normal ist, wenn Menschen beim Anblick ihres kleinen Ichs die Tränen in die Augen steigen. Das ist nicht immer ein Zeichen von Traurigkeit, sondern eher der Beweis, dass sie in einem guten Kontakt zu sich selbst stehen und voller Liebe auf das kleine Ich aus ihrer Vergangenheit sehen.*

*»Sehr gut. Stellen Sie sich nun vor, dass die kleine Marina zwischen Ihren Lippen hindurch in Ihre Mundhöhle schlüpft. Lassen Sie sie einen Augenblick dort bleiben und sich umsehen. Sehen Sie irgendetwas Bestimmtes?«*

*Marina Schneider zog die Augenbrauen zusammen und meinte: »Ich sehe nicht viel, aber ich schmecke etwas. Erde.«*

*Mit klopfendem Herzen kritzelte ich den Begriff auf meinen Notizbock. Es schien zu funktionieren! Meine Klientin war in der Lage, sich auf den Feeling-Code einzulassen.*

*Und nicht nur das. Dass Marina Schneider einen Geschmack von Erde im Mund hatte, war ein eindeutiges Zeichen dafür, dass ich auf der richtigen Spur war. Denn er bedeutet, dass man etwas, das in einem liegt, nicht klar sehen kann – das wusste ich aus Annelieses Aufzeichnungen. Irgendetwas lag tatsächlich »versteckt« in ihrem Unterbewusstsein.*

*Da es meine erste Feeling-Code-Sitzung mit einem Klienten war, ließ ich mich von meiner Erinnerung an eigene Körperreisen mit Anneliese, aber auch von meiner Intuition leiten. Ich bat die kleine Marina, sich in die linke Hand zu begeben und mir zu erzählen, was sie dort sah.*

*»Es riecht so komisch hier. Verbrannt.«*

*Wieder schrieb ich alles mit, was Marina Schneider mir sagte. »Was nehmen Sie noch wahr? Ist da nur ein Stück Holz?«*
*Sie wartete einen Moment, ehe sie sagte: »Nein. Ich bin in einem Wald. Er ist sehr dicht und dunkel und auch ein wenig Furcht einflößend. Und es riecht nach verbranntem Holz.«*
*Ich erinnerte mich an Anneliese, die mir einst beigebracht hatte, dass bei Feuer immer Wut, Aggression und zu viel negative Energie vorhanden sind, die nicht ausgelebt werden können.*
*»Dann lassen Sie uns mal weitergehen«, schlug ich vor, nachdem ich mir alles notiert hatte. »In die rechte Hand …«*
*»Moment!«, rief sie in diesem Augenblick, und ihre Unterlippe fing leicht an zu zittern. »Da ist jemand.«*
*»In Ihrer linken Hand?« Mein Herz schlug schneller. Ich war auf der richtigen Fährte, das spürte ich.*
*»Ja. Es ist …« Obwohl sie immer noch die Augen geschlossen hielt, kniff sie sie zusammen, als könnte sie so besser sehen. »Meine Mutter! Was hat die denn da zu suchen?«*
*Ich lächelte und schrieb »Mutter« in meine Notizen, außerdem umkringelte ich den Begriff »Holz« – denn er taucht vor allem dann in Verbindung mit Menschen auf, wenn ein Verhältnis geklärt werden sollte.*
*Mir war zu diesem Zeitpunkt bereits bewusst, dass Marina Schneiders tief liegendes Problem mit ihrer Mutter zusammenhängen musste. Doch ich behielt meine Erkenntnisse für mich und stellte während der Körperreise keine Fragen dazu, denn ich wollte meine Klientin nicht aus ihrer Trance holen. Außerdem ist es eine Grundlage des Feeling-Codes, während der Sitzung keine Bewertungen vorzunehmen.*
*Stattdessen bat ich sie, weiter durch ihren Körper zu wandern. Wir statteten ihrem Herzen, ihrem Kopf, ihrer rechten Hand und ihrem Intimbereich einen Besuch ab, doch nichts, was Marina Schneider dort sah, war in irgendeiner Weise überraschend. Es passte alles sehr gut zu dem, was ich von meiner Klientin durch die psychosoziale Beratung bereits wusste, und*

*bestätigte mir, dass ich es mit einer selbstreflektierten und aufgeräumten Frau zu tun hatte.*
*»Kann ich noch eine Decke haben?«, meinte sie nach einer Weile. »Mir ist kalt.«*
*Ich wunderte mich ein wenig, immerhin herrschten lauschige 23 Grad im Zimmer, und meine Klientin lag bereits unter einer warmen Decke. Glücklicherweise hatte ich noch Decken da, und so breitete ich eine weitere über ihr aus, in der Hoffnung, dass ihr wärmer würde.*
*Dann kamen wir in den rechten Fuß. »Da ist ein Bär!«, rief Marina Schneider überrascht und lachte kurz auf.*
*»Empfinden Sie den Bären als Bedrohung oder als Schutz?«*
*»Ich weiß nicht.«*
*»Fühlen Sie sich wohl, wenn Sie den Bären sehen? Ist es ein positives Gefühl?«*
*»Nein.«*
*Der Bär steht für die Sehnsucht nach Nähe und einer liebevollen Verbindung – und den Wunsch nach Schutz. Ist das Gefühl in einem Körperteil in Verbindung mit dem Bären positiv, dann sind Schutz und Nähe vorhanden. Ist das Gefühl negativ, herrscht hier ein Mangel. Das war nun nichts Neues für mich, da ich ja wusste, dass Marina Schneider sich eine funktionierende Beziehung wünschte.*
*»Ist Ihnen immer noch kalt?«, wollte ich von ihr wissen, da ich eine Gänsehaut an ihrem Hals erkennen konnte.*
*Sie nickte. »Noch kälter als vorhin.«*
*Interessant. Ich eilte ins Nebenzimmer, wo ich eine Heizdecke aufbewahrte, schaltete sie auf die höchste Stufe und breitete sie über Marina Schneider aus. Dann notierte ich mir »Kälte« und malte drei Ausrufezeichen dahinter.*
*Während Marina Schneider langsam aus ihrer Trance zurückkam, sah ich mir die Begriffe und Notizen auf meinem Notizblock an. Da war vor allem die Kälte, die sie empfunden hatte. Wenn ein Mensch bei einer solchen Sitzung sehr friert, hat das*

oft damit zu tun, dass er lange Zeit seines Lebens emotionalen Mangel erfahren hat. Dazu kam die Mutter, die in der linken Hand aufgetaucht war und die vermutlich mit diesem Mangel zu tun hatte. Und natürlich der fehlende Schutz, den ihr Unterbewusstsein in Gestalt des Bären hatte auftauchen lassen.

»Wie ist es Ihnen ergangen?«, fragte ich sie, als sie wieder im Sessel mir gegenüber Platz genommen hatte. »Und wie geht es Ihnen jetzt?«

»Ich bin ein bisschen durch den Wind«, gab Marina Schneider zu und fuhr sich mit der Hand über das Gesicht. »Aber ich fühle mich eigentlich ganz gut. Allerdings frage ich mich, was das Orange zu bedeuteten hatte.«

Ich merkte auf. »Welches Orange?«

»Na, das in meinem Körper.«

»War das überall?«

Sie nickte.

»Ein helles, freundliches, sattes Orange?«

»Nein. Es war eher ockerfarben. Ich mochte es nicht besonders.«

Ich wühlte in meinen Unterlagen. Irgendwo, das wusste ich, hatte ich in Annelieses Aufzeichnungen auch etwas über Farben gelesen. Nach ein paar Augenblicken hatte ich die Auflistung mit den Farben und deren Bedeutungen gefunden. Orange hatte mit Neid zu tun …

»Sagen Sie mal, Frau Schneider«, setzte ich vorsichtig an. »Gibt es irgendetwas in Bezug auf Ihre Mutter, was Sie mir noch nicht erzählt haben?«

Sie sah mich aus großen Augen an. »Nein.«

»Sicher?«

»Ganz sicher.«

Ich habe sie ja auch schon ein paarmal nach allen möglichen Ereignissen in meiner Kindheit gefragt, aber sie sagt immer, dass sie sich an nichts Bestimmtes erinnern kann.

Ich sah ihr an, dass sie die Wahrheit sagte. Und während ich so *dasaß und meine Klientin betrachtete, musste ich mir selbst eingestehen, dass ich mich mit dem Feeling-Code wohl geirrt hatte. Es war keine revolutionäre Methode – es war einfach eine Art Meditation, die zwar hübsche Bilder hervorrief, aber keinerlei Heilung brachte.*

*»Frau Schneider, es tut mir leid.« Ich schob den Papierberg zusammen. »Es war einen Versuch wert, aber ich glaube, ich habe mir geirrt.« Ich zuckte entschuldigend mit den Schultern.*

*Marina Schneider lächelte müde. »Das macht doch nichts. Man darf einfach nichts unversucht lassen.«*

*Nachdem ich meine Klientin mit hängenden Schultern verabschiedet hatte, nahm ich mir vor, die Unterlagen in einem Verbrennungsritual vom Angesicht der Erde zu tilgen. Ich hatte mir eingebildet, mit Annelieses alter Technik Menschen helfen zu können. Wer war ich eigentlich, dass ich mich dermaßen selbst überschätzte?*

*Glücklicherweise bin ich ein eher chaotischer Mensch, und so vergaß ich schlicht, dass ich die Papiere eigentlich verbrennen wollte. Als Wochen später mein Telefon klingelte, hatte ich die Unterlagen längst vergessen.*

*Marina Schneider war am Apparat. Sie war vollkommen aufgelöst und weinte bitterlich. »Ich habe es endlich herausgefunden«, schluchzte sie. »Ich habe so lange gebohrt, bis meine Mutter es mir gesagt hat. Sie hat mir nach all den Jahren endlich verraten, was damals passiert ist.«*

*Ich musste sie erst einmal beruhigen, doch dann erfuhr ich etwas vollkommen Unglaubliches: Marina Schneiders Mutter hatte damals nicht nur ein Kind erwartet – sondern Zwillinge. Doch der Bruder war noch im Mutterleib verstorben.*

*Eine Gänsehaut bildete sich auf meinem Körper. Endlich ergab alles einen Sinn! Marina Schneiders schlechtes Händchen bei Männern, all die Male, in denen sie betrogen worden war. Bereits der erste Mann, den sie in ihrem Leben kennengelernt hatte, ihr Bruder, hatte sie verlassen. Man nennt das Phänomen*

*»Vanishing-Twin-Syndrom« – und es kommt viel häufiger vor, als man glaubt. Für den überlebenden Zwilling ist der Verlust des Geschwisterkindes eine traumatische Erfahrung und hat weitreichende Konsequenzen für sein späteres Bindungsverhalten. Oft können Betroffene nur schwer Nähe zulassen und leiden lebenslang unter Schuldgefühlen – so ging es auch Marina Schneider. Immerhin war sie gesund auf die Welt gekommen, eventuell sogar auf Kosten ihres Bruders.*

*Ihre Mutter hatte ihr zudem niemals von dem Zwilling erzählt. In Marina Schneider war das schreckliche Gefühl tief verwurzelt, etwas überlebt zu haben, was ihr Bruder nicht geschafft hatte. Sie fühlte sich schuldig, hatte nie das Gefühl, es verdient zu haben, die Nummer eins im Leben eines Mannes zu sein – und suchte sich intuitiv immer wieder Kandidaten aus, die dieses Gefühl bestätigten. Manche brachte sie vermutlich mit ihrem bloßen Verhalten dazu, sie zu betrügen. Andere kamen bereits als Schürzenjäger bei ihr an.*

*Ich bat sie, noch einmal in meine Praxis zu kommen.*

*»Wie geht es Ihnen?«, eröffnete ich das Gespräch, obwohl ich die Antwort schon kannte. Denn es war offensichtlich, wie viel positiver und sicherer Marina Schneider wirkte. Auch bei unserem letzten Treffen Wochen vorher war sie eine attraktive, selbstbewusste Frau gewesen, doch nun wirkte sie weicher, femininer und sinnlicher und damit authentischer als jemals zuvor.*

*»Es geht mir großartig. Ich habe endlich das Gefühl, nicht mehr die Überfrau sein zu müssen. So viele Jahre dachte ich, besser als jeder Mann sein zu müssen. Stärker, fleißiger, klüger. Ich kann das gar nicht genau beschreiben, es war in mir. Dieser Wunsch, Leistung zu bringen, keine Schwächen zuzugeben. Seitdem ich weiß, dass ich einen Bruder gehabt habe, geht es mir viel besser.«*

*»Sie müssen nicht mehr beides sein, Sohn und Tochter.«*

*Sie lachte. »Genau! Ich habe mich mit meiner Mutter aus-*

*gesprochen. Es tut ihr wahnsinnig leid, dass sie es vor mir verheimlicht hat. Papa war übrigens genauso verblüfft wie ich, er wusste das schon gar nicht mehr, weil mein Zwilling wohl in einem ziemlich frühen Stadium gestorben ist. Aber ich habe es meiner Mutter verziehen.«*
*»Und wie fühlen Sie sich Ihrem Bruder gegenüber?«*
*Ein Schatten huschte über ihr Gesicht. »Ich würde ihn gern um Entschuldigung bitten. Können Sie mir dabei helfen?«*
*Ich nickte lächelnd. Anneliese hatte mir nämlich nicht nur Aufzeichnungen, sondern auch Karten mit Heilzeichen hinterlassen. Ein weiteres Mal entließ ich meine Klientin in den Trancezustand, und dieses Mal gingen wir ganz bewusst auf die Suche nach Marinas Schneiders Schuldgefühl. Wir fanden das Gefühl in ihrem Herzen, und mithilfe der Karte Yin-Yang lösten wir die Blockade auf. Diese Karte unterstützte meine Klientin dabei, das Männliche und das Weibliche in sich zu vereinen und für Harmonie in ihrem Inneren zu sorgen.*
*Seitdem sind viele Jahre vergangen. Marina Schneider lebt in einer glücklichen Beziehung mit einem Mann, der ihr treu ergeben ist. Sie gibt sich weiblicher und gefühlvoller als jemals zuvor. Und auch ich habe ein großes Geschenk erhalten: den Feeling-Code, mit dem ich nach Marina Schneider noch vielen anderen Menschen helfen konnte.*

Die Geschichte meiner Klientin zeigt eindrucksvoll, dass der Feeling-Code in der Lage ist, in Bereiche unseres Selbst vorzudringen, die wir mit unserem Verstand nicht erreichen, nicht einmal mit einer Beratung oder Psychotherapie. Denn alles, was in uns verschüttet ist, muss erst aufgedeckt werden, um zur Heilung zu kommen. Ohne den Feeling-Code würde Marina Schneider vermutlich heute noch an ihren Beziehungen und der Untreue der Männer, denen sie ihr Herz schenkte, verzweifeln.

Gemeinsam haben wir eine entscheidende Blockade in ihrem Inneren gelöst und ihr so zu mehr Zufriedenheit in ihrem Leben verholfen.

## Seelische Blockaden

Von zentraler Bedeutung ist im Feeling-Code das Auflösen seelischer Blockaden. Es ist vollkommen normal, dass wir in unserem Körper Blockaden entwickeln. Diese können von der Muskulatur her kommen oder von den Knochen, von den Nerven, von den Organen, aber natürlich auch vom Unterbewusstsein. Seelische Blockaden sind Zeugen der Vergangenheit, deren Wirkung bis heute reicht. Es handelt sich um bereits abgeschlossene Erfahrungen, die man meistens in Verbindung mit einer Bewertung abgespeichert hat. Der Feeling-Code ist wie eine Massage, die bis in die tiefsten Schichten deines Selbst eindringt und dort die Blockade löst.

*Überwinde seelische Blockaden mit dem Feeling-Code.*

Aber was sind seelische Blockaden genau? Kurz gesagt: Es sind alte Erfahrungen, die dich bis heute prägen – und lähmen. Seelische Blockaden stören deinen Energiefluss, behindern dich, schränken dich ein und hemmen dich. In etwa so, als ob du vor Ostern im Stau am Gotthard stehen würdest. Oder schlimmer noch, denn am Gotthard bewegst du dich wenigstens schrittweise vorwärts. Wenn du blockiert bist, trittst du auf der Stelle. Blockaden sind schuld, dass dein Arbeitskollege die Gehaltserhöhung gekriegt hat und nicht du. Sie sind dafür verantwortlich, dass deine Freundin andauernd Männer abschleppt und du immer leer ausgehst. Und sie bringen dich dazu, immer wieder in dieselbe Verhaltensfalle zu tappen.

Wenn du unter seelischen Blockaden leidest, stehst du dir selbst im Weg. Immer und immer wieder. Unbewusst. Dein Potenzial wird nicht ausgeschöpft. Geht nicht.

Seelische Blockaden können sich wie folgt zeigen:

- Du reagierst unverhältnismäßig auf Kritik.
- Du sabotierst dich selbst.
- Du kommst nicht vom Fleck.
- Du wirst übersehen.
- Du leidest unter Geldmangel.
- Du fühlst dich unsicher.
- Du leidest unter Angst, Wut, Sorge.
- Du leidest unter verdrängten Emotionen.
- Du fühlst dich überfordert.
- Du hast körperliche Symptome wie z. B. Schlafstörung, Bluthochdruck usw.

Vielleicht gehörst du aber auch zu den Menschen, die von Geldblockaden betroffen sind. Das Geld ist dann nicht irgendwo auf einem Konto eingefroren, nein, viel schlimmer: Du hast gar keines. Monat für Monat musst du jonglieren, rechnen, kalkulieren. Rechnungen bezahlen wird zum Graus. Weshalb? Du hast früh gelernt, dass Geld den Charakter verdirbt und du für dein täglich Brot viel und hart arbeiten musst. Wie aber soll Geld zu dir kommen können, wenn du es innerlich (unbewusst) ablehnst?

Typische Denkweise bei einer seelischen Blockade ist: »An meinem Leben/meinen Geldsorgen/meiner Beziehung kann ich eh nichts ändern. Darum lasse ich alles beim Alten.«

Seelische Blockaden schleppen wir oftmals seit unserer Kindheit mit uns herum. Dabei handelt es sich häufig um limitierende Glaubenssätze, die wir aufgrund unserer Kindheitserfahrungen mit Eltern, Lehrern oder anderen Autoritätspersonen übernommen haben. Solche Glaubenssätze können sein:

- Die anderen sind besser als ich.
- Die anderen sind intelligenter als ich.
- Das kann ich eh nicht.
- Das habe ich nicht verdient.

Mit solchen und ähnlichen Glaubenssätzen sabotierst du dich Tag für Tag.

Manchmal haben seelische Blockaden auch mit Loyalität zu tun. Wenn deine Eltern zum Beispiel bis zum Lebensende geschuftet haben und du mitgekriegt hast, dass man sich kaputtmachen muss, um über die Runden zu kommen, wie kannst du dann ohne viel Arbeit Geld verdienen? Gar nicht. Denn du glaubst, dass Schuften und Geldverdienen zusammengehören. Du verhältst dich deinen Eltern gegenüber loyal und arbeitest wie sie bis zum Umfallen. Locker und leicht an Geld zu kommen, das geht schlichtweg nicht. Dies alles passiert auf keiner bewussten Ebene. Deshalb ist es auch so schwer, derlei Verhaltensweisen aufzudecken. Dein bewusster Wunsch *(Ich will Geld leicht verdienen)* steht nämlich in Widerspruch zu deinen unbewussten Mustern *(Geldverdienen ist mit viel Arbeit verbunden)*.

### *Aus dem Unterbewusstsein ans Tageslicht*

Haben deine Eltern ihre Gefühle in deiner Kindheit offen gezeigt und kommuniziert? Durftest du deine Gefühle zeigen? In meiner Familie war das verpönt. Gefühle wurden unterdrückt und kontrolliert. Anstatt hinzugucken, wurde weggeschaut, denn das tat oft weniger weh. Nur: Es braucht viel Energie, Emotionen auf Dauer zu unterdrücken. Das ist so, als würdest du versuchen, viele Bälle gleichzeitig unter Wasser zu halten. Es ploppt immer wieder einer hoch. Und je mehr Bälle es werden, desto schwieriger wird es, sie zu kontrollieren.

Verdrängte Emotionen machen mit der Zeit krank. Deshalb ist es so wichtig, dass du wieder lernst, auf deine Gefühle zu achten und sie wahrzunehmen. Wenn du deine Empfindungen in einen Schrank sperrst, ist irgendwann kein Platz mehr darin, sodass die Tür mit aller Macht von innen aufgedrückt wird und dich die Gefühle überrennen. Als Kind war Verdrängung eine angemessene Verhaltensweise, um dein Überleben zu sichern und geliebt zu werden. Möglicherweise wurde es dir ja auch so vorgelebt. Als Erwachsener benötigst du diese Verhaltensweise nicht mehr. Das Verflixte ist, dass du erst wieder lernen musst, deine Emotionen anzunehmen, statt sie wegzuschieben. Je öfter du dich mit deinen Gefühlen beschäftigst, desto besser gelingt es dir mit der Zeit, sie wahrzunehmen und wertzuschätzen.

Eine Blockade kann auch eine Fehlinterpretation sein. Wenn ein Kind, dessen Mutter wegen einer Krebserkrankung ins Krankenhaus muss, nicht erfährt, warum die Mutter weg ist, lernt es: *Liebe ist mit Schmerz verbunden. Mami liebt mich nicht. Wenn ich einen Menschen liebe, dann verlässt er mich.* Es wartet Tag für Tag darauf, dass die Mutter wiederkommt – und wird jeden Tag aufs Neue enttäuscht. Dass dieses Kind im Erwachsenenalter massive Bindungsprobleme hat, ist eigentlich klar. Es geht davon aus, dass es nicht wirklich lieben darf, da es sonst verlassen wird. Das Gehirn vergleicht nämlich immerzu das, was man gerade erlebt, mit bereits gespeicherten Erfahrungen.

Glücklicherweise kann man das ändern, das Gehirn ist

nämlich lebenslang lernfähig und in der Lage, neue Verknüpfungen zu generieren. Das bedeutet: Seelische Blockaden kann man lösen, Verhaltensweisen ändern, Muster aufbrechen. Ansonsten müsste jeder, der einmal angefangen hat zu rauchen, für immer am Glimmstängel bleiben. Niemand würde jemals abnehmen. Und kein Mensch auf der Welt wäre in der Lage, nach einer unglücklichen Beziehung eine glückliche folgen zu lassen.

*Wir können alles ändern – wir müssen nur wollen.*

Auch du kannst etwas ändern. Das Einzige, was du dafür brauchst, ist dein Wille. Wenn du blockiert bist, ist dieser Wille möglicherweise sehr schwach; du hast es dir in der Opferrolle gemütlich gemacht und bist außerstande, etwas zu tun. Dann sollte zunächst dein Energiefluss gestärkt werden. Dein Wille kommt automatisch wieder zurück, wenn deine Energie so zirkuliert, wie sie sollte.

Seelische Blockaden sind keine Feinde, sondern zeigen uns Themen auf, mit denen wir uns zu gegebener Zeit auseinandersetzen sollten: Verletzungen, Zuschreibungen, Unfälle, Ereignisse und Erfahrungen, deren Nachwirkungen uns bis heute auf die eine oder andere Art belangen. Stell sie dir wie eine dieser geschwindigkeitsbegrenzenden Bremsschwellen in einer Straße vor: Eine Blockade zwingt uns, das Tempo zu drosseln und langsamer zu fahren, wenn wir uns nicht die Stoßdämpfer ruinieren wollen.

*Ich betreute einmal einen Klienten, der lange nicht von seiner Ex-Freundin loskam. Sie hatte sich von ihm getrennt und hielt ihn trotzdem noch an der langen Leine. Wir schrieben verschiedene Namen auf die Zettel – Namen von Menschen, die ihm etwas bedeuteten – und verteilten sie anschließend auf seinem Körper. Während der Feeling-Code-Sitzung lotste ich ihn behutsam durch die verschiedenen Körperregionen und war gerade in seinem Fuß angekommen, da sagte er: »Ich kann mich gar nicht richtig auf den Fuß konzentrieren. Meine rechte Hand explodiert gleich!«*

*Ich unterbrach meine Mitschrift und ließ ihn als kleines Ich durch seinen Körper in die rechte Hand wandern. »Wie fühlt sich die Hand an?«*

*»Riesig. Sie schwillt an«, meinte er staunend. »Wie ein gigantischer gelber Gummihandschuh, der aufgeblasen wird.«*

*»Ist das ein gutes Gefühl?«*

*»Nein! Es fühlt sich überhaupt nicht gut an. Die Hand zieht die gesamte Aufmerksamkeit auf sich, ich kann mich gar nicht auf den Rest des Körpers konzentrieren.«*

*Ich notierte, was er mir sagte, und ließ in Liebe getränkte Herzen in die rechte Hand fließen. Mit Worten motivierte ich sie, Luft »abzulassen« und wieder auf ein Normalmaß zu schrumpfen. Wir setzten die Feeling-Code-Reise fort. Als wir am Ende die Zettel öffneten, war ich kein bisschen überrascht, in der rechten Hand meines Klienten den Namen seiner Ex-Freundin vorzufinden.*

*Er brach in Tränen aus. »Es hat sich so schrecklich angefühlt.« Dann sah er mich an. »Ich muss diese Hand loswerden.«*

*Ich lachte. »Nicht die Hand. Nur die Frau.«*

*Mein Klient nickte. »Ja. Es ist so offensichtlich. Alles dreht sich nur um sie. Ich bin wie besessen von ihr, dabei tut sie mir nicht gut.« Er atmete tief durch. »Ich werde den Kontakt zu ihr abbrechen, um endlich wieder frei zu sein.«*

*In diesem Beispiel war es offensichtlich: Die Ex-Freundin beherrschte das gesamte Sein meines Klienten, die Gefühle für sie überlagerten sogar alle anderen Empfindungen, die er in seinem Körper wahrnahm. Die Erkenntnis traf ihn schwer, brachte ihn jedoch dazu, sich nur wenige Tage später endgültig*

*von besagter Ex-Freundin zu verabschieden. Ich unterstützte diesen Prozess, indem ich die energetische Blockade in der rechten Hand löste und ihn blind eine Heilzeichen-Karten ziehen ließ, die ihm half, mit seinen Gefühlen umzugehen.*
*Eine knappe Woche nach der Sitzung schrieb er mir in einer Mail: »Liebe Birgit, du hast wirklich einen Fluch von mir genommen. Seit unserem Treffen bin ich ›geheilt‹. Ich trauere nicht mehr um meine Ex-Freundin, sondern habe Abschied von ihr genommen und sie im übertragenen Sinn zu den Akten gelegt. Seitdem geht es mir viel besser. Mein Liebeskummer hat sich von einem Tag auf den anderen in Luft aufgelöst, und ich gehe mit freiem und beschwingtem Herzen durchs Leben.«*

Nicht immer ist es so leicht wie bei diesem Klienten. Indem er selbst zu der Erkenntnis kam, das Kapitel in seinem Leben ein für alle Mal zuschlagen zu müssen, tat er den wichtigsten Schritt selbst. Das fällt nicht schwer, wenn das Gefühl in der Körperregion derartig eindeutig ist und kein anderes Handeln zulässt.

### *Blockaden als seelische Bremsschwellen*

Wenn eine seelische Blockade bestehen bleibt, wird sie sich irgendwann auf körperlicher Ebene zeigen. Sie muss sich förmlich Ausdruck verschaffen und dir mitteilen: »He, da ist was im Argen, bitte schau es an!« Und anschauen heißt wirklich hingucken – und hinhören. Tut man das nicht, kann sich eine seelische Blockade zum Problem entwickeln, da sie den energetischen Fluss unseres Körpers stört. Um beim Bild mit dem Stoßdämpfer zu bleiben: Mal dir einfach aus, was passiert, wenn du entweder versuchst, mit überhöhter Geschwindigkeit um die Bremsschwelle herum oder obendrüber zu fahren. Du kommst vermutlich ans Ziel, aber die Frage ist, wie gut es deinem Wagen dann geht …

Je offener und freundlicher du einer Blockade begegnest, desto schneller wird sie wieder gehen. Reagiere nicht mit Ablehnung auf sie, denn die Blockade wird sich auf diese Art genauso wenig in Luft auflösen wie die Bremsschwelle auf der Straße. Jede Blockade hat ihre Berechtigung. Wie auch bei einer muskulären Verspannung ist es ganz normal, dass sich Ereignisse oder Erlebnisse in deinem Körper und auf deiner Seele niederlegen. Ziel ist, sie nicht zu ignorieren, sondern ihnen mit Respekt und Achtung zu begegnen – immerhin beschreiben sie eine Erfahrung, die wichtig genug war, um nicht nur gespeichert zu werden, sondern sich darüber hinaus auch noch bemerkbar zu machen, indem sie die Energie am Vorbeifließen hindert. Außerdem: Wenn du körperlich verspannt bist, gehst du zur Massage, lässt dir eine heiße Wanne ein oder machst Lockerungsübungen. Du ignorierst die Schmerzen nicht, sondern gehst gegen sie an. Warum dasselbe also nicht bei der Seele machen?

*Blockaden lösen heißt sich selbst und anderen vergeben.*

Im Grunde ist eine Blockade eine vom Körper bereitgestellte Möglichkeit, um direkt mit ihm in Verbindung zu treten. Er sagt: *Hier solltest du hinschauen.* Jede Blockade ist deshalb ein Geschenk deines Körpers an dich. Sie lädt dich dazu ein, dich mit deiner Vergangenheit auseinanderzusetzen und im Hier und Jetzt eine Lösung zu finden, um zukünftig wieder mehr im Fluss zu sein.

## Unebenheiten

Neben den Blockaden, die konkrete Ereignisse oder Erfahrungen aus der Vergangenheit, Glaubenssätze oder negative Denkmuster darstellen, kannst du auf deiner Körperreise auch sogenannten Unebenheiten begegnen. Eine Unebenheit ist die abgeschwächte Form einer Blockade. Wenn sie ignoriert wird, kann sie sich zu einer Blockade ausweiten. Deshalb ist es wichtig, Unebenheiten aufzulösen, sodass sich keine Blockaden bilden.

Unebenheiten sind Erfahrungen, die zu einem Glaubenssatz oder einer Wertung werden *können*. Deshalb empfehle ich, öfter im Jahr eine Feeling-Code-Sitzung durchzuführen, sodass Blockaden erst gar nicht entstehen.

### *Die Textur deines Körpers und was sie dir verrät*

Bei Unebenheiten handelt es sich um Stellen in deinem Körper, die sich anders anfühlen als das umliegende Gewebe. Sie können rau, hart, schroff, besonders warm oder kalt sein. Sie kommen dir merkwürdig, fremd und anders als die Umgebung vor. Oft haben sie eine kalte, harte Beschaffenheit, und meist fühlen sie sich entweder enger oder dunkler an als andere Stellen. Jede Unebenheit spricht zu dir, will wahrgenommen und erkannt werden. Manchmal treten Unebenheiten als seltsame Gefühle auf, die man nicht wirklich zuordnen kann, doch genauso können Bilder auftauchen, die sich rau und nicht schlüssig anfühlen. Unebenheiten geben dir das Gefühl, dass dort etwas nicht im Fluss ist.

Wenn du Unebenheiten an oder in deinem Körper bemerkst, begegne ihnen mit Wertschätzung, denn sie zeigen dir zuverlässig an, was in deinem Leben vielleicht noch nicht ganz rundläuft oder ins Ungleichgewicht geraten ist.

Unebenheiten kann man im und am gesamten Körper haben. In meiner Praxis begegne ich ihnen sehr häufig und weiß deshalb aus Erfahrung, wofür sie stehen. Abhängig davon, ob sie sich auf der linken oder rechten Körperseite befinden, geben sie dir wichtige Informationen über ihre Ursache.

### Unebenheiten in der linken Körperseite

Die linke Körperseite ist unsere weibliche Seite. Treten hier Unebenheiten auf, kann es sein, dass es Konflikte in der Beziehung zu deiner Mutter oder deiner Schwester gibt oder dass du generell Schwierigkeiten hast, deine Weiblichkeit auszuleben. Die linke Körperseite steht jedoch auch für das Private, die Gefühle und Emotionen.

Finden sich Unebenheiten links an oder in deinem **Kopf,** bist du möglicherweise in deiner Kreativität blockiert. Es kann sein, dass du oft im Kreis denkst und dadurch nicht so schnell zu einer Lösung kommst oder dass du dich schnell in eine bestimmte Denkrichtung bewegst. Ich empfehle dir, dich öfter wie ein Maler ein paar Schritte von dem Gemälde zu entfernen, um das große Ganze zu überblicken. Versuche, dich von deinen Gedanken zu lösen und sie zu beschreiben – welche Formen oder Farben haben sie? Beobachte, was sich verändert, wenn du gedanklich eine andere Richtung einschlägst.

Bei Unebenheiten auf der linken Seite des **Halses** neigst du dazu, dich selbst zu unterschätzen. Offenbar hast du nicht gern die Kontrolle, gibst Verantwortung ab und stehst nicht zu deinen Talenten. Durch die Öffnung und den Ausgleich dieser Unebenheiten gewinnst du die Möglichkeit, Verantwortung für dein Leben zu übernehmen.

Unebenheiten in und auf der linken Seite des **Oberkörpers** zeigen, dass Abgrenzung für dich ein Problem darstellt. Du hast Schwierigkeiten, dich abzugrenzen und vor verbalen oder sonstigen Angriffen zu schützen. Selten oder nur sehr schwer gelingt es dir, Nein zu sagen. Fehlende Abgrenzung hat oft mit der Angst zu tun, nicht akzeptiert und geliebt zu werden. Im Grunde wollen wir aber so geliebt werden, wie wir *wirklich* sind. Zeig auf, wo deine Grenzen sind und was dir zu nahe kommt. Damit offenbarst du deine wahre Persönlichkeit und demonstrierst Selbstbewusstsein.

Unebenheiten können überall sein, auch im **Intimbereich.** Wenn du dort an oder in der linken Seite Unebenheiten erkennen kannst, gibt es Nachholbedarf in Bezug auf deine Sexualität – vor allem die Sexualität mit dir selbst. Vielleicht ist Selbstbefriedigung ein Problem für dich? Sich selbst zu befriedigen bringt dein Qi in Schwung und verleiht dir die Möglichkeit, dein Wurzel-Chakra zu öffnen. Das macht dich selbstbewusster und freier in deinem Tun und Handeln. Oft ist dieser Bereich aber mit Scham behaftet. Falls das bei dir so ist, könnte die Ursache dafür in deiner Kindheit liegen, möglicherweise aufgrund deiner Familie, in der Sexualität ein Tabu war.

Hast du Unebenheiten in oder an deinem linken **Bein** oder **Fuß** entdecken können? Diese haben mit deinen Wurzeln und deiner Verwurzelung zu tun. Damit kann deine Herkunft gemeint sein, also der Ort, wo du aufgewachsen bist. Vielleicht bist du auf dem Land großgeworden, als Erwachsener in die Stadt gezogen und fühlst bis heute einen Konflikt in dir? Verleugne auf keinen Fall deine Herkunft, denn dort bist du geboren, und dort hast du deine Wurzeln.

### Unebenheiten in der rechten Körperseite

Die rechte Körperseite steht für unsere männliche Seite. Sie ist mit den Männerfiguren in deinem Leben verknüpft, deinem Vater, eventuell deinem Bruder, aber auch der beruflichen Seite deines Lebens und dem Verstand.

Wenn du Unebenheiten im oder am **Kopf** auf der rechten Seite spürst, bist du sehr in deiner Ratio verhaftet und wahrscheinlich ein »Kopfmensch«. Mithilfe des Feeling-Codes kannst du erkennen, dass du deiner Intuition vertrauen und die Kommunikation mit deiner Seele aufnehmen darfst.

Kannst du Unebenheiten in oder auf der rechten Seite des **Halses** spüren, trittst du wahrscheinlich dominant gegenüber deinen Mitmenschen auf, das heißt, du wirkst oft stark und bestimmend. Maskulinität zeigt sich jedoch nicht nur in Form von Aggressivität und Stärke, sondern wird auch mit Klarheit und Fokussierung verbunden; ein männlicher Geist denkt zumeist strukturiert und sachlich. Indem du die Unebenheit ausgleichst, kannst du ein hingebungsvollerer und empathischerer Mensch werden.

Unebenheiten auf der rechten Seite des **Oberkörpers** signalisieren, dass du dich zu sehr abgrenzt und die Meinungen anderer oft ablehnst. Möglicherweise ist dein Mantra: *Ich bin okay, aber mit dir stimmt was nicht!* Du hast eine unnahbare Ausstrahlung und bist vermutlich ein Einzelkämpfer. Durch den Ausgleich der Unebenheit lässt du das Ja ins Leben und lernst, dass es nicht nur deine Sichtweise gibt. Dein Verständnis anderen Menschen gegenüber wächst, und du bist in der Lage, dich besser in andere hineinzuversetzen.

Weist die rechte Seite des **Intimbereichs** Unebenheiten auf, ist dein Yin-Yang-Haushalt nicht ausgeglichen.

Du kannst die beiden Energieströme, den femininen und den maskulinen, nur schwer annehmen und nicht miteinander verbinden. Wir sind eine Kombination aus beiden Energien, der femininen und der maskulinen, da wir sowohl weibliche als auch männliche Anteile in uns tragen. Charismatische Menschen sind sehr ausgeglichen in ihrem Yin-Yang-Haushalt. Strebe daher nach Ausgeglichenheit und Balance, und du wirst bald merken, dass die Beziehung zu deinem Körper und zu deinen Mitmenschen viel runder und weicher wird.

Unebenheiten im oder am rechten **Bein** sowie **Fuß** zeigen deinen Status im Beruf. Es kann sein, dass dein Vater dir nicht vermittelt hat, wie es sich anfühlt, um deiner selbst willen geliebt zu werden. Es scheint so, als ob du die Überzeugung in dir trägst, etwas Besonderes tun zu müssen, um Geld verdienen zu dürfen. Eine Aussprache mit deinem Vater oder Bruder könnte von großem Wert für dich sein. Manchmal reicht schon ein Brief, in dem du alles niederschreibst, was dich belastet. Du musst diesen Brief noch nicht einmal abschicken. Allein, dass du deine Gefühle für deinen Vater oder Bruder niedergeschrieben hast, hilft dir, auf den Weg der Heilung zu kommen.

### Unebenheiten in Kopf, Rumpf und Beinen

Um zu wissen, wann die Unebenheit entstanden ist, genügt ein Blick auf deinen Körper. Stell ihn dir in drei Teile geteilt vor. Von den Zehen bis zum Intimbereich handelt es sich um die **Vergangenheit** – nimmst du hier eine Unebenheit wahr, dann bezieht sie sich auf ein zurückliegendes Ereignis.

Vom Intimbereich bis zum Halsansatz handelt es sich um die **Gegenwart.** Unebenheiten in dieser Körperregion beziehen sich auf Erlebnisse aus der jüngeren Vergangenheit oder das Hier und Jetzt.

Unebenheiten, die vom Halsansatz bis zum Scheitel auftreten, verweisen auf die **Zukunft.** Es kann hier um Ängste gehen, die das betreffen, was noch vor dir liegt.

## Das kleine Ich

Will man zu einer Reise in sein Inneres aufbrechen, ist es gut, einen Begleiter an seiner Seite zu haben. Der Feeling-Code lehnt sich an das Modell des Inneren Kindes an. Der Begriff wurde durch John Bradshaw und Erika Chopich bekannt und beschreibt ein kleines Wesen, das unserer Vorstellungskraft entspringt. Das Innere Kind repräsentiert uns selbst in sehr jungen Jahren. Die Psychologie geht davon aus, dass die meisten Verletzungen, Kränkungen und Traumata in der frühen Kindheit passieren, sich jedoch bis ins hohe Erwachsenenalter auswirken. Ein Kind, das beispielsweise von seinen Eltern keine Liebe erfahren hat, wird oftmals zu einem Erwachsenen mit übergroßem Verlangen nach Zuwendung. Wenn ein Kind immer wieder hört, dass es dieses und jenes nicht schaffen könne, wird sich dieser Glaubenssatz höchstwahrscheinlich in einem niedrigen Selbstwertgefühl im Erwachsenenalter ausdrücken. Auch aus meiner Praxis weiß ich, dass die meisten Probleme in unserem Heute mit den Erfahrungen, Verletzungen und Kränkungen von damals zu tun haben. Wer lernt, sich mit seinem Inneren Kind auseinanderzusetzen und zu versöhnen, ist in der Lage, all das Schlechte aus der Vergangenheit loszulassen, sich auf das Gute zu konzentrieren und dem Hier und Jetzt zuzuwenden.

Das Innere Kind steht symbolhaft für im Gehirn gespeicherte Emotionen, Erfahrungen und Erinnerungen aus der Kindheit. Es verfügt über ein gewaltiges Spektrum an intensiven Gefühlen: Kinder empfinden viel intensiver als Erwachsene, da sie ihre Kognition noch nicht einsetzen, um Dinge zu verstehen. Fast alles, was uns für unser Leben prägt, passiert uns in der Kindheit: wie wir lieben, wie wir leben, wie wir mit Problemen und Rückschlägen umgehen, wie wir heilen, wie wir kommunizieren, wie wir sind … Selbst wenn uns heute etwas widerfährt, greifen wir auf Programme in unserem Unterbewusstsein zurück, die in unserer Kindheit geschrieben wurden. Dort und nirgendwo anders liegen die Ursachen für unser Verhalten und unsere Gefühle.

*Entdecke die Person, die du warst,*
*bevor der ganze Mist passiert ist.*

Darüber hinaus bietet die Arbeit mit dem Inneren Kind die Möglichkeit, sich unverblümt und ohne verstandesmäßige Grenzen auszudrücken. Als Erwachsene gestatten wir uns meist nicht, Empfindungen wie Eifersucht, Wut, Trauer oder Enttäuschung zu fühlen oder gar zu artikulieren. Wir versuchen, stark und unnahbar zu sein, unverletzlich und selbstbestimmt. Kinder nehmen die Welt aus ganz anderen Augen wahr, sind ehrlich, mutig, gefühlsbetont und ausgesprochen intuitiv. Der Feeling-Code möchte, indem er sich an das Modell des Inneren Kindes anlehnt, in Kommunikation mit dem kleinen Menschen treten, der wir einmal waren, bevor uns das Leben widerfahren ist, bevor wir rational, kognitiv und sachlich wurden und verlernt haben, unseren Gefühlen die Kontrolle zu überlassen. Die Auseinandersetzung mit uns selbst vor vielen, vielen Jahren hilft, an tief sitzende Blockaden heranzukommen und diese so aufzulösen, dass sie uns künftig nicht mehr belasten.

### *Das Innere Kind und das kleine Ich: zwei ständige Begleiter*

Der Feeling-Code nutzt das Modell des Inneren Kindes und macht es zu einem Begleiter auf der eigenen Körperreise. Erinnerst du dich an Marina Schneider? Ich bat sie bei der ersten Feeling-Code-Sitzung darum, sich selbst als Kind vorzustellen, auf die Größe von wenigen Zentimetern schrumpfen zu lassen und an der Seite dieser Miniversion ihrer selbst durch ihren eigenen Körper zu wandern.

In einer Großen Feeling-Code-Sitzung wirst auch du dazu aufgefordert sein, dir dein Inneres Kind vorzustellen: du selbst als kleiner Junge oder kleines Mädchen. In Gedanken wirst du dich anschließend selbst auf die Größe von zwei oder drei Zentimetern schrumpfen lassen und an der Seite deines kleinen Ichs eine Reise durch deinen Körper unternehmen. Ziel ist es, eine liebevolle Verbindung zwischen deinem Inneren Kind und dir als Erwachsenem wiederherzustellen, um dir so Zugang zu den tiefen Quellen der Freude, Intuition und Wahrnehmung zu ermöglichen. Das kleine Ich ist dabei der Vermittler zwischen dem, was war, und dem, was ist – zwischen Vergangenheit und Gegenwart, Innerem Kind und heutigem Ich.

### *Folge deinem kleinen Ich in deinen Körper!*

Es ist wichtig, dass du dich bewusst dafür entscheidest, dieses Innere Kind liebevoll anzunehmen und dich mit deiner Wahrheit zu verbinden. Genau das passiert bei der Anwendung des Großen Feeling-Codes in der Phase des Schrumpfens zu einer winzig kleinen Version deiner selbst.

In dieser Gestalt von etwa zwei bis drei Zentimetern Größe hast du nun zwei Möglichkeiten. Du kannst entweder in deinen Körper hineinschlüpfen und von dort aus von einem Organ zum anderen, von einer Körperhälfte in die andere wandern. Versuche, dich als kleines Wesen allmählich durch deinen Körper zu bewegen, so wie es dir gefällt, von oben nach unten oder von unten nach oben.

*Entdecke dich selbst und werde zu deinem treuesten Weggefährten!*

Oder du bleibst auf der Oberfläche deines Körpers, gehst auf ihm spazieren und durchwanderst so die einzelnen Quellen deiner Gefühle und Schmerzen. Wenn du nur äußerlich auf deinem Körper bleiben kannst, ist das ein Hinweis darauf, dass du die Verbindung zu deinem Selbst noch nicht vollkommen aufgebaut hast, die benötigt wird, um wirklich zu deinen seelischen Blockaden und Mustern zu gelangen. Sollte das so sein, steckt vielleicht noch Angst oder Unsicherheit dahinter – oder du bist einfach noch nicht dafür bereit. Dann gilt es, zu üben. Durch jeden neuen Versuch wird es besser; du wirst die Fortschritte selbst erkennen. Glaub an dich und verlier nicht den Mut! Nicht jeder ist zum Abenteurer geboren.

Wenn du dein kleines Ich bildlich vor dir sehen kannst, wenn du es begleitest auf der Reise in dein Innerstes, wirst du bald schon erkennen, welch große Kraft du in dir trägst und dass du stark genug bist, um für dich selbst zu sorgen und Verantwortung für dich zu übernehmen.

Als Miniaturausgabe deiner selbst kennst du keine Grenzen. Du darfst neugierig sein, verspielt, albern und spontan, aber auch sensibel und lebendig, einfach so, wie du warst, bevor du erwachsen wurdest.

In den meisten Feeling-Code-Sitzungen zeigt sich, dass Klienten durch das Wahrnehmen, Anerkennen und Beschreiben des kleinen Wesens in sich selbst wieder mehr Enthusiasmus, Freude und Neugierde in ihr Erwachsenenleben bringen können. Geh mit deinem kleinen Ich eine zärtliche Verbindung ein, und du wirst dein gesamtes Leben anders annehmen können. Es fühlt sich liebevoller an, denn du bist mit deiner eigenen Geschichte verbunden, und diese innere Verbindung ist eine Quelle der Kraft für die Bewältigung aller Situationen in deinem Leben.

Es ist immer wieder faszinierend zu sehen, wie schnell sich Menschen zum Positiven verändern können, wenn sie mit ihrem kleinen Ich in Kontakt treten. Diese Veränderung geschieht im Unterbewusstsein, ist sehr tief greifend und setzt ein hohes Maß an Kraft und Kreativität frei, da Wunden der Vergangenheit im Handumdrehen geheilt werden können. Alles, was du wahrnimmst oder siehst, hat einen Sinn, und genau diesen Sinn wird dir der Feeling-Code offenbaren. Schau dir das Innere deines Körpers an, ohne zu bewerten. Es ist, wie es ist – diese Erkenntnis ist der wichtigste Schritt, um zurück zu einem guten und schönen Inneren zu gelangen.

Ich selbst hatte nie Probleme damit, mich als kleines Ich zu sehen, nahm aber anfangs kein Gesicht wahr. Ich sah mich zwar als winziges Wesen, das durch meinen Körper spazierte, aber dieses Wesen bekam erst nach ein paar Sitzungen ein Gesicht. Das hat mit meiner Kindheit zu tun. Es fiel mir nämlich etwas schwer, mich an sie zu erinnern. Ich erinnerte mich an Geschichten, an Bilder und an Fotos, die ich im Laufe meines Lebens betrachtet hatte, aber nicht mehr daran, wie meine Kindheit *wirklich* ablief.

Wenn auch du dich schwertust, dir dich selbst als kleines Ich vorzustellen, kannst du auch ein Symbol zu Hilfe nehmen oder eine Farbe oder sonst etwas, was dir sehr wichtig ist und naheliegt. Viele meiner Klientinnen rufen sich anfangs ihr eigenes Kind oder ihr liebstes Haustier ins Gedächtnis anstelle ihres kleinen Ichs. Die Erfahrung zeigt, dass sich dies nach ein paar Sitzungen ändert. Es ist nur wichtig, sich *irgendetwas* vorzustellen, selbst wenn es nur ein Gefühl ist, das durch deinen Körper wandert.

*Öffne dein inneres Auge, mach das Licht an und sieh, was du in deinem Inneren findest!*

Wie auch immer du diese Reise im Feeling-Code vollziehst, sie hat einzig und allein mit dir selbst und den Empfindungen in deinem Körper zu tun. Manche haben einen kürzeren, andere einen längeren Weg hin zu sich selbst. Wichtig ist, den ersten Schritt zu tun.

## Atmung und Stille

Atmung stellt bei einer Feeling-Code-Sitzung einen entscheidenden Faktor dar. Die meiste Zeit des Tages atmen wir unbewusst, ohne dass wir darüber nachdenken – zum Glück, möchte man meinen. Allerdings neigen wir dazu, oft viel zu flach zu atmen und unseren Organismus so mit zu wenig Sauerstoff zu versorgen. Atmung nimmt einen großen Einfluss auf unseren Körper. Wenn wir zum Beispiel Angst haben, atmen wir automatisch flach und kurz und geben unserem Körper damit das

Signal: *Achtung, bitte alle Muskeln und Nerven anspannen, hier kann gleich jeden Moment etwas passieren!*

### *Atmung als Schmerzmittel*

Richtiges Atmen kann Schmerzen lindern – warum sonst lernen Frauen vor der Entbindung im Geburtsvorbereitungskurs das richtige Atmen? Jede Meditation beginnt mit bewusstem und tiefem Atmen, da sich mit einem Atemzug Anspannungen lösen, Muskeln entspannen und der Organismus den Impuls erhält: *Es droht keine Gefahr. Du darfst lockerlassen.*

Achte darauf, dass du tief einatmest und etwa doppelt so lange wieder ausatmest. So wirst du automatisch ruhiger. Übrigens hilft tiefes Atmen auch in Stresssituationen, die Anspannung des Körpers zu lösen und die Herzschlagfrequenz zu senken. Man spricht nicht umsonst davon, dass man »tief durchatmen« muss, wenn etwas vorgefallen ist.

Sehr hilfreich ist außerdem, dir vorzustellen, dass du durch das linke Nasenloch ein- und durch das rechte Nasenloch wieder ausatmest. Die Technik hat mich einst meine Mutter gelehrt, und ich wende sie bis heute gern an.

### *Reden ist Silber, Stille ist Gold.*

Im ersten Augenblick kann es sehr beunruhigend sein, die Stille auszuhalten. Allzu oft wird sie schnell von Geräuschen, Stimmen in deinem Inneren und Gefühlen gefüllt. Stille kann unendlich laut sein, so laut, dass dir die Ohren dröhnen. Es war für mich nicht immer leicht, wirklich in die Ruhe zu kommen, abhängig davon, in welcher Lebensphase ich mich befand. Oftmals war ich innerlich so aufgewühlt, dass ich mich hinlegte, um mich zu entspannen, nur meine Gedanken wurden immer lauter. Die Stille in mir schrie geradezu. Ich musste auch schon Feeling-Code-Sitzungen abbrechen, da ich einfach nicht in der richtigen Verfassung dafür war.

Und wenn die Stille doch zu unerträglich wird: Einer Klientin von mir half es, leise Musik aufzulegen, eine Kerze anzuzünden und die Feeling-Code-Sitzung mit offenen Augen stattfinden zu lassen. So war es nicht ganz still um sie herum, und sie konnte sich besser darauf einlassen.

Grundsätzlich ist es ratsam, die Feeling-Code-Sitzung in völliger Stille und mit ruhigem oder am besten gar keinem Gedankenfluss zu absolvieren. Doch verzweifle nicht, wenn das anfangs noch nicht möglich ist. Auch das hat einen Sinn, und Übung macht den Meister.

## Fragen und Zettel

Während einer Feeling-Code-Sitzung kannst du konkrete Fragen beantworten. Welcher Art können die Fragen sein? Alles ist erlaubt! Du kannst zum Beispiel wissen wollen, welche Beziehung du zu deinen Eltern, Freunden oder Arbeitskollegen hast oder wie es um deinen seelischen Allgemeinzustand bestellt ist. Auch in Situationen, in denen du an einem Scheideweg zwischen verschiedenen Alternativen stehst, kann der Feeling-Code eine wichtige Hilfestellung sein. Vor allem bei Menschen, die lange Zeit nicht auf ihre innere Stimme gehört haben, sondern ein »fremdes« Leben leben, ist die Methode des Feeling-Codes eine wunderbare Möglichkeit, um herauszufinden, was sie wirklich wollen.

Beim Feeling-Code und der Arbeit mit leeren Zetteln,

die du selbst beschriftest, ist es wichtig, die richtigen Fragen zu stellen. Doch wie kommst du zu der richtigen Frage – oder dem Begriff, den du auf den leeren Zettel schreibst? Verwende am Anfang einzelne Wörter. Wenn du zum Beispiel nach einer neuen Liebe Ausschau hältst, schreib auf, wen oder was du in deinem Leben begrüßen möchtest, zum Beispiel: »Traumpartner«. Wenn du dir nicht sicher bist, welcher Beruf der richtige für dich ist, schreib auf einen leeren Zettel: »Berufung«. All diese Wörter haben eines gemeinsam: Sie geben dem Körper Spielraum zu reagieren und dir damit die Möglichkeit, die richtigen Schlüsse zu ziehen.

### *Mit den richtigen Fragen zu den richtigen Antworten*

Natürlich ist es auch möglich, Fragewörter mit einzubeziehen, also *Wer, Wie, Warum, Was* und *Wo*. Diese Wörter zeigen dir den Weg in die Vergangenheit, in die Gegenwart oder in die Zukunft. Wenn du weißt, dass du deinen Traumpartner suchst, kannst du fragen: »Wo finde ich meinen Traumpartner?« Oder wenn du eine Krankheit hast: »Warum habe ich diese Krankheit?« Oder wenn du beruflich durchstarten möchtest: »Wie erkenne ich meine Berufung?« Diese Fragen sind detaillierter als die Begriffe. Das bedeutet auch, dass der Körper weniger Interpretationsspielraum hat. Deshalb solltest du anfangs nur mit einzelnen Wörtern arbeiten, um bestmögliche Ergebnisse zu erzielen.

Ich empfehle dir, während einer Sitzung maximal sieben Zettel – in den ersten Sitzungen sogar nur drei bis fünf – zu beschriften: mit Namen von Menschen, die dir nahestehen, mit Werten, Hobbys, Reisezielen, Zielen im Leben und so weiter. Achte darauf, dass es wirklich immer nur ein Wort ist und dass es eindeutig ist.

Du wirst im Verlauf der Sitzung die Zettel zusammenfalten und intuitiv unter beziehungsweise auf deinem Körper verteilen. Am einfachsten spürst du in deine beiden Hände und die Füße hinein. Du kannst drei weitere Zettel auf dein Herz, deinen Intimbereich und unter deinen Kopf legen. Auf deiner Körperreise wirst du später zu den Zetteln wandern und dir die Empfindung deines Körpers ansehen. Wie ein Detektiv erforschst du deinen Körper auf der Suche nach der Wahrheit. Lerne, ihn zu befragen und seine Sprache zu verstehen. Du hast die Möglichkeit, offen und ehrlich mit ihm zu kommunizieren, ohne dass es einer Sprache im herkömmlichen Sinn bedarf.

*In deinem Werkzeugkoffer: Papier, Stift und Intuition*

Reagiert deine Hand mit Wärme oder Kälte auf das Papier darin? Ist dein Herz, auf dem ein Begriff liegt, dunkel oder hell, weit oder eng? Wie verhält es sich mit deinem Fuß – fühlt er sich verdreht oder gerade an, beweglich oder starr? Es gibt unzählige Möglichkeiten, wie dein Körper auf die zusammengefalteten Zettel reagieren kann.

Eine Feeling-Code-Sitzung kannst du begleiten lassen, zum Beispiel von einer guten Freundin oder einem Vertrauten, der dich mithilfe der Anleitung zur Feeling-Code-Reise führt. Erfahrenen Anwendern des Feeling-Codes gelingt eine Reise durch den Körper nach ein paar Sitzungen meist ohne die akustische Anleitung.

Ich empfehle dir für den Beginn, ein Aufnahmegerät oder die Diktierfunktion deines Handys während der Sitzung laufen zu lassen, damit du alle Empfindungen und Wahrnehmungen laut aussprechen und später abhören kannst. Natürlich ist es auch möglich, die Botschaften aus deinem Körper schriftlich zu notieren, es kann jedoch sein, dass dich dieses »Aufwachen« aus dem Alphazustand so sehr ablenkt, dass du dich nicht auf dein Inneres konzentrieren kannst.

Falls du dich sicher genug fühlst, dir alle Beobachtungen, die du machst, merken zu können, kannst du natürlich auch ganz ohne Hilfsmittel auskommen und dich allein auf deine Erinnerung stützen. Wenn du dich voll und ganz darauf einlässt, wirst du einen Augenblick tiefster Achtsamkeit erleben, den du so schnell nicht mehr vergisst – und natürlich auch nicht die Dinge, die du siehst, hörst, fühlst, riechst oder schmeckst. Ich empfehle dir allerdings in diesem Fall, dich und deinen Körper nicht mit zu vielen Zetteln und Stationen, in die du reist, zu überfordern, sondern möglicherweise mit einer kleinen Runde und nur drei Zetteln zu beginnen. So oder so wird der Moment, wenn du den ersten Zettel nach deiner Körperreise auffaltest, um zu sehen, was darauf steht, beeindruckend sein. Oft kommt es bei der Auflösung zu richtigen Gänsehautmomenten.

Egal, welchen Weg du wählst: Ich bin mir sicher, dass du einige tolle Erfahrungen machen wirst, mit denen du garantiert nicht gerechnet hast.

*Eine Klientin von mir spürte bei ihrer ersten Feeling-Code-Reise in ihr Herz hinein. Auf ihrer Brust lag ein Zettel mit dem Namen eines ihr nahestehenden Menschen – natürlich hatte sie keine Ahnung, welcher Name auf dem Papier geschrieben war. Sie spürte in ihren Brustkorb und stellte sich vor, wie sie als kleines Wesen durch ihre Mundhöhle in das eigene Herz glitt. Dann fing sie an zu beschreiben, dass es ein sehr enger Ort war, in dem sie sich zusammenkrümmen musste, um überhaupt hineinzupassen.*

*»Wie eine Fruchthöhle«, sagte sie, »oder eine Gebärmutter.«*

*Obwohl sie nur wenig Raum hatte, empfand sie das Gefühl als vertraut und deshalb auch nicht als unangenehm oder schlecht. Als wir später den Zettel, der auf ihrem Herzen lag, öffneten, stand darauf der Name ihres Vaters. Es handelte sich dabei um einen eher unterkühlten Mann, der große Schwierigkeiten hatte, sein Herz für seine Tochter zu öffnen und seine Liebe für sie zum Ausdruck zu bringen.*
*Zufall? Immerhin hätte der Zettel auch in der linken Hand, unter dem rechten Fuß oder unter dem Kopf landen können. Aus Erfahrung weiß ich aber, dass die Zettel niemals zufällig irgendwo liegen, sondern dass sie sich ihren Platz suchen – und dass der Körper immer aufrichtig auf die Zettel reagiert.*

Ob die Reaktion deines Körpers positiv oder negativ ist, kannst du daran erkennen, wie du dich bei der Befragung und Beobachtung fühlst – gut oder schlecht. Wichtig ist nur, dass du zuhörst und zusiehst, ohne zu bewerten. Sieh dir in Ruhe die Bilder an, die in dir während der Feeling-Code-Sitzung auftauchen, und versuche, diese nicht zu beurteilen. Es geht nur um deine Wahrnehmung. Leg alle Erwartungen zur Seite und lass es geschehen.

*Lausche der Sprache deines Körpers,*
*denn sie ist einzigartig.*

Nicht alles, was dir begegnet, wird dir gefallen. Doch indem du anerkennst, dass bestimmte Bilder, Gefühle, Geräusche, Gerüche, Symbole oder Personen in deinem Inneren auf dich warten, hast du den ersten und entscheidendsten Schritt auf dem Weg zur Heilung gemacht: Du hast das Unsichtbare sichtbar gemacht und holst Dinge an die Oberfläche, die womöglich seit langer

Zeit in deinem Unterbewusstsein liegen. Niemand hat sie gesehen, keiner hat sie bemerkt. Sie haben versucht, mit dir in Kontakt zu treten, haben den Weg über Krankheiten, Blockaden und Verhaltensmuster gewählt, doch du hast sie nicht erkannt. Indem du sie einlädst, aus der Dunkelheit ins Licht zu treten, erlaubst du dir selbst, zu heilen. Es mag wie ein kleiner Schritt aussehen – doch der Versöhnung mit dir und deinem Leben bist du gerade ein gehöriges Stück näher gekommen.

## Schritt für Schritt zur Heilung (Großer Feeling-Code)

Erinnerst du dich noch an die Geschichte, als ich im Schweigekloster war und mich wieder an den Feeling-Code erinnerte? Ich kann dir versichern, dass ich bei meiner ersten Sitzung, die ich kurz darauf durchführte, sehr aufgeregt war. Aber auch unendlich neugierig! Was würde ich erfahren? Über welches Wissen, das noch nicht in mein Bewusstsein gelangt war, verfügte mein Körper? Konnte ich spüren, was gut für mich und meinen Körper war? Umgab ich mich mit den richtigen Menschen, oder traf ich immer noch solche, die meinem Energiehaushalt schadeten? Fragen über Fragen, auf die ich bald schon Antworten bekam.

*Ich hatte eine Freundin, Elisabeth. Immer wieder spürte ich, dass sie neidisch auf mich war. Ich hatte sie noch nie darauf angesprochen, aber ich fühlte, dass sie es mir nicht vergönnte, dass es mir gut ging. Deshalb stellte ich mein Leben ihr gegenüber oft negativer dar, als es in Wirklichkeit war. Einfach, um den Neid nicht in unsere Freundschaft zu lassen.*

*Als ich den Feeling-Code wiederentdeckt hatte, war ich so begeistert von der Methode, dass ich quasi mein ganzes Leben damit checkte – auch die Beziehung zu Elisabeth. Ich schrieb auf einen Zettel: »Elisabeth ist neidisch auf mich.« Auf einen anderen Zettel schrieb ich: »Elisabeth wünscht mir nur das Beste.« Hatte ich recht, dass sie mir mein Leben nicht gönnte? Oder bewunderte sie mich einfach nur? War es meine Angst, die mich dazu trieb, zu glauben, dass sie neidisch auf mich war?*

*Ich machte es mir gemütlich, zündete eine Kerze an und konzentrierte mich auf mein Innerstes. In die linke Hand legte ich einen der beiden Zettel, in die rechte legte ich den anderen. Ich wusste nicht, welcher der positive Glaubenssatz und welcher der negative war.*

*Kaum, dass ich in meinem Körper angekommen war, spürte ich, dass in meiner linken Hand etwas vorging. Es war wie ein Feuerwerk. Ich spürte, dort will ich hin, dort herrscht Neugierde, dort ist etwas, was ich mir ansehen will.*

*In der rechten Hand spürte ich nichts. Nichts Positives, nichts Negatives, nur Stille. Mein Körper reagierte nicht. Weder Laute noch Gefühle, Sätze oder irgendetwas anderes tauchte auf. Meine rechte Hand hatte mir nichts zu sagen.*

*Ich war überrascht und öffnete die rechte Hand, in der sich der Zettel befand, der nichts ausgelöst hatte, und sah, was darauf stand. Es war: »Elisabeth ist neidisch auf mich.«*

*Was bedeutete diese Leere? War es kompletter Unsinn, dass meine Freundin mir nichts gönnte? Was wollten mir meine Zellen, mein Körper, meine Seele mit der Stille sagen?*

*Neutralität oder Leere können bedeuten, dass man die Verbindung zu etwas verloren hat. Ich ging in mich und dachte nach, und wenn ich ehrlich wahr, stimmte das. Durch mein Gefühl, dass Elisabeth immerzu neidisch auf mich gewesen war, hatte ich den Kontakt zu ihr unmerklich zurückgefahren und mich vor ihr verschlossen.*

*Nun wusste ich jedoch, dass ich mit meiner Einschätzung falsch gelegen hatte. Ich nahm mir vor, Elisabeth wieder mit offenem Herzen zu begegnen und unsere Beziehung von keinen falschen Glaubenssätzen mehr beeinflussen zu lassen.*

Ich möchte nun mit dir Schritt für Schritt eine Feeling-Code-Sitzung durchgehen. Die Methode ist im Grunde sehr einfach, doch das Vorgehen komplex – daher war es auch notwendig, all die Intuitionsübungen und Kleinen Feeling-Code-Sitzungen im Vorfeld einzuüben. Du bist jetzt in einem guten Kontakt zu dir und weißt, worauf du bei der Arbeit mit dir selbst achten musst. Möglicherweise hast du schon erste Begegnungen mit dunkleren oder verhärteten Stellen in deinem Körper gemacht. Auf jeden Fall hast du deine innere Stimme schon einmal vernommen und bist in der Lage, dich selbst als kleines Ich oder anderes Symbol in oder auf deinem Körper spazieren zu lassen. Großartig! Dann legen wir jetzt los.

### Der Große Feeling-Code

1. Schaffe eine angenehme und entspannende Atmosphäre. Schalte alle Kommunikationsgeräte und eventuell auch die Türklingel aus, dunkle vielleicht den Raum etwas ab (so, wie es dir angenehm ist), zünde eine Kerze an und verteile, sofern du das wünschst, einen angenehmen Duft im Raum. Wenn du dich damit wohler fühlst, leg beruhigende Musik auf.
2. Nimm dir maximal sieben unbeschriebene Zettel und einen Stift. Denk an deine Fragestellung und notiere Namen oder Begriffe auf den Papieren. Falte die Zettel so zusammen, dass du nicht mehr erkennst, was darauf steht.
3. Leg dich entspannt hin. Die vermischten, zusammengefalte-

ten Zettel kannst du unter deinem Kopf, auf deinem Herzen, in deinen Händen, auf deinem Intimbereich und unter deinen Füßen verteilen. Geh dabei intuitiv vor, also leg das Zettelchen einfach dorthin, wo es dir richtig erscheint. Lass dir ruhig Zeit. Wichtig ist nur, dass du nicht weißt, was auf den Zetteln steht, während du sie verteilst. Außerdem solltest du Körperregionen, an denen du kürzlich operiert wurdest, aussparen – an diesen Stellen kannst du schlechter in dich hineinfühlen, da die Energie hier noch nicht wieder richtig fließt.

4. Deine Körperreise beginnt mit einigen ruhigen Momenten, in denen du ein- und ausatmest. Atme immer doppelt so lange aus wie ein, dadurch entspannst du dich zusätzlich. Ein leichter Trance- oder Alphazustand wäre ideal – in etwa so, wie wenn du dich fühlst, wenn du einen Powernap auf dem Sofa machst und deine Gedanken dem Tagträumen überlässt.
5. Wenn du das Gefühl hast, bereit zu sein, stell dir vor, dass du dich in ein kleines Wesen verwandelst – dein kleines Ich. Es steht auf deiner Brust und sieht dich an. Möglicherweise hat es das Äußere von dir selbst als Kind, es kann aber auch aussehen wie dein eigenes Kind.
6. Stell dir vor, wie dein kleines Ich durch deine Mundhöhle in deinen Körper wandert. Öffne dein inneres Auge; die äußeren Augen lässt du wenn möglich nach wie vor geschlossen.
7. Schick dein kleines Ich in deinen Kopf. Da du keine Ahnung hast, was auf dem Zettel unter deinem Kopf steht, ergibt es keinen Sinn, deinen Verstand einzuschalten. Verlass dich deshalb nur auf dein Gefühl und deine Wahrnehmung. Wie sieht es dort aus? Nimm mit allen fünf Sinnen wahr und beschreibe! Findest du viel Platz vor oder wenig? Ist es hell oder dunkel? Laut oder leise? Kannst du Farben oder Gerüche wahrnehmen? Wie fühlt sich die Region an, hart oder weich? Siehst du etwas – Personen, Symbole, Tiere? Alles ist

wichtig. Lass dich vollständig darauf ein und beschreibe jedes Details.

8. Wenn du die Betrachtung deines Kopfes abgeschlossen hast, wandere in dein Herz. Beschreibe auch hier, was du wahrnimmst. Ist es ein freundlicher oder eher kalter Ort? Ist es rot oder schwarz? Hell oder dunkel? Nimm dir Zeit für deine Empfindungen. Wie fühlst du dich als kleines Ich in deinem Herzen? Ist es ein schönes Gefühl, oder ist es dir fremd?
9. Nach dem Herzen lässt du dein kleines Ich in deinen Intimbereich, deine Hände und die Füße wandern und beobachten – je nachdem, wo du Zettel verteilt hast. Beschreibe alles, was du siehst, hörst, riechst, schmeckst oder fühlst. Ganz wertfrei, ohne Angst und Bedenken.
10. Du hast alle Bereiche deines Körpers besucht, in oder auf denen Zettel lagen? Gut! Lass dein kleines Ich aus deinem Körper durch die Mundhöhle schlüpfen und auf deiner Brust innehalten. Bedanke dich bei deinem Helferlein – es hat dir einen großen Dienst erwiesen.
11. Öffne die Augen und komm langsam wieder zurück ins Hier und Jetzt. Es ist nun erlaubt, sich die einzelnen Zettel mit den Namen oder Begriffen darauf anzusehen. Was stand auf welchem Zettel? Und wo lag das Papier auf oder unter deinem Körper? Sicherheitshalber kannst du die Körperstellen auf den Zetteln notieren, damit du die genaue Lage nicht vergisst.
12. Und jetzt solltest du eine kleine Pause einlegen. Die energetische Arbeit ist sehr anstrengend, daher ist es an der Zeit, dir etwas Gutes zu tun. Lass dir ein Bad ein, mach einen Spaziergang oder bereite dir ein köstliches Mahl zu.

Aller Anfang ist schwer, und auch bei der Anwendung des Feeling-Codes kann es Probleme geben. Einige Klienten haben zum Beispiel zu Beginn Schwierigkeiten, sich auf ihren Körper und auf sich selbst einzulassen. Doch es lohnt sich, dranzubleiben. Die Übungen im Buch, die deine Intuition trainieren sollen, steigern sich von Kapitel zu Kapitel und werden immer komplexer. Falls du es nicht abwarten konntest und direkt bei der Schritt-für-Schritt-Anleitung der Großen Feeling-Code-Sitzung angefangen hast, diese aber nicht funktioniert hat, gräme dich nicht. Fang lieber noch einmal von vorn im Buch an und arbeite dich mit Geduld voran. Du hast es nicht eilig. Ganz im Gegenteil, je mehr Zeit du dir und deinem Körper gibst, miteinander in Kontakt zu treten, desto intensiver wird die Kommunikation später.

Im nächsten Kapitel erfährst du, was es mit den Wahrnehmungen auf sich hat, die du auf deiner Körperreise erlebt hast.

# 6 Die Sprache des Körpers

Dein Körper steckt voller Wunder – er spricht ununterbrochen mit dir und sagt dir, was ihm fehlt oder welches Bedürfnis er hat. Er tut das manchmal sehr offensichtlich, wenn du zum Beispiel eine Gänsehaut bekommst oder dein Magen knurrt. Das sind unmissverständliche Zeichen, die wir alle kennen: für Kälte und Hunger. Im Feeling-Code kann sich dein Körper auch subtiler mitteilen. Etwa dann, wenn er dir Nachrichten aus dem Unterbewusstsein sendet.

Wenn du schon geübt darin bist, deiner Intuition zu vertrauen und auf dein Bauchgefühl zu hören, stellt die Kommunikation mit deinem Körper kein Problem für dich dar. Du musst gar nicht darüber nachdenken, was er dir mitzuteilen versucht – du weißt es einfach und handelst danach. Leider haben viele von uns verlernt, auf die Signale unseres Körpers zu achten. Daher kann es gerade zu Beginn deines »Trainings« mit dem Körper verwirrend sein, die Nachrichten zu entschlüsseln.

Es kann beispielsweise sein, dass du bei deiner Reise durch den Körper an gewissen Stellen Kälte und gleichzeitig die Farbe Blau wahrnimmst. Nun liegt es an dir, die Signale deines Körpers zu übersetzen. Lies dir die Bedeutungen der einzelnen Wahrnehmungen durch und versuche, Verbindungen zu deinem Leben herzustellen. Wenn dein Knie beispielsweise kalt ist und die Farbe Blau auftaucht, so könnte es bedeuten, dass nur wenig Gefühl an dieser Stelle zu finden ist und dein Körper auf den Zettel nur sehr zurückhaltend reagiert. Sieh nach, was die Farbe Blau bedeutet. Du wirst lernen, dass sie etwas mit Kommunikation zu tun hat. Kann es sein, dass du bei dem Begriff, der auf dem Zettel steht, kein Gefühl hast, aber noch nie darüber gesprochen hast? Es ist auch denkbar, dass es aufgrund von mangelhafter Kommunikation zu einer gewissen emotionalen Kälte gekommen ist. Du bist der Spezialist, wenn es um deinen Körper und die Bedeutung deiner Wahrnehmung geht. Trau dir zu, das Rätsel selbst zu lösen.

### *Das Feeling-Code-Prinzip: Disbalancen ausgleichen*

Das Wichtigste ist, dass alle Stellen, die auf eine Disbalance hinweisen, später ausgeglichen werden. Spürst du zum Beispiel angenehme Wärme in deinem Arm, ist das wunderbar. Wird diese Wärme aber zur Hitze und beginnt vielleicht sogar zu schmerzen, solltest du unbedingt für Ausgleich sorgen. Du kannst dann gedanklich Kälte in die betreffende Stelle fließen lassen und sie so abkühlen, bis sie wieder wohltemperiert ist.

Es ist für dich von enormer Wichtigkeit, nach Abschluss einer Feeling-Code-Sitzung ein gutes und klares Gefühl in dir zu tragen, denn dann weißt du, dass du wieder ein Gleichgewicht in deinem Inneren herstellen konntest. Sei aber dennoch nachsichtig mit dir, wenn nicht immer alle Stellen perfekt ausgeglichen sein können. Es hat eine gewisse Zeit gedauert, dass diese Unebenheiten entstehen konnten, und es braucht auch Zeit, sie zu heilen. Schenk ihnen die notwendige Aufmerksamkeit. Schon die Fokussierung darauf kann heilend wirken.

Im Folgenden möchte ich dir die wichtigsten Wahrnehmungen, die du bei einer Körperreise machen kannst, und ihre Bedeutungen im Feeling-Code vorstellen. Für die einfache Anwendung später findest du eine Übersicht im Anhang.

## Kälte

Wenn du in einer Feeling-Code-Sitzung etwas Kühles wahrnimmst, kann es sein, dass du den Kontakt zu deiner Emotionalität verloren hast. Du gehst oft auf Distanz zu dir und fühlst dich allein gelassen. So hat sich eine Mischung aus Ängsten und Unsicherheit gebildet, die dich lähmt.

Meistens erhöhen bereits das genaue Hinsehen und Hineinfühlen die Temperatur der unterkühlten Stellen. Lass gedanklich so lange Wärme in die betroffene Körperregion einfließen, wie es nötig ist und du dich wohlfühlst.

Wenn du einen Zettel mit einem Namen auf einer kalten oder kühlen Stelle liegen hast, ist es ratsam, dir die Emotionalität dieser Person anzusehen. Es ist gut möglich, dass sie kein besonders warmherziger Mensch ist oder sich oft hinter ihrem Verstand verbarrikadiert. Durch das Erwärmen der Stelle stellst du eine emotionale Verbindung zu der Person her, welche durch das morphische Feld wirken kann. Umgekehrt kannst du aber auch deine Gefühle für den betreffenden Menschen mental aufwärmen und so zu einer besseren zwischenmenschlichen Beziehung beitragen.

## Hitze

Wenn du heiße Stellen in oder an deinem Körper erkennen kannst, dann stehst du wahrscheinlich unter Spannung. Das bedeutet, dass sich zu viele Belastungen und Stress in deinem Leben angesammelt haben, dass du erhitzt bist und eine »Abkühlung« benötigst. Oft findet diese Hitze im Intim- und/oder im Kopfbereich statt. Das bedeutet, dass die Energien hier nicht abfließen können und kein Ausgleich stattfindet.

Nimmst du am Kopf eine zu heiße Stelle wahr, dann stell dir vor, wie sich dein Scheitel öffnet und die Hitze – wie aus einem ausbrechenden Vulkan – nach oben in Richtung Himmel austritt. Heiße Stellen im oder am Intimbereich und darunter dürfen wie ein Lavastrom nach unten in die Erde abfließen. Alles, was über deinem Intimbereich warm bis heiß ist, steigt hingegen in den Himmel auf.

Wenn du bei einem Zettel zu viel Hitze spürst, überlege dir, ob du die Situation in Bezug auf einen bestimmten Menschen oder auf den Begriff auf dem Zettel abkühlen kannst, indem du dir bewusst eine Auszeit nimmst und etwas Distanz schaffst.

## Die fünf Elemente

Neben Bildern, Gerüchen, Farben und Tönen können auf einer Körperreise auch Materialien auftauchen. Oft treten die fünf Elemente der Traditionellen Chinesischen Medizin hervor: der Geruch von Holz, das Gefühl von fließendem Wasser, das Knistern des Feuers, der Geschmack von Erde oder eine frische Brise, die urplötzlich aufkommt.

### Wasser

Wenn du in einer Feeling-Code-Sitzung das Gefühl oder Bild von Wasser in Körperteilen und an manchen Stellen deines Körpers wahrnimmst, dann ist das für dich ein Hinweis, dass du mehr ins Fließen kommen solltest. Überprüfe, ob es in einer zwischenmenschlichen Beziehung, die dir am Herzen liegt, die Möglichkeit gibt, diese wieder mehr in Fluss kommen zu lassen. Vielleicht ist dabei die Person gemeint, deren Namen du auf den Zettel geschrieben hast, der auf der betreffenden Körperstelle liegt.

Das Wasser als Symbol zeigt, dass du noch nicht hundertprozentig mit dir selbst beziehungsweise mit dem, was du auf den Zettel geschrieben hast, im Reinen bist.

### Erde

Das Element Erde hat mit Erdung und Bodenständigkeit zu tun. Taucht das Element unter einem Zettel auf, ist das ein Hinweis darauf, wieder mehr zu dir selbst zu finden und in der Realität zu leben, im Hier und Jetzt, nicht in der Vergangenheit. Es ist als Aufforderung zu verstehen, die Dinge realistisch zu betrachten und dich nicht von Illusionen oder negativen Glaubenssätzen steuern zu lassen.

Wenn du Erde schmeckst oder haptisch spürst, herrscht in der betreffenden Körperstelle Unklarheit. Gibt es etwas, das du noch nicht weißt oder vor dem du die Augen verschließt? Versuche, die Realität hinter den Nebelschwaden zu erkennen, auch wenn du dann mit unerfreulichen Dingen konfrontiert werden kannst.

### Luft

Die Luft steht als Element der Erde gegenüber und fordert dich auf, mehr Schwung in dein Leben zu bringen, zum Beispiel in Form von Abenteuerlust, Lockerheit und Flexibilität. Gib deine Sicherheiten auf und versuche, wieder neugierig und spontan zu sein. Erfülle dir Wünsche, die du schon lange begraben hast – dein Leben ist so schwer geworden, dass es mehr Leichtigkeit vertragen kann. Lebe leichter und gönn dir mehr Abwechslung!

### Feuer

Feuer und Hitze stehen für die Überhitzung der eigenen Gefühle. Es scheint, als hätten sich an der betreffenden Körperstelle zu viel Energie, Wut und Aggression gestaut. Wie auch bei der Hitze, die ich weiter oben beschrieben habe, ist es ratsam, diese übermäßig starken Gefühle aus der betreffenden Stelle direkt in die Erde abfließen oder in den Himmel aufsteigen zu lassen und die Stelle danach gedanklich abzukühlen.

### Holz

Das Element Holz hat wie das Element Erde mit Erdung und Bodenständigkeit, aber auch mit Abgrenzung zu tun. Nimmst du in deiner Feeling-Code-Sitzung einen Holzgeschmack wahr, kann das bedeuten, dass du gewissen Dingen oder Personen gegenüber klarer auftreten und dich mehr abgrenzen solltest.

Bei einem Holzgeschmack im Feeling-Code bist du dazu aufgefordert, dich an deine Kindheit zu erinnern. Dort wirst du Antworten finden, die du im Erwachsenenleben bislang vermisst.

## Farben

Farben im Feeling-Code verraten dir vieles über dein Leben, denn natürlich haben Farben eine Bedeutung. Je nachdem, welche Farben du in einer bestimmten Körperregion wahrnimmst, kannst du Rückschlüsse auf das betreffende Organ (oder den Zettel, der unter der Stelle liegt) ziehen.

## Rot

Rot steht in Zusammenhang mit der physischen Erdung des Menschen, mit den materiellen Aspekten, der Existenz, der Sexualität und der Fortpflanzung. Die Farbe symbolisiert aber auch die Kraft der Zerstörung, deine eigene Kraft und deinen Überlebens- und Durchsetzungswillen.

Taucht diese Farbe in Verbindung mit einem negativen Gefühl auf, so gilt es, genau hinzusehen. Es handelt sich um etwas, das unbedingt gesehen werden möchte. Bist du mit deiner Sexualität zufrieden? Legst du ein selbstzerstörerisches Verhalten an den Tag? Oder möchtest du unbewusst eine Beziehung zerstören?

Wenn die Farbe Rot positiv auf dich wirkt, kann sie für Neuanfang stehen, für die innere Kraft in dir und den Drang, die Welt zu erobern. Menschen und Berufe, deren Namen in Verbindung mit der Farbe auftauchen, können dich unterstützen und dir die Möglichkeit geben, über dich hinauszuwachsen.

## Orange

Die Farbe Orange steht für Schöpferkraft, Kreativität, Integration und Vertrauen, außerdem für Fülle, Beweglichkeit, Flexibilität, Glückseligkeit, Spontaneität, Begeisterungsfähigkeit und Emotionalität; dafür, Gefühle zu erschaffen, Fühlbarkeit und Erleben entstehen zu lassen.

Sollte sich das Orange negativ anfühlen, ist deine Beweglichkeit einer Person oder einem Zustand gegenüber eingeschränkt. Auch Neid kann im Spiel sein. Außerdem weist ein negativ empfundenes Orange auf eine traumatische Erfahrung und auf Schuldgefühle hin.

Bei einer positiven Wahrnehmung der Farbe Orange ist es wichtig, mehr Begeisterung in Verbindung mit dieser Person oder dem Begriff zuzulassen. Spontaneität und Glückseligkeit dürfen erlebt und gefühlt werden.

## Gelb

Die Farbe Gelb ist dem Solarplexus-Chakra zuzuordnen und steht im positiven Sinn für Optimismus, Extrovertiertheit, Strahlkraft, Leichtigkeit, Selbstbewusstsein, Wissen und Durchsetzungskraft.

Nimmst du die Farbe im negativen Zusammenhang wahr, kann es sein, dass du dich in Bezug auf den Begriff auf dem Zettel zurückgezogen hast und deine Meinung nicht mehr kundtust. Du bist überkritisch geworden und legst alles auf die Goldwaage.

Kommt dir das Gelb freundlich vor, bist du an dieser Stelle vollkommen in deinem Sein und deiner Leichtigkeit angekommen. Menschen, deren Name auf dem Zettel in Verbindung mit der Farbe Gelb auftaucht, verhelfen dir zu mehr Selbstbewusstsein. Taucht Gelb bei Begriffen, Berufen oder Vorhaben auf, kannst du auf eine positive Umsetzung hoffen.

## Grün

Grün wird dem Herz-Chakra zugeordnet und steht im positiven Sinn im Zusammenhang mit Entscheidungsfreude, dem Wunsch, neue Wege zu gehen oder einen Neuanfang zu wagen, die Wahrheit anzunehmen, offen gegenüber der Natur, der Heilung und Harmonie zu sein. Auch Mitgefühl, Toleranz gegenüber der Gesellschaft sowie Großzügigkeit können dem positiven Gefühl gegenüber der Farbe Grün zugeordnet werden.

Kommt dir das Grün nicht freundlich vor, fehlt dir hier die Erdung. Möglicherweise hast du den Bezug zur

Realität verloren. Du funktionierst, jedoch lebst du in diesen Bereichen kaum noch.

Bei positiver Wahrnehmung der Farbe Grün bist du gut mit dir und deiner Umgebung verbunden. Du wirkst gestärkt und kannst Toleranz und Mitgefühl aufbringen und/oder erhalten.

### Blau

Blau wird dem Kehlkopf-Chakra zugeordnet und steht im Zusammenhang mit Kommunikation, Autorität, dem Gefühl von Schutz und Geborgenheit. Du empfindest Frieden, Klarheit und Mitgefühl für Menschen und Dinge.

Tritt Blau mit einem negativen Gefühl auf, zum Beispiel bei kalten Stellen, wie früher schon erwähnt, so deutet dies auf verloren gegangene Emotionalität und mangelnde Kommunikation hin. Vielleicht fehlen dir der Schutz und die Geborgenheit, die du brauchst, um ehrlich zu kommunizieren.

Ist die Farbe Blau positiv besetzt, so bedeutet es, dass du dich in dieser Angelegenheit voll ausleben darfst, dass du so angenommen wirst, wie du bist – mit all deinen Stärken und Schwächen.

### Schwarz

Schwarz wird im Feeling-Code mit etwas Negativem, mit einem stockenden oder blockierten Zustand, aber auch mit Ratlosigkeit und Verlust verbunden. Oft finden sich auch Trauer oder Wut an der Stelle, wo du diese »Farbe« wahrnimmst.

Doch nicht immer muss Schwarz negativ konnotiert sein. Nimmst du es als positiv wahr, ist das ein Hinweis darauf, dass du deinen Blickwinkel ändern solltest – steig aus dem extremen Denken aus und nimm deine Schattenanteile und Schwächen an, selbst wenn sie dir nicht gefallen.

## Weiß

Weiß steht für Freude, Mut, Freiheit und Neuanfang. Meistens bedeutet diese »Farbe« etwas Positives. Sie zeigt dir, dass alles gut ist, und vermittelt dir Sicherheit. Verlass dich auf das Gefühl der Freiheit, die du in dir trägst. Du wirst so angenommen, wie du bist.

Hast du ein negatives Gefühl bei der Farbe Weiß, kann es sein, dass dir Sicherheit und Freude im Leben fehlen. Sorge für mehr Schutz und Fürsorge und umgib dich mit Menschen, die sich um dich kümmern.

## Andere Farben

Sollten Mischfarben auftauchen, zum Beispiel Violett, Braun oder Türkis, gibt es eine Verbindung zwischen den Bedeutungen der beiden Farben, die zu deiner gesehenen Farbe wurden.

Auch hier hängt es wieder davon ab, ob du die Farbe positiv oder negativ wahrnimmst. Wenn dir eine Mischfarbe positiv vorkommt, so lies dir beide positiven Beschreibungen der Grundfarben durch, und du wirst erkennen, was sie zu bedeuten haben. Bei einem weniger guten Gefühl gehst du genauso vor, indem du die negativen Beschreibungen der Farben durchliest, die deine Mischfarbe ergeben.

# Tiere

Tiere im Feeling-Code können dir interessante Erkenntnisse über dich und dein Leben liefern und dir dabei helfen, innere Blockaden und hemmende Muster zu lösen. In den Feeling-Code-Sitzungen in meiner Praxis werden immer wieder verschiedenste Tiere wahrgenommen, von normalen Haus- bis zu exotischen Wildtieren. Natürlich haben sie alle eine Bedeutung, die ich dir im Folgenden gern erläutere. Geh auf die Tiersymbole ein, die dir im Feeling-Code begegnen, und versuche herauszufinden, was sie mit dir zu tun haben könnten.

Nimmst du ein Tier positiv wahr, gilt die Beschreibung, die du unten findest. Bei negativer Wahrnehmung hast du genau vor dem Angst, was im Text zu den einzelnen Tieren erläutert wird.

## Affe

Der Affe ist ein Symbol für Personen, Körperbereiche oder Dinge, mit denen wir uns mehr beschäftigen sollten. Dort, wo du den Affen wahrnimmst, darfst du wieder mehr Farbe in dein Leben bringen. Es kann sein, dass dir jemand etwas gestohlen hat, das dir der Affe zurückgeben möchte. Das können dein Herz, deine Gedanken oder eine bestimmte Idee sein.

Schau also genau hin! Hat dir die Person, deren Name auf dem Zettel steht, etwas weggenommen, was eigentlich dir gehört? Hast du vielleicht eine verrückte Seite, deine Kreativität und Abenteuerlust oder vielleicht sogar den Lebensmut verloren?

## Bär

Wenn du einen Bären wahrnimmst, sehnst du dich wahrscheinlich nach Nähe und einer liebevollen Verbindung. Du vermisst das Gefühl, beschützt zu werden. Ein Bär zeigt an, dass du dir selbst nicht genug Schutz geben kannst. Hol dir die Liebe, die du brauchst, nämlich die Liebe zu dir selbst, und stärke das Urvertrauen in deinem Körper, deinem Herzen und deiner Seele!

Oftmals taucht in den Sitzungen ein Bär kombiniert mit Holz auf. Du wirst damit aufgefordert, innere Stärke und Erdung zu finden. Du bist der Meister deines Lebens und hast es in der Hand, dass es dir gut geht. Du kannst dich selbst am besten beschützen. Denk auch darüber nach, wovor du vielleicht Angst hast und wann und in welchen Situationen du das Gefühl bekommst, Schutz zu benötigen.

## Fische

Nimmst du einen Fisch oder Meerestiere vor deinem inneren Auge wahr, dann bedeutet das möglicherweise, dass du mehr Freiheit erlangen willst. Du bist noch nicht dazu bereit, eine Entscheidung zu treffen und dich dieser voll hinzugeben. Möglicherweise ist es an der Zeit, dir anzusehen, was du anderen Menschen nicht zeigen möchtest. Welche Anteile deiner Persönlichkeit lebst du aus, und welche hältst du im Verborgenen? Geh in die Welt hinaus, verbinde dich mit Menschen und hab dennoch einen ruhigen Ort, an den du dich zurückziehen kannst, um neue Kräfte zu sammeln.

### Haustiere

Erscheint dein Haustier in der Feeling-Code-Sitzung? Haustiere, egal, ob Kanarienvogel, Meerschweinchen, Katze oder Hund, sind treue Begleiter von uns Menschen. Mit diesem Symbol kannst du eine starke Verbindung zum betreffenden Körperteil oder Zettel in deiner Hand wahrnehmen. Die Verbindung symbolisiert Positives wie Treue oder Liebe. Wenn du dein Haustier wahrnimmst, heißt das, dass du nicht allein bist.

### Huftiere

Huftiere sind ein Symbol für Reisen und als Aufforderung zu verstehen, die Koffer zu packen. Reise in andere Länder und lerne andere Kulturen kennen. Denk auf dieser Reise darüber nach, was dir in deinem Leben fehlt und welche Erfahrungen du noch machen könntest. Das Huftier zeigt an, dass du dich von etwas verabschieden darfst. Vielleicht ist es an der Zeit, neue Menschen kennenzulernen, ein neues Hobby oder eine andere Sprache zu erlernen. Mach dich bereit und öffne dich für ein buntes, spirituelles und vielseitiges Leben, denn danach sehnen sich dein Körper, dein Geist und deine Seele.

### Insekten

Insekten können symbolisch für Personen stehen, die dir schaden, deine Energie rauben oder dir etwas wegnehmen, was du selbst dringend brauchst. Sie rauben dir möglicherweise den Schlaf und lassen deine Gedanken nicht zur Ruhe kommen. Durch die Symbolik der Insekten wird dir vergegenwärtigt, dass du gut auf dich achtgeben und kritisch hinterfragen sollst.

## Vögel

Wenn dir Vögel im Feeling-Code erscheinen, ist die Zeit gekommen, aus deiner Situation auszubrechen. Du sitzt vielleicht in einem goldenen Käfig oder hast dich in etwas verrannt. Du bist in eine Art von Leben geschlittert, die dir nicht wirklich entspricht.

Sieh dich genau um! Was wartet darauf, von dir entdeckt zu werden? Wohin zieht dich deine Neugierde? Was kannst du als Vogel von oben sehen? Sind es Probleme, die immer kleiner werden, je höher du steigst? Sind es Personen, die immer unwichtiger werden, je weiter du fliegst? Betrachte aus der Vogelperspektive – also mit emotionalem Abstand –, welchen tatsächlichen Herausforderungen du gegenüberstehst und welche Dinge du wichtiger machst, als sie in Wirklichkeit sind.

# 7 Das Feeling-Code-Prinzip: Klären und Heilen

Du hast in den vorangegangenen Kapiteln einiges über dich und deinen Körper, deine Intuition und dein Unterbewusstsein gelernt. Auch einige Körperreisen hast du bereits absolviert und dabei hoffentlich Dinge über dich erfahren, die deine Seele bislang vor dir verborgen hatte.

Wie du inzwischen weißt, tastet man sich im Feeling-Code langsam an die versteckten und oft verdrängten Erinnerungen, an unangenehme Erlebnisse wie negative Erfahrungen heran. Diese versucht man dann behutsam mithilfe von Bildern, Farben, Klängen und dergleichen ausheilen zu lassen. Das Grundprinzip ist, schlechte, überspannte oder unangenehme Empfindungen ins Positive umzudrehen, um einen Ausgleich zu schaffen. So kommt die Energie wieder in Fluss.

### *Aus eng mach weich, aus kalt mach warm: Ausgleich schaffen mit dem Feeling-Code*

Kommen wir nun zum zweiten Teil des Großen Feeling-Codes: der Heilung. Wie bereits erwähnt, ist das Auflösen von Blockaden und Störungen das Hauptanliegen der Methode. Du kannst dies tun, indem du mental positive Energie in die Bereiche entsendest, die deine Aufmerksamkeit auf sich ziehen. Unebenheiten darfst du glätten, kalte Regionen erwärmen, überhitzte Bereiche abkühlen, enge Stellen weiten und so weiter.

Zunächst einmal möchte ich dich bitten, dir deine eigenen Aufzeichnungen von der Feeling-Code-Reise anzuhören oder anzusehen beziehungsweise deine Erinnerungen an die Reise zu notieren. Möglicherweise wirst du jetzt schon die ersten Aha-Momente haben. Deine linke Hand hat sich wie ein Fremdkörper angefühlt, kalt und hart – und ausgerechnet der Name deines Ex-Partners lag darin? Oder hast du durch den Feeling-Code versucht, eine Klärung deiner beruflichen Situation zu bewirken? Vielleicht hat sich dein rechter Fuß dick, schwer und behäbig angefühlt, dein Herz jedoch leicht und frei? Sieh nach, was auf den Zetteln steht. Dein Körper weiß, wie du entscheiden sollst – bestimmt liegen unter den Körperteilen, die sich eher negativ oder belastend, schmerzend oder störend angefühlt haben, die Namen und Begriffe, mit denen du haderst. Positive Gefühle und Empfindungen stellen jedoch die Reaktion auf Personen, Alternativen und Auswahlmöglichkeiten dar, die gut für dich sind.

Geh noch einmal in dich und entspann dich. Reise zu den Körperstellen, die du in der Feeling-Code-Sitzung besucht hast, und gleiche sie gedanklich aus.

## Blockaden lösen, Unebenheiten glätten

Wenn du raue Stellen vorfindest, streiche sie innerlich glatt. Es ist wie beim Bügeln: Falten werden durch Wärme glatt gebügelt. Streiche diese Stellen gedanklich glatt, fahre sanft darüber, bis sie sich eben anfühlen.

Enge Körperregionen kannst du gedanklich dehnen. Dunkle oder kalte Stellen kannst du erhellen oder erwärmen, grelle oder heiße Stellen dimmen oder abkühlen lassen – und das allein mit der Kraft deiner Gedanken. Mit der Zeit wirst du ein gutes Gefühl dafür entwickeln, wie du auf eine Unebenheit reagieren sollst, wenn du ihr begegnest.

Im Feeling-Code lernen wir, unseren Körper wahrzunehmen. Je öfter du den Code anwendest, desto schneller wirst du die Blockaden und Unebenheiten finden: Stellen, die sich fremd anfühlen, die dunkler sind als andere und geheilt werden wollen.

*Unebenheiten ausbügeln – mehr als nur Hausarbeit*

Du kannst auf diese Art auch Körperstellen behandeln, die dir aufgrund eines Unfalls, einer Krankheit oder eines anderen negativen Einflusses Kummer bereiten. Hast du zum Beispiel eine schmerzende Schulter, dann geh dorthin und frage: Was verbirgt sich hinter dem Schmerz? Welche Personen tauchen hier auf? Tut die Schulter weh, so lass den Schmerz in den Himmel aufsteigen, ist sie kalt, so gib ihr Wärme, und ist sie dunkel, dann erhelle sie mit deinen Gedanken.

Und wenn du einmal nicht weißt, wie du auf eine dieser verhärteten, erkalteten, erhitzten oder einfach nur störenden Stellen reagierst? Dann lässt du es einfach bleiben, denn die Zeit ist in diesem Fall noch nicht gekommen, um etwas zu verändern. Wichtig ist einzig und allein zu wissen, wo deine Unebenheiten und Blockaden liegen – also welche Bremsschwellen es in deinem Leben noch gibt, die dich daran hindern, Fahrt aufzunehmen. Meistens befinden sie sich genau dort, wo auch deine größten Schmerzen und Verletzungen sind, gleich, ob physischer oder psychischer Natur.

Selbst wenn du in einer Situation nicht weißt, wie du die Blockade lösen oder Unebenheit glätten kannst, lohnt es sich doch, genauer hinzusehen. Stell dir die Fragen:

- Welche Gefühle kommen in mir hoch, wenn ich die Blockade oder Unebenheit betrachte?
- Was fühlt die Blockade oder Unebenheit?

- Welche Farbe hat sie?
- Wie klingt sie?
- Was will mir diese Blockade oder Unebenheit sagen?

Viele Blockaden und Unebenheiten teilen sich über bestimmte Ereignisse mit und liefern dazu Töne, Farben oder Gerüche. Das heißt nichts anderes, als dass dir diese Blockaden etwas über ein bestimmtes Thema sagen wollen.

Wenn du auf einer Feeling-Code-Körperreise zum Beispiel an der blockierten Stelle in deinem Körper ein Lied aus deiner Kindheit oder Jugend hörst, kann es sein, dass dich die Blockade über einen Umweg, nämlich über dieses Lied, zu dem Erlebnis schicken will, bei dem sie entstanden ist. Das Erlebnis hat sich wortwörtlich in dein Unterbewusstsein eingebrannt – und sendet dir nun mithilfe der Wahrnehmungen Signale. Sobald du anfängst, dich mit dem, was du wahrnimmst, sowie seinem Ursprung, auseinanderzusetzen, leitest du die Heilung ein.

## Farbe und Licht ändern

Wenn du in einer Feeling-Code-Sitzung an eine Stelle kommst, an der die Farben Schwarz, Grau oder Dunkelblau vorherrschen, kann es sein, dass es dort an Wärme fehlt. Versuche, die dunkle Farbe mit warmen Farben zu überdecken, das heißt, lass Weiß, Orange oder Gelb in diese Stelle hineinfließen. Wenn dir eine Stelle zu rot, zu heiß oder hitzig vorkommt, dann versuche, eine kühlende Farbe in diese Stelle hineinfließen zu lassen.

Kommt dir eine Farbe zu grell vor, ist es ebenfalls möglich, dass an dieser Stelle eine Überhitzung stattgefunden hat. Dann ist es wichtig, diese Farbe blasser zu machen. Stell dir dabei vor, wie du mit einem Drehschalter oder Dimmer die Farbe verblassen lässt. Auch farblose Segmente können auf diese Art satter gemacht werden. Allein durch das imaginäre Drehen am »Farbdimmer« veränderst du die Wahrnehmung an dieser Stelle und schaffst automatisch Ausgeglichenheit.

Auf dieselbe Art kannst du auch die Helligkeit variieren und ein perfektes Lichtverhältnis für die betroffene Stelle schaffen.

## Ton ändern

Falls du lautes Geschrei und sehr laute Musik an einer Stelle wahrnimmst, solltest du zu deinem imaginären Drehschalter für Töne gehen und versuchen, ihn so einzustellen, dass der Lärm leiser und die Stelle damit entlastet wird. Dieser Schalter kann sich überall in deinem Körper befinden. Ist ein Geräusch kaum wahrnehmbar oder eine Stimme, die du vernimmst, nur ein Flüstern, kannst du es an diesem Regler lauter drehen. So erlangst du die Möglichkeit, das zu hören und zu verstehen, was dir die Blockade mitzuteilen hat.

Dank des gedanklichen Dimmers kannst du Wahrnehmungen, Gefühle, Farben, Töne, aber auch Düfte in deinem Körper verändern, um die Balance wiederherzustellen. Du selbst bestimmst dabei, was dein Körper braucht – wie viel Helligkeit, Ton oder Wärme nötig ist.

**Der gedankliche Dimmer**

Meine Mentorin Anneliese entwickelte einst eine spezielle Lösungstechnik, um negative Bilder in positive umzuwandeln. Stell dir die negativen Erfahrungen, die du umwandeln und annehmbar machen willst, so bunt und laut wie möglich vor. Anschlie-

ßend lass die Farben der Bilder immer mehr verblassen. Sie werden farbloser, gehen über ins Gräuliche und werden zunehmend unsichtbar. Das alles erreichst du mit der Kraft deiner Gedanken; du kannst damit eine große Veränderung hervorrufen.
Wenn du zum Beispiel eine schreckliche Erfahrung in deiner Vergangenheit gemacht hast, so tauche gedanklich in diese Erfahrung ein, auch wenn es nicht leicht sein sollte. Wenn du das Bild ganz klar vor dir hast – es wird vermutlich sehr farbig und laut sein, da sich schlimme Erfahrungen oft so grell ins Unterbewusstsein eingraben –, entziehe dem Bild die Farbe. Tu das so lange, bis du ein Schwarz-Weiß-Bild vor dir siehst. Auch laute Klänge und Töne kannst du leiser drehen. Stell dir einfach einen Lautstärkeregler vor, den du ganz langsam nach unten drehst, bis die Erinnerung tonlos ist.
Genauso kannst du mit positiven Erlebnissen verfahren, die in deiner Vorstellung bunter, fröhlicher und lauter werden sollen. Positive Erlebnisse, von denen du bis heute zehrst, kann es gar nicht genug geben! Stell dir die Begebenheit vor wie einen Filmausschnitt oder Clip auf YouTube, mit allen Farben, Geräuschen und Empfindungen. Zieh in Gedanken die Sättigung der Farben hoch, bis sie leuchtend und unübersehbar sind. Und stell die Lautstärke so hoch, wie es dir angenehm ist! Du wirst schnell erkennen, wie viel Freude und Glück dir diese einfache, aber äußerst effiziente Technik schenken kann.

## Neutralität akzeptieren

Es kann passieren, dass dein Körper neutral oder unbestimmt auf einen Zettel reagiert und damit keine Reaktion zeigt. Dann ist es an der Zeit, tiefer in das Thema hineinzugehen und es dir noch genauer, eventuell sogar in einer zweiten Sitzung, anzusehen. Oder du lässt es einfach beiseite, da die Zeit noch nicht reif ist, sich mit dem Thema auseinanderzusetzen. Achte auch hier auf dein Gefühl: Fühlt sich die neutrale Reaktion deines Körpers positiv oder negativ an? Spüre in dich hinein, dann weißt du, wie du weiter vorgehen sollst.

Auch kommt es vor, dass dein Körper nicht auf Namen von dir eigentlich nahestehenden Personen reagiert. Das gilt häufig für Menschen, zu denen du die Verbindung verloren hast. Möglich ist auch, dass ein Hindernis zwischen dir und dem betreffenden Menschen steht, sodass keine Energie mehr fließen kann. Du kannst dies als Aufforderung verstehen, dir diese Beziehung genauer anzusehen.

## Nacharbeit

Eventuell decken sich die Erfahrungen, die du in einer Feeling-Code-Sitzung machst, mit dem, was du bereits als Ahnung oder Bauchgefühl in dir gespürt hast. Trotzdem kann es nicht schaden, deine Ergebnisse aus dem Feeling-Code mit einer vertrauten Person zu besprechen. Das kann jemand sein, der dir nahesteht – ideal wäre es aber, wenn er nicht Teil der Feeling-Code-Sitzung war. Der- oder diejenige sollte dich in jedem Fall gut kennen. So gut, dass er oder sie von dir ins Vertrauen gezogen werden kann und dich dabei unterstützt, deine blinden Flecken zu erkennen.

*Erkenne deine blinden Flecken mit dem Feeling-Code!*

Jeder Mensch hat solche Flecken in seinem Leben – Stellen, bei denen er einfach nicht genau genug hinsieht. Manchmal ist es eine Beziehung, die uns mehr schadet als nutzt, manchmal eine Freundschaft, in der wir uns schon seit Jahren verbiegen. Ein Außenstehender kann oft objektiver urteilen als wir. Welche Konsequenz wir daraus ziehen, bleibt uns ja immer noch selbst überlassen.

Es ist ein großes Geschenk, wenn du dich mit Menschen umgeben kannst, die dir eine andere Sichtweise auf dein Leben vermitteln und mutig genug sind, dies offen auszudrücken. Was nutzen dir Freundinnen, die nach einer schmerzhaften Trennung sagen: »Der hat sowieso nie zu dir gepasst!« Viel schöner wäre es doch, Freunde um dich zu haben, die sich schon währenddessen trauen, den Mund aufzumachen und behutsam Zweifel anzumelden. Aber Vorsicht! Menschen, die immer nur nörgeln und eine negative Einstellung zu allem haben, sind oft selbst unzufrieden mit ihrem Leben und übertragen ihre eigene Haltung auf andere.

Du allein entscheidest, welche Anregungen und Kritik du aufnimmst und welche nicht. Auf jeden Fall darfst du alles, was dir ein von dir wertgeschätzter Mensch sagt, mit Dankbarkeit annehmen. Und wenn du nicht weißt, welcher Mensch dir guttut und welcher nicht? Dann mach doch einfach eine Feeling-Code-Sitzung dazu (du findest sie in Kapitel 9, »Der Feeling-Code und die Liebe«, Wahre Freunde erkennen). Dein Körper wird dir ganz genau verraten, mit wem du dich in Zukunft umgeben und wem du besser aus dem Weg gehen solltest. Aber keine Angst, der Feeling-Code ist keine Aufforderung dazu, deinen gesamten Freundeskreis auszutauschen. Er wird dich vielmehr dazu bringen, den subtilen Gefühlen, die du möglicherweise schon länger in dir trägst, mehr Vertrauen zu schenken und genauer hinzusehen.

In der Regel bekommst du über die unbewusste Reaktion deines Körpers genau die Information, die bestätigt, was du eigentlich schon immer gefühlt hast – möglicherweise hast du es aber nicht glauben wollen oder nicht gewagt, die Konsequenz aus deinem Gefühl zu ziehen. Natürlich kann es auch nur eine vorübergehende Ablehnung deines Körpers sein, weil dir beispielsweise eine kürzliche Auseinandersetzung mit dieser Person noch in den Knochen steckt. Daher ist es nicht ratsam, nach einer Feeling-Code-Sitzung gleich alle Namen aus dem Telefonverzeichnis zu löschen, die sich nicht mehr stimmig anfühlen. Ich empfehle dir, die Ergebnisse aus der Sitzung ein paar Tage ruhen zu lassen und dann mithilfe deines wiedererweckten Gefühls, deiner trainierten Intuition und deiner mittlerweile geschulten Wahrnehmung zu überprüfen.

### *Der Feeling-Code als Bestätigung deines Gefühls*

Da der Feeling-Code sehr intensiv mit dem Unterbewusstsein arbeitet, ist es wahrscheinlich, dass es in den drei Nächten nach einer Feeling-Code-Sitzung Erlebnisse und Erfahrungen aufarbeitet, die im Verborgenen lagen. Über unsere Träume verarbeiten wir belastende Situationen und Erfahrungen des Alltags. Sie helfen uns dabei, Erlebnisse zu »verdauen« und auszubalancieren.

Es kann sein, dass sich in den Nächten nach einer Sitzung verschiedene Symbole in deinen Träumen wiederholen. Menschen tauchen darin auf, die du lange nicht gesehen oder an die du seit Ewigkeiten nicht mehr gedacht hast. Ich empfehle dir, deine Träume nach einer Feeling-Code-Sitzung gleich nach dem Erwachen oder Aufstehen niederzuschreiben. Aus wissenschaftlichen Studien weiß man, dass wir bis zu dreißig Träume in einer einzigen Nacht haben. Natürlich erinnern wir uns nicht an jeden einzelnen. Am besten in Erinnerung bleibt uns der letzte Traum vor dem Läuten des Weckers. Es wäre also ratsam, einen Traum unmittelbar nach dem Erwachen aufzuschreiben, solltest du das Gefühl haben, dass dieser von Relevanz ist.

# 8 Der Feeling-Code und die Gesundheit

Du hast in den vorangegangenen Kapiteln die Erfahrung gemacht, dass dir der Feeling-Code bei vielen Fragen deines Lebens helfen kann und über deinen Körper Antworten liefert, auf die du ohne die Körperreise vielleicht nicht gekommen wärst. Die Methode eignet sich jedoch auch hervorragend, um die eigene Gesundheit zu verbessern und alten Leiden ein für alle Mal auf den Grund zu gehen.

Bevor es losgeht, möchte ich dich gern mit den sieben Grundgefühlen der Traditionellen Chinesischen Medizin sowie einigen Krankheiten und ihren Bedeutungen vertraut machen. Für die Selbstheilung nach dem Feeling-Code ist es von großer Bedeutung, zu verstehen, dass alle Krankheiten seelischen Ursprungs sind. Als Psychosomatik bezeichnet man die Wissenschaft von der Bedeutung psychischer Vorgänge für die Entstehung und den Verlauf von Krankheiten. Es handelt sich um eine ganzheitliche Betrachtungsweise, die Körper und Seele als untrennbare Einheit versteht. Sie geht bis in die Antike zurück und findet sich bis heute in zahllosen Redewendungen wieder: Etwas geht uns an die Nieren, läuft uns über die Leber oder steckt uns in Haut und Knochen.

Grundlage aller Krankheiten ist ein Ungleichgewicht des seelischen Immunsystems. Emotionen, die nicht ausgelebt werden, Konflikte, denen man aus dem Weg geht, Situationen, die man aushält, obwohl sie kaum zu ertragen sind. Welche Symptome aus welchen unterdrückten oder missachteten Gefühlen resultieren, möchte ich dir im Folgenden vorstellen.

# Die sieben Grundgefühle und ihre Krankheitsbilder

In der Traditionellen Chinesischen Medizin (TCM) werden sieben Emotionen unterschieden, die häufige Verursacher körperlicher Schmerzen sind: Zorn, Freude, Grübeln, Traurigkeit, Angst, Sorge sowie Schock. Diese Emotionen machen nicht immer krank; nur bei einer übermäßigen Empfindung, wenn man beispielsweise über einen längeren Zeitraum intensive Trauer empfindet, wirken sie sich schädlich auf die Gesundheit aus.

In der TCM werden diese sieben Faktoren anderen krank machenden Faktoren, beispielsweise Nässe oder Kälte, gleichgestellt. Daneben gibt es weitere seelische Ursachen, die die Entstehung körperlicher Krankheiten zur Folge haben können. Hierzu zählen insbesondere Überanstrengung sowie negative Einflüsse am Wohnort oder Arbeitsplatz.

Im Feeling-Code kannst du Gefühle, die gerade erst in der Entstehung sind, bearbeiten. Die TCM weist dir dabei den Weg und zeigt dir genau, in welcher Körperregion du mit der mentalen Ausgleichsarbeit beginnen solltest.

## Angst und Schock

Die Angst sitzt einem in den Knochen, es sträuben sich die Haare vor Angst, starr vor Angst sein – es gibt viele Redewendungen, die das Gefühl der Furcht in unserem Körper beschreiben. Dauerhafte Angst legt sich oft auf die Nieren nieder – ängstliche Menschen sollten sich im Feeling-Code daher vor allem dieses Organ ansehen.

Angst zeigt sich in unserem Körper auch durch folgende Symptome: Lendenschmerzen, Herzklopfen, Stottern, bitterer Geschmack im Mund, Muskelkrämpfe, Inkontinenz, Verstopfung, schwache beziehungsweise zittrige Beine, schwache Menstruation oder Potenzschwäche.

### Grübeln und Sorgen

Menschen, die sehr viel nachdenken und dazu neigen, sich schnell Sorgen zu machen, greifen dadurch vor allem ihre Milz an. Daraus entstehend körperliche Symptome wie etwa Müdigkeit, Durchfall, Wassereinlagerungen und Cellulite, Gewichtszunahme, Gelüste nach Süßem oder Fettigem, eine traurige bis depressive Grundstimmung sowie Kälte (besonders sind davon Hände und Füße betroffen). Solltest du auch jemand sein, der sich oft den Kopf zerbricht und eher pessimistisch denkt, dann darfst du deiner Milz besondere Aufmerksamkeit schenken.

### Freude

Freude wird zumeist als positiv erachtet, doch im Übermaß kann dieses Gefühl auch krank machen. Sie äußert sich dann gern in blinder Euphorie, wirkt unkontrolliert und maßlos. Die Folgen können Unruhe, Schlafstörungen, Nachtschweiß, Herzrasen, viele und sehr lebhafte Träume, Entzündungen im Mundraum, Fieberbläschen, Blasenentzündungen, sehr schnelles Sprechen, unerklärbares Lachen und Kichern sein. Wir sind insbesondere in unserer Jugendzeit für Symptome der Freude anfällig und nehmen sie sehr schnell in uns auf. Hast du Empfindungen wie oben beschrieben, gilt es im Feeling-Code, in dein Herz zu reisen und dort durch die richtige Atmung und gedanklichen Ausgleich für Linderung zu sorgen.

## Trauer (Traurigkeit)

Trauer wirkt sich besonders auf die Lunge und den Dickdarm aus. Bei tiefer Trauer oder einer großen Enttäuschung lohnt es sich, in die beiden Organe zu reisen und sie sich genauer anzusehen.

Wie äußert sich Trauer im Körper? Es fällt schwer, zu atmen, es verschlägt einem die Sprache, oder man verspürt ein beklemmendes Gefühl in der Brustgegend. Dieselben Reaktionen können auch von Enttäuschung ausgelöst werden. Die häufigsten Krankheiten, die von Traurigkeit ausgelöst werden, sind: Lungenkrankheiten, Trockenheit der Lunge (kratziger Hals oder Husten), trockene und juckende Haut, brüchige Nägel und Haare, Nachtschweiß, Gelüste auf Süßes am Nachmittag und Verstopfungen.

## Zorn

Gefühle wie Zorn, Wut und Eifersucht können eine innere Hitze im Körper verursachen. Dadurch nehmen sie insbesondere auf die Leber schädlichen Einfluss. Daraus können folgende körperliche Symptome und Krankheiten entstehen: Kopfschmerzen, Drehschwindel, leichtes Ohrensausen bis hin zum Tinnitus, Bindehaut- sowie Gesichtsnerventzündungen, Bluthochdruck, Brustknoten, Schilddrüsenüberfunktion, Verstopfungen, Entzündungen im Urogenitalbereich (Harnleiter, Blase und Prostata).

Vielleicht gehörst du zu den Menschen, die leicht wütend werden oder zu übermäßiger Eifersucht neigen? Neben der gedanklichen Entlastung können ein warmes Kirschkernkissen oder eine Wärmflasche der Leber dabei helfen, die negativen Gefühle loszulassen. Leg die Wärmequelle von außen auf die Leber, spüre dich in das Organ hinein und mach sie in Gedanken weicher.

*Petra war eine meiner Klientinnen und hatte die Diagnose Restless-Legs-Syndrom. Es handelt sich dabei um eine neurologische Erkrankung, die sich durch Missempfindungen in den Beinen und extremen Bewegungsdrang äußert. Klienten mit Restless-Legs-Syndrom beschreiben diese Missempfindungen als kribbelndes, brennendes, stechendes, klopfendes oder brodelndes Gefühl in den Beinen, das zumeist in den Abendstunden, speziell auch beim Liegen im Bett, auftritt. Mitunter können auch die Arme oder andere Körperteile davon betroffen sein. Begleitet werden diese Beschwerden von ständigem Bewegungsdrang.*

*Ich bat Petra, es sich auf meiner Massageliege bequem zu machen, und merkte schon an ihrem Gesichtsausdruck, wie das Kribbeln in ihren Füßen anfing. Immer wenn sie ihren Körper in Ruhelage brachte, traten die Füße in Aktion.*

*»Es ist kaum auszuhalten«, jammerte sie und wand sich auf der Liege.*

*Ich beruhigte sie und machte einige meditative Atemübungen mit ihr, um sie in einen entspannten Zustand zu versetzen.*

*Dann bat ich sie, mir die Namen der Personen zu nennen, die ihr in diesem Moment in den Sinn kamen, und notierte sie auf Zetteln. Oft haben diese Personen mit den Beschwerden der Klienten zu tun. Ich legte ihr jeweils einen Zettel auf den linken und auf den rechten Fuß und einen aufs Herz. Dann begannen wir mit der Körperreise, die so lange ganz normal und unauffällig verlief, bis wir in ihren Füßen ankamen.*

*Wir entdeckten in ihrem rechten Fuß eine massive Blockade. Petra kam der Fuß schwarz und hart vor, außerdem konnte sie rote Blitze darin erkennen. Für mich ein klares Zeichen, dass sich ein Trauma darin verbarg. Meine Klientin konnte sich jedoch an kein besonderes Ereignis aus ihrem Leben erinnern, das sie derartig traumatisiert hatte.*

*Als Beraterin lege ich bei Feeling-Code-Sitzungen die Zettel auf die Stellen, zu denen es mich intuitiv hinzieht. Es gibt keine*

*Regel, wohin die Zettel gelegt werden müssen. Allerdings ist es unabdingbar, sich gefühlsmäßig darauf einzulassen und auf die innere Stimme zu hören.*

*Wir deckten auf, welcher Zettel wo lag. Unter ihrem rechten Fuß lag der Name »Rudolf« – der Name ihres Mannes.*

*Ich befragte sie zu ihrer Beziehung, denn mir war zu diesem Zeitpunkt schon klar, dass ein derart massives Trauma nur durch ein wirklich eklatantes Ereignis ausgelöst werden kann. Oft handelt es sich dabei um sexuelle Übergriffe oder andere massive seelische Verletzungen. Also bohrte ich nach und stellte Petra viele Fragen zu ihrer Ehe im Allgemeinen, aber auch zu ihrer Sexualität.*

*»Hat dein Mann sich dir gegenüber jemals gewalttätig oder aggressiv verhalten?«, fragte ich nach.*

*»Der Rudi? Niemals! Der würde doch keiner Fliege was zuleide tun.«*

*Ich stutzte. »Wie hast du deinen Mann gerade genannt? Rudi? Ist das sein Rufname?«*

*Sie zögerte. »Ja.«*

*»Kennst du noch einen anderen Rudolf? Irgendjemand aus deiner Vergangenheit?«*

*Ich konnte förmlich sehen, wie Petra alle Farbe aus dem Gesicht wich. Sie hielt sich die Hand vor den Mund, und Tränen quollen aus ihren Augen. »O mein Gott …«*

*Und dann erzählte sie mir alles. Es hatte in ihrer Kindheit einen Onkel gegeben, Onkel Rudolf. Er war ihr, als sie zehn Jahre alt gewesen war, auf eine vollkommen unangemessene Art und Weise zu nahe getreten. Petras Unterbewusstsein hatte den Vorfall ganz tief in ihrer Seele vergraben, sodass sie sich nicht mehr daran erinnert hatte.*

*»Aber als ich den Namen Rudolf auf den Zettel geschrieben habe, meinte ich doch meinen Mann, nicht meinen Onkel«, schluchzte sie unter Tränen.*

*»Du hättest seinen Rufnamen aufschreiben können, Rudi. Mit*

*Rudolf hast du dich aber unbewusst für deinen Onkel entschieden.«*

*»Und du hast ihn unter meinen Fuß gelegt? Wie hast du das gewusst?«*

*Ich zuckte mit den Schultern. Ohne zu wissen, was Petra in ihrer Kindheit widerfahren war, hatte ich genau den Namen des Mannes, der sie einst missbraucht hatte, unter ihren Fuß gelegt – das Körperteil, das ihr solche Probleme bereitete. Das Restless-Legs-Syndrom war die Folge des Missbrauchs durch den Verwandten, denn obwohl Petra den Vorfall verdrängt, ja sogar vergessen hatte, versuchte sie immer noch, vor dem Mann davonzulaufen.*

*Sie rief mich einen Monat später an und berichtete mir unter Tränen, dass sie jetzt vollkommen beschwerdefrei sei. Onkel Rudolf war zwar schon vor Jahren verstorben, doch durch eine Gesprächstherapie arbeitete Petra die alten Verletzungen auf. Die schwere Blockade löste sich – und damit auch ihr körperliches Leiden.*

## Krankheiten und ihre Bedeutung

Viele meiner Klienten werden von Schulmedizinern zu mir geschickt, da diese wissen, wie häufig vor allem chronische Krankheiten einen seelischen Ursprung haben. Meine Klienten sind an Rückenschmerzen, Magengeschwüren, Infektionen oder Krebsleiden erkrankt, haben Herzinfarkte oder Schlaganfälle erfahren oder leiden an allen möglichen Gebrechen, die sich an und in ihrem Körper äußern.

Jeder Bandscheibenvorfall und jedes Leiden haben einen bestimmten Grund, weshalb sie auftreten – und deshalb auch ihre Berechtigung. Anneliese hat immer gesagt: »Versuche eine Krankheit als Freund anzunehmen, der dich schützt. Es ist eine erzwungene Auszeit. Deine Seele braucht gerade eine kleine Pause. Also gönn sie ihr!« Zugegeben, Anneliese meinte damit harmlose Erkrankungen wie eine Grippe, eine Migräne oder einen Magen-Darm-Infekt – keinen Krebs oder Herzinfarkt. Doch allein die Einstellung trägt bereits zum Heilungsprozess bei. Denn wenn ich mich zusätzlich zu meinem Leiden auch noch darüber ärgere, dass ich das Bett hüten muss, anstatt zu akzeptieren, dass mein Körper ein großes Stoppschild hochhält und ich zu einer Pause gezwungen bin, dann höre ich nicht auf meine Seele, sondern bereite ihr zusätzlichen Kummer.

An der Erkrankung und ihren Symptomen kannst du erkennen, dass deine Seele versucht hat, mit dir zu reden. Sie hat sich immer wieder bei dir gemeldet und dir Signale gesendet, die du aber nicht hören wolltest oder konntest. Irgendwann muss die Seele handeln – und entwickelt eine Beschwerde, vorgetragen in Form einer seelischen oder körperlichen Krankheit, Verletzung oder eben Blockade.

In den meisten Fällen ist ein körperliches Gebrechen die Folge unterdrückter oder missachteter Gefühle. Die Schulmedizin betrachtet den menschlichen Körper gern getrennt von der Seele – und die Seele im Umkehrschluss getrennt vom Körper. Dabei nehmen Körper und Seele unmittelbar Einfluss aufeinander und bedingen sich gegenseitig.

Gefühle sind feinstoffliche Energien, die sich in unserem Körper manifestieren. Werden sie verdrängt oder missachtet, kann es geschehen, dass sie mithilfe des Körpers an die Oberfläche gelangen, um die Aufmerksamkeit einzufordern, die sie benötigen. Die körperlichen Symptome können dabei sehr unterschiedlich sein, vom Haarausfall bis zum Fersensporn.

Um herauszufinden, welche körperlichen Symptome mit welchem seelischen Ungleichgewicht zusammenhängen, ist es wichtig, dich selbst und deinen Körper genau zu beobachten. Stell dir, wenn du das nächste Mal Schmerzen verspürst oder erkrankst, folgende Fragen:

- Wann tauchen die körperlichen Symptome auf?
- Sind sie mit bestimmten Situationen, Orten oder Menschen verbunden?
- Was passierte, bevor die Symptome auftauchten? Gab es ein bestimmtes Ereignis, das der Erkrankung vorangegangen ist?

Meine Mentorin Anneliese vererbte mir nach ihrem Tod eine Liste mit verschiedenen Krankheiten und ihren psychosomatischen Ursprüngen. Darin steht unter anderem, dass Seele und Geist durch Kopfschmerzen zu mir sprechen, wenn ich meiner Unzufriedenheit zu viel oder zu wenig Raum gebe. Oder dass sich unterdrückte Wut durch Gastritis ihren Weg an die Oberfläche bahnt. Mit Verstopfungen zeigt mir mein Körper, dass ich Ängste ignoriere, und wenn ich den Wunsch unterdrücke, Nein zu sagen, bekomme ich Magenverstimmungen. Infektionskrankheiten treten vor allem dann auf, wenn ich meine Leidenschaften ersticke. Durch all diese Krankheiten spricht meine Seele mit mir, wenn sie sich nicht gehört fühlt.

Ich möchte dich an Annelieses Wissen teilhaben lassen und stell dir nachfolgend die häufigsten Krankheiten und ihre seelischen Ursprünge vor.

### Bluthochdruck

Nicht nur Stress, verengte Arterien, eine ungesunde Lebensweise und dauerhafte Belastungen von außen können zu Bluthochdruck führen, sondern auch Emotionen wie Angst, Wut oder Ärger. Bei dieser Krankheit setzt der Blutstrom die Gefäßwände unter zu großen Druck – im übertragenen Sinne tut der Blutdruck der Betroffenen also genau das, was sie selbst verspüren: Sie fühlen sich durch die Erwartungen anderer oder von sich selbst oft unter zu großen Druck gesetzt. Menschen mit Bluthochdruck sind häufig sehr perfektionistisch und leistungsorientiert. Sie neigen zu cholerischem Verhalten, da sie ihre Gefühle lange unterdrücken. Der Körper kompensiert dies, indem er den Blutdruck ansteigen lässt.

Auf seelischer Ebene kann Bluthochdruck am effektivsten behandelt werden, indem die Erkrankten herausfinden, was hinter ihren starken Gefühlsausbrüchen steht. Ein liebevoller und nachsichtiger Umgang mit sich selbst kann hier Wunder wirken.

### Bronchitis

Bei einem Konflikt in der Familie beziehungsweise im näheren Umfeld, dem man sich nicht entziehen kann, kann die Seele versuchen, sich über eine Bronchitis, also starken Husten, Gehör zu verschaffen. Erkrankungen der Atemwege haben oft mit Abgrenzung zu tun. Sie stehen symbolisch für die zu eng gewordenen Kommunikationsbahnen im zwischenmenschlichen Bereich. Dabei zeigt trockener Husten, dass man sich von etwas befreien will, das allerdings nicht losgelassen werden kann: Man möchte sich »äußern«, kann es aber nicht. Der Husten steht für etwas, was man seinem Umfeld nicht preisgibt, obwohl man es sich eigentlich wünscht.

Husten und Bronchitis, vor allem chronischer Natur, lösen sich dann, wenn der Erkrankte lernt, Konflikte bewusst einzugehen und auch im engsten Umfeld liebevolle Kritik zu äußern.

## Hauterkrankungen

Die Haut ist das größte Organ des Menschen und kann unter zahllosen Erkrankungen leiden. Der Volksmund kennt eine Menge Redewendungen, die auf das Wechselspiel zwischen Seele und Haut eingehen: Jemand hat ein dickes Fell oder fühlt sich nicht wohl in seiner Haut, möchte aus der Haut fahren oder kann nicht aus seiner Haut.

Die Haut isoliert unseren Körper von der Außenwelt und ist damit das Organ der Abgrenzung. Gerade Neurodermitis kann anzeigen, dass das Bedürfnis nach Nähe und Distanz zu anderen Menschen aus dem Gleichgewicht gekommen ist.

Selbst ein Furunkel, also eine tiefe, schmerzhafte Entzündung des Haarbalgs und des umliegenden Gewebes, kann seelische Ursachen haben: Dem Betroffenen ist etwas unter die Haut gegangen, doch er hat das dazugehörige Gefühl verdrängt oder nicht verspürt. Es will jedoch an die Oberfläche, entwickelt eine explosive Kraft und bricht nach oben durch.

## Kopfschmerzen

Medizinisch betrachtet gibt es über hundert Arten von Kopfschmerzen; am häufigsten tritt dabei der Spannungskopfschmerz auf. Die Ursache hierfür liegt zumeist in einer emotionalen (An-)Spannung, einer überfordernden Situation oder einem inneren Konflikt. Diese können sich nämlich auf das muskuläre System, den Hormonhaushalt sowie die Blutversorgung auswirken und dadurch zu Kopfschmerzen führen. Auch eine Situation, die Kopfzerbrechen bereitet, wird früher oder später in Schmerzen resultieren.

Am besten lassen sich seelisch bedingte Kopfschmerzen lindern, indem der Betroffene für Entspannung auf allen Ebenen sorgt. Das heißt: mit Unangenehmem aufräumen, Aufgeschobenes erledigen, Situationen klären, offene Konflikte führen und sich selbst verzeihen.

## Magenprobleme

Magen und Darm sind besonders anfällig für unterdrückte Ängste und Ärger, aber auch Kränkungen, die einem sprichwörtlich auf den Magen schlagen. Diese Gefühle können sich schnell über den gesamten Verdauungstrakt verbreiten und dort für Schmerzen und Blockaden sorgen. Zudem neigt der Magen dazu, sich bei übermäßigem Stress, anhaltenden Ängsten oder unterdrückter Wut zu verkrampfen. Ebenso kann die Produktion der Magensäure angeregt werden, wodurch Sodbrennen, Übelkeit, Blähungen, Krämpfe und Magengeschwüre entstehen können.

Wer einen sogenannten Reizmagen hat, tut oft vieles, um zu gefallen, und neigt zu vorauseilendem Gehorsam. Er geht Konflikten gern aus dem Weg und zeigt nur selten, was er wirklich denkt und fühlt. Vieles stößt ihm sauer auf, doch nur selten findet er eine Möglichkeit, sich einmal so richtig »auszukotzen«. Gelingt es dem Betroffenen, zukünftig seinem Ärger Luft zu machen und Emotionen zum Ausdruck zu bringen, werden auch die Magenbeschwerden bald aufhören.

## Rückenschmerzen

Rückenschmerzen treten sehr häufig bei verdrängten Gefühlen auf. Die Gründe dafür sind zumeist auf einen seelisch empfundenen Druck zurückzuführen, der nicht abgebaut wird und sich deshalb als Verspannung in der

Muskulatur des Rückens niederlegt. Bei der Hälfte meiner Klienten haben die Rückenschmerzen einen Zusammenhang mit dem Beruf. Wer sich oft für andere, vor allem am Arbeitsplatz, »verbiegt« oder »krumm macht«, wird ganz sicher bald von Rückenschmerzen geplagt. Ziel ist es, Haltung zu bewahren und aufrecht durchs Leben zu gehen – auch dann, wenn es unangenehme Konfliktsituationen bedeutet, denen man sich lieber entziehen möchte.

Akute Angst löst häufig Schmerzen im Nackenbereich aus. Im Hinterkopf und in den Halswirbeln laufen zahlreiche Nervenstränge zusammen, die unser gesamtes vegetatives Nervensystem beeinflussen können und somit auch auf andere Körperregionen ausstrahlen. Oft entstehen die Nackenverspannungen durch Stress in der Arbeit, Angstzustände oder Beziehungsprobleme.

Schmerzen im Schulter- und oberen Rückenbereich deuten meist auf eine Überlastung hin: Eine zu große Last wird sprichwörtlich auf den Schultern getragen. Dadurch können Fehlhaltungen entstehen, die die Situation verschlechtern.

### Schlaf- und Rastlosigkeit

Die Ursachen für Schlaflosigkeit können vielfältig sein; am häufigsten tritt sie bei Stress, Zeitdruck oder übermäßigen Begierden wie beispielsweise Eifersucht oder Liebeskummer auf. Die Folgen können Einschlafprobleme, intensives Träumen, unterbrochenes Schlafen sowie ein beständiges Gefühl der Unruhe und Rastlosigkeit sein.

Psychosomatisch haben vor allem Einschlafprobleme aber auch mit der Angst vor Kontrollverlust oder zu hohen eigenen Ansprüchen zu tun. Wer das Gefühl hat, nicht alles erledigt zu haben, kann nicht abschalten und nimmt die innere To-do-Liste mit ins Bett. Der Kopf arbeitet weiter und geht in die Dauerschleife, wobei er dem Körper den dringend benötigten Schlaf verwehrt.

Wer auf spiritueller und emotionaler Ebene »wach«, also bewusst und achtsam ist, hat kaum Probleme, sich beim Zubettgehen fallen zu lassen und in den Schlaf zu finden. Schlaflosigkeit ist demnach als Zeichen des Körpers zu verstehen, im geistigen Sinne zu erwachen.

### Schnupfen

Schnupfen tritt häufig in Kombination mit anderen Symptomen auf oder ist ein Symptom einer Krankheit, wie etwa Heuschnupfen. Zu einem Schnupfen kommt es häufig, wenn man sprichwörtlich »die Nase voll von etwas hat« und ohnehin schon überarbeitet, erschöpft oder entnervt ist. Vor allem in Lebenssituationen, in denen man keinen Ausweg mehr sieht, ist der Schnupfen ein hilfreiches Mittel der Seele, um sich alle Welt vom Leib zu halten und die benötigte Auszeit zu nehmen.

## Anleitung für den Feeling-Code Gesundheit

Bist du bereit, deinen Zipperlein, Gebrechen und Krankheiten auf den Grund zu gehen? Willst du wissen, warum dein Darm zwickt, deine Haut juckt oder dein Herz manchmal rast? Dann empfehle ich dir eine Feeling-Code-Sitzung zum Thema Gesundheit, in der du deinem Körper und deinen Organen einen Besuch abstattest und sie zu ihrem Zustand befragst.

Mit großer Wahrscheinlichkeit wirst du irgendwo in deinem Körper auf Unebenheiten oder Blockaden stoßen, die einen Hinweis auf die seelische Verletzung oder das emotionale Ungleichgewicht geben, die einer Erkrankung zugrunde liegen. Möglicherweise begegnest du schmerzhaften Erfahrungen und bis heute nachwirkenden Erlebnissen aus der Vergangenheit, die sich in deinem Körper manifestiert haben. Es ist wichtig, die aufkommenden Empfindungen zuzulassen, sich die dabei entstehenden inneren Bilder bewusst anzusehen und die darin befindliche emotionale Belastung auf positive Art und Weise umzudeuten. Erst wenn die traurigen Erlebnisse keine Last mehr darstellen und keine physischen und psychischen Schmerzen mehr verursachen, erst wenn unser Körper keine Gefahr mehr spürt, löst er sich aus seiner dauerhaften Alarmbereitschaft und kann sich entspannen.

Bei einer Feeling-Code-Sitzung, die sich nur mit deinem körperlichen Befinden beschäftigt, arbeitest du ohne Zettel. Das Prinzip funktioniert genau wie bei allen anderen Feeling-Code-Körperreisen: Du stellst dir vor, als kleines Ich in deinen Körper hineinzuschlüpfen. Anschließend stattest du schmerzenden Regionen, chronischen Leiden in bestimmten Körperstellen oder deinen einzelnen Organen einen Besuch ab und machst eine Bestandsaufnahme. Es wäre gut, die einzelnen Organe stets in einer ähnlichen Reihenfolge zu besuchen, aber es ist auch völlig in Ordnung, wenn du unterschiedliche Wege einschlägst.

Insbesondere schmerzende Regionen oder empfindliche Körperstellen sind eine Reise wert. So empfehle ich jedem, der unter chronischen Rückenschmerzen leidet, unbedingt als kleines Wesen bei einer Feeling-Code-Sitzung in die betreffende Region zu wandern, sich die Beschaffenheit des Schmerzes genau anzusehen und ihn zu dokumentieren.

Ebenso verhält es sich mit Verletzungen oder Narben, die durch Unfälle entstanden sind – unabhängig davon, ob es ein Verkehrsunfall oder »nur« der Sturz von einer Leiter war. Die Osteopathie lehrt uns, dass wir derlei körperliche Traumata im Körper verinnerlichen. Doch während in der Osteopathie durch den Therapeuten eine Heilung in Gang gesetzt wird, findet sie im Feeling-Code von innen und durch dich statt.

Wenn du dich zum Beispiel vor ein paar Jahren am Knie verletzt hast, ist es eine gute Idee, während der Feeling-Code-Sitzung in dein Knie zu reisen und dir die alte Verletzung anzusehen. Beschreibe sie für dich: ihre Form, ihre Farbe, die Geräusche, die von ihr ausgehen, alle Dinge, die du wahrnimmst. Vielleicht findest du in deinem Knie auch Menschen, die dir etwas zu sagen haben? Hörst du Wörter oder Sätze?

### *Körperreise mit allen fünf Sinnen*

Jeder Mensch nimmt auf seine eigene Art die Umwelt wahr, die meisten tun dies über den visuellen Kanal. Genauso kann man aber auch über den Gehörsinn oder den Tastsinn wahrnehmen. Je nachdem, welcher Typ du bist, das heißt, mit welchen Sinnesorganen du stärker empfindest, solltest du deine Feeling-Code-Reise durch den Körper angehen. Dabei empfehle ich das VAKOG-Prinzip. VAKOG ist die Abkürzung für unsere fünf Sinne: **v**isuell (Sehen), **a**uditiv (Hören), **k**inästhetisch (Tastsinn), **o**lfaktorisch (Geruch) und **g**ustatorisch (Geschmack). Bei diesem Vorgehen werden alle Sinneskanäle aktiviert, und so können die in deinem Körper gespeicherten Erfahrungen möglichst lebendig wieder in Erinnerung gerufen und hervorgeholt werden.

Schau in das Innere deines Körpers und nimm wahr! Welche Farben, Töne, Geräusche und Gerüche kommen zum Vorschein? Hast du vielleicht an gewissen Stellen bestimmte Gefühle? Alles, was du wahrnimmst, hat seine Richtigkeit und seinen Grund. Jedes Bild einer bestimmten Person, das in dir auftaucht, hat seinen Sinn. Wenn du mehr die olfaktorischen und gustatorischen Sinne aktivieren möchtest, achte besonders darauf, wie dein Körper schmeckt. Taucht ein Geruch auf, wenn du in einer Stelle deines Körpers bist, oder hast du auf einmal einen bestimmten Geschmack im Mund? Was spürst du? Gibt es Stellen, die besonders schmerzen oder deine Aufmerksamkeit erregen? Gibt es Regionen in deinem Körper, die du gar nicht spürst? Fühlt sich einiges wärmer an als anderes, oder kühler? Alles, was du siehst, hörst, fühlst, riechst oder schmeckst, ist wichtig.

Da die auf die Gesundheit bezogene Körperreise sehr komplex ist, gebe ich dir eine kleine Hilfestellung. Im Anhang des Buches findest du die vollständige Anleitung, um eine Feeling-Code-Reise durch deine Organe und deinen Körper zu machen. Du kannst dir diese Anleitung von einer Person vorlesen lassen, die dir nahesteht und gut vortragen kann. Es gehört ein wenig Übung dazu, die Pausen einzuhalten und mit beruhigender Stimme zu sprechen.

Darüber hinaus gibt es die Möglichkeit, die Körperreise mithilfe einer professionellen Sprecherin zu machen. Auf www.feeling-code.de findest du zwei Tracks, denn ich habe die Feeling-Code-Sitzung in zwei Teile unterteilt. Da es eine sehr intensive Auseinandersetzung mit dir selbst sein wird, in der du viele Erkenntnisse erlangen wirst, empfehle ich dir, deine eigenen Wahrnehmungen mithilfe der Diktierfunktion deines Handys aufzunehmen und nach der Sitzung abzuhören. So kannst du dich voll und ganz auf die Methode einlassen und bist nicht gezwungen, aus der Betrachtung deines Inneren »aufzutauchen«, um zu Papier und Stift zu greifen.

Vom Vorgehen her funktioniert der Feeling-Code zum Thema Gesundheit genauso wie alle anderen Körperreisen, die du bereits kennengelernt hast. Nach einigen Momenten der Entspannung stellst du dir vor, wie dein kleines Ich in deine Mundhöhle springt. Viele Menschen möchten gleich in den Oberkörper wandern, andere wollen sich lieber erst den Kopf genauer ansehen. Die Richtung, die du einschlägst, ist egal. Wichtig ist nur, dass du dir alle Bereiche deines Körpers ansiehst: die Mundhöhle, den Hals, den Rachen, die Speiseröhre, den Magen, die Gedärme, den Darm, den Intimbereich, die Leber, die Nieren, die Milz, das Herz, die Lunge und so weiter. Hals, Herz und Leber sind von besonderer Bedeutung, lass dir hier gern Zeit und nimm aufmerksam wahr.

Gerade beim Hals ist es wichtig, zu erkennen, ob dieser geweitet ist, ob er eventuell rötlich schimmert, wie er sich anfühlt, ob er dir zu eng oder zu weitläufig erscheint. Erinnere dich, dass du alles, was dir fremd, störend oder falsch vorkommt, mit der gegenteiligen Energie ausgleichen kannst: Was eng wirkt, wird weit. Was kalt wirkt, wird warm. Und so weiter. Das gilt für alle Störungen in deinem Körper, denen du begegnest.

Beim Herz kann es sein, dass es schnell oder langsam schlägt, hell ist oder dunkle Flecken aufweist. Spürst du viel Platz? Oder ist es ein beengter Raum? Welche Farben nimmst du wahr?

Die Leber ist ein wichtiges Organ, denn sie sorgt für deine Entgiftung. In ihr werden enorm viele Abfallstoffe deines Organismus, aber auch Erfahrungen gespeichert. Sieh sie dir genau an! Ist deine Leber eher weich oder hart? Auch auf die Farben achte genau: Ist das Organ rot und gut durchblutet oder dunkel und schwarz? Gibt es Stellen, die dir eigenartig vorkommen? Beschreibe alles, was du siehst!

Darüber hinaus ist es sehr interessant, mit welcher Seite du bei deiner Reise anfängst, denn die linke Körperseite steht für das Mütterliche und Private, die rechte für das Väterliche und Berufliche. Überprüfe, welche Seite sich wie anfühlt und deiner besonderen Aufmerksamkeit bedarf. Fallen dir dunkle Stellen auf deiner linken Körperseite auf, liegt der Ursprung deiner Krankheit im Privaten – oft in der Liebe. Ist die rechte Seite betroffen, überprüfe deine Jobsituation. Gibt es hier etwas, was dich krank macht?

Ich kann mir vorstellen, dass du dir gerade denkst: Schön und gut, aber wo bitte sitzt meine Milz? Und wie erkenne ich meine Schilddrüse? Mithilfe der nachfolgenden Grafik wird es dir ein wenig leichter fallen, dich im Inneren deines Körpers zurechtzufinden.

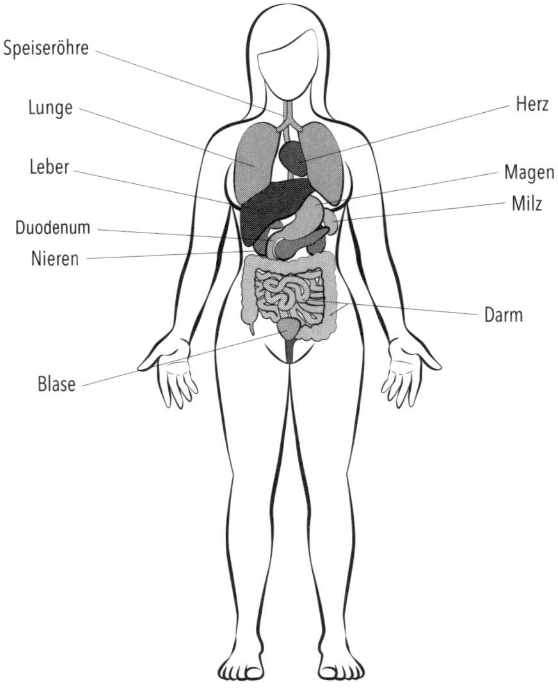

Wenn du die Reise durch deine Organe beendet hast, darfst du dir deine Extremitäten ansehen. Schultern, Arme, Hände, Finger, Hüften, Oberschenkel, Knie, Unterschenkel und Füße. Sticht dir irgendetwas »ins Auge«? Fühlt sich ein Bereich deines Körpers anders an als der Rest? Arbeite wieder nach dem VAKOG-Prinzip und aktiviere alle Sinne.

Mit großer Wahrscheinlichkeit wirst du irgendwo eine Blockade finden. In Kapitel 5 habe ich dir erklärt, wie du eine Blockade erkennst. Betrachte sie nun eingehend. Erkennst du dunkle Flecken in ihr? Dann möchte sie dir vielleicht eine dunkle Phase in deinem Leben aufzeigen, in der sie sich in dir manifestiert hat. Frage deine Blockade: *Was hast du mir zu sagen?* Blockaden müssen nicht mit konkreten Sätzen antworten, sondern reagieren meistens mit Gefühlen und Erinnerungen.

Wenn deine Körperreise abgeschlossen ist, empfehle ich dir, eine Pause einzulegen und etwas vollkommen anderes zu tun. Lass dir ein entspannendes Bad ein, koch dir etwas Leckeres oder mach einen ausgiebigen Spaziergang – oder ein Nickerchen auf dem Sofa. Die energetische Arbeit ist anstrengend, und der zweite Teil hat es mindestens genauso in sich wie der erste.

Ausgeruht und bereit für den nächsten Schritt? Wunderbar. Wir kommen zu Teil zwei der Sitzung. Setz dich bequem hin und notier dir alles, was du wahrgenommen hast. Um dir diese Arbeit zu erleichtern, findest du nebenan die Grafik eines menschlichen Körpers. Du kannst dir die Seite kopieren oder die Skizze abpausen und deine Wahrnehmungen stichpunktartig direkt eintragen. Wo gab es dunklere Stellen, wo hellere? Wo tauchten Personen auf und wo Gefühle und Farben? Wie roch es in den Organen, denen du einen Besuch abgestattet hast? Wie fühlten sie sich an?

Möglicherweise hast du bei deiner Feeling-Code-Reise Körperstellen entdeckt, die sich weniger gut als andere anfühlten – oder Blockaden. Bitte nimm die Feeling-Karten zur Gesundheit in die Hand. Eine ausführliche Beschreibung der einzelnen Motive und der energetischen Arbeit, die sie leisten, findest du in Kapitel 11. Du kannst auch die Basic-Karten und die Heilzeichen in dein Kartendeck aufnehmen. Mit ihrer Hilfe wirst du nun all die Körperstellen, die sich nicht positiv angefühlt haben, ausgleichen. Natürlich kannst du dies wie in den vorangegangenen Feeling-Code-Sitzungen auch mit der Kraft deiner Gedanken tun, aus meiner Erfahrung rate ich dir aber, die Energie der Karten für die Heilung deines Körpers zu benutzen.

Breite die Karten vor dir aus und zieh verdeckt und intuitiv eine Karte für jede Körperregion, die dir Sorgen bereitet. Leg sie anschließend auf die Körperstellen auf.

Starte mit dem zweiten Teil des Audiotracks oder der angeleiteten Feeling-Code-Reise. Erneut wirst du als kleines Ich durch deinen Körper reisen, um diesmal die Blockaden und schmerzenden Stellen aufzulösen. Öffne dein inneres Auge, mach Licht in deinem Inneren und schau dich um. Jeder Muskel in deinem Körper geht in vollkommene Entspannung und darf loslassen. Alle Karten können nun ihre Wirkung entfalten, mit positiver Kraft alles Negative aus deinem Körper fließen lassen und jede Zelle reinigen und klären.

# 9 Der Feeling-Code und die Liebe

Vielleicht kommt dir das bekannt vor: Du hängst schon länger in einer Beziehung fest und kannst dich einfach nicht von deinem Partner trennen. Oder du bist verzweifelt auf der Suche nach einem Mann oder einer Frau, findest aber einfach niemanden, in den du dich verlieben kannst.

Die meisten emotionalen Entscheidungen, die wir treffen, egal, ob sie unbewusst oder bewusst sind, sind eng mit unseren Erfahrungen verknüpft. Wie wir aufgewachsen sind, prägt unser Bild von Liebe und Partnerschaft. Die erste Beziehung, die wir kennenlernen, ist die unserer Eltern. Auch die Verbindung, die wir zu Vater und Mutter eingehen, drückt sich in unseren eigenen Liebesbeziehungen aus.

Wer immer wieder an »die Falschen« gerät oder es einfach nicht schafft, sich aus einer unglücklichen Beziehung zu befreien, wird mit dem Feeling-Code einige wichtige Erkenntnisse in Bezug auf die eigene Vergangenheit erlangen.

## Beziehung klären

Meist beginnt es mit einem unruhigen Gefühl, einer Ahnung, dass man sich nicht mehr so freut, wenn man dem Partner begegnet. Man lacht weniger und genießt die gemeinsame Zeit nicht mehr so sehr wie am Anfang. Die tiefe Verbundenheit hat irgendwie Risse bekommen. Natürlich kann es immer sein, dass es einem selbst, eventuell auch mit sich selbst, nicht gut geht, jedoch geht meist das eine mit dem anderen einher. Wichtig ist also, den Ursprung des Leidens zu erkennen.

Das Bodyhearing kann hier helfen. Wenn du an deinen Partner denkst, wie stellst du ihn dir vor deinem inneren Auge vor? Ist er dir zugewandt oder zeigt er dir seinen Rücken? Bist du in deiner Vorstellung kleiner oder größer als er? Ziel der Übung ist es, sich auf die Verbindung der Beziehung einzulassen und ehrlich zu reflektieren: Wie und wo bin ich mit meinem Partner verbunden?

Die gesündeste Verbindung findet auf Höhe der Herzen statt und ist einander zugewandt. Es kann eine Farbe oder Energie sein, die euch an dieser Stelle verbindet. Wenn das der Fall ist, hat deine Unzufriedenheit in der Beziehung vermutlich etwas mit dir selbst zu tun. Sollte die Verbindung zwischen deinem Partner und dir auf Höhe des Bauches oder an einer anderen Stelle eurer Körper sein, ist etwas im Ungleichgewicht. Das gilt auch, wenn du dich kleiner als er oder von ihm abgeschottet fühlst. Dies können erste Anzeichen sein, dass im morphischen Feld etwas nicht stimmt.

Es ist von großer Bedeutung, anzuerkennen, dass jedes Problem nicht nur mit deinem Gegenüber, sondern vor allem mit dir zu tun hat. Wenn dein Partner Macht über dich ausübt, hast du dies in gewisser Weise zugelassen. Wenn er schlecht mit dir umgeht, so ist nicht nur sein Verhalten zu kritisieren, sondern du solltest dich fragen, warum er sich dir gegenüber so verhalten darf. Wenn du in dich hineingefühlt und festgestellt hast, dass dein Partner dir nicht mehr nahe ist, ist es wichtig, nicht nur die Momentaufnahme zu machen, sondern anzuerkennen, dass er sich schon vor Längerem von dir entfernt hat. Oder du dich von ihm?

Frage dich immer wieder, ob das, was dich stört, etwas mit dir selbst zu tun hat. Wann gehe ich so mit anderen Menschen um, wie ich gerade behandelt werde? Kenne ich dieses Gefühl aus meiner Kindheit? Meist suchen wir uns unbewusst Partner, die das Verhalten unserer Eltern spiegeln. Erst wenn wir die Verletzungen aus unserer Kindheit aufgelöst und vergeben haben, ist es möglich, eine glückliche und aufrichtige Beziehung einzugehen.

Kennst du das Spiegelgesetz? Es lautet: Was du an anderen kritisierst, hat mehr mit dir zu tun als mit den anderen. Das habe ich am eigenen Leib erfahren. Ich war früher immer sehr wertend meinen Partnern gegenüber und vergaß, dass meine Kritik an ihrem Verhalten in den meisten Fällen mit mir zu tun hatte, denn sie spiegelten damit ja mich selbst. Ich regte mich gern über Sichtweisen meines Ex-Freunds oder seinen Freiheitsdrang auf. Erst später begriff ich, dass die Ansichten meines Ex-Freunds denn gar nicht so unähnlich waren, die ich gern anderen gegenüber hegte, und dass ich seinen Freiheitsdrang kritisierte, weil ich den meinen freiwillig aufgegeben hatte.

Natürlich kann man die Schuld leichter bei jemand anderem als bei sich suchen, doch sinnvoll ist das nicht. Denn ich kann nur mich ändern und keinen anderen – auch wenn wir es uns manchmal noch so sehr wünschen. Sich das einzugestehen, ist die erste, oft sehr schmerzhafte, aber auch wichtige Erkenntnis im Leben und ein wichtiger Bestandteil der Feeling-Code-Lebenseinstellung. Sie tut weh, doch sie gibt dir wieder das Ruder in die Hand und macht dich zum aktiv Handelnden, statt dich für immer in der Opferrolle zu belassen.

**10 Dinge, die ich an dir hasse**

Hass und Liebe sind eng miteinander verknüpft. Meistens liegt hinter dem Gefühl des Hasses eine enttäuschte Erwartungshaltung. Trotzdem möchte ich diese Übung so nennen, denn wenn wir ehrlich sind, gibt es schon Dinge, für die wir unserem Partner den Hals umdrehen könnten.

Schreib in zehn Sätzen auf, was dich an deinem Partner stört. Gib dir Mühe, dich wirklich in Rage zu schreiben! Ist er zum Beispiel immer unpünktlich? Schätzt er dich nicht genug? Vergisst er euren Jahrestag, oder sind ihm die Kinder egal? Schreib alles auf, was dir auf der Seele liegt.

- Er wertschätzt mich nicht.
- Er vergisst wichtige Anlässe.
- Er schaut nur auf sich.
- Er findet, ich bin zu dick.
- Er ist faul.
- usw.

Wenn du nun vor deinen Zeilen sitzt und deinem Partner so richtig an die Gurgel gehen könntest, dann verändere den Satz so, dass er mit ICH anfängt statt mit ER:

- Ich wertschätze mich nicht.
- Ich vergesse wichtige Anlässe.
- Ich schaue nur auf mich.
- Ich finde, ich bin zu dick.
- Ich bin faul.
- usw.

Autsch! Merkst du etwas? Was du an deinem Partner kritisierst, hat fast immer auch mit dir zu tun. Die Erkenntnis schmerzt, aber so absurd es klingt, genau das ist wichtig. In welchen Situationen wertschätzt du dich nicht? Und wann schaust du nur auf dich? Geh die Liste der Reihe nach durch und beantworte ehrlich, wann ein Vorwurf eher dir selbst gilt und er dich damit nur spiegelt.

In meiner Praxis arbeite ich oft mit den Feeling-Code-Karten, die sich besonders zum Entstören von Blockaden, aber auch zur Klärung anbieten. In Kapitel 11, »Der Feeling-Code und die heilenden Karten«, erfährst du mehr über ihre Bedeutung und Wirkung. Du kannst dir die Karten von der Website www.feeling-code.de herunterladen und ausdrucken. Wie du feststellen wirst, widmen sich die sechs Kartensets verschiedenen Themenbereichen, unter anderem auch der Liebe. In der folgenden Übung benötigst du die sieben Karten aus dem Kartendeck Liebe und Partnerschaft. Mit ihnen kannst du leicht herausfinden, wie es um deine Beziehung steht.

**Beziehungstest mit den Karten Liebe und Partnerschaft**

Schreib auf einen Zettel den Namen deines Partners, auf zwei weitere Zettel die Namen von Menschen, die dir wichtig sind. Falte die Zettel zusammen und vermische sie. Nun wählst du verdeckt drei Feeling-Karten aus dem Kartendeck »Liebe und Partnerschaft« aus und ordnest sie intuitiv den zusammengefalteten Zetteln zu.

Dreh nun die Feeling-Karten um und entfalte die Zettel. Welchem Namen hast du, ohne es zu wissen, welche Feeling-Karte zugeordnet?

Schau dir zuerst die Karte an, die du deinem Partner zugeordnet hast. Lies dir die Erklärung der Karte, die du im Buch in Kapitel 11 sowie im Anhang findest, genau durch. Was sagt dir diese Karte? Kannst du eine Verbindung zu deiner Beziehung herstellen? Wie verhält es sich mit den anderen Zetteln und Karten? Gibt es Zusammenhänge, die dir auffallen? Trifft einiges, was auf den Feeling Karten steht, auf deine Beziehung zu den Menschen zu, die du ausgewählt hast?

Wichtig ist, dass du die Richtung, in die die Karten weisen, ernst nimmst und deine Beziehungen kritisch hinterfragst.

## Traumpartner finden

Bei der Suche nach dem oder der Richtigen wird man oft von Erfahrungen, alten Glaubenssätzen und früheren Partnerschaften geleitet. Man glaubt, dass man jemanden finden muss, der einer bestimmten Vorstellung entspricht. Dass es sich dabei meist um eine Musterverkettung, also um eine Befüllung alter, fehlender Teile in einem selbst handelt, ist der suchenden Person meist nicht klar.

In meinem Fall war es so, dass ich mir lange Zeit einen Partner wünschte, der beruflich erfolgreich war. Jemand, bei dem ich mich anlehnen und mich endlich wie eine »richtige Frau« fühlen konnte. Denn mein bisheriges Leben war davon geprägt, dass ich immer hatte stark sein müssen. So sehnte ich mich nach jemandem, der mir mit seinen starken Schultern Halt bot.

Ich lernte Männer kennen, doch ich beendete die Beziehungen sofort, wenn sie mir nicht zur Seite standen, nicht die Verantwortung übernahmen und ich mich nicht fallen lassen konnte. So suchte ich eine kleine Ewigkeit, und erst durch eine Feeling-Code-Sitzung wurde mir klar, welchen Fehler ich bei meiner Suche gemacht hatte. In der Sitzung schrieb ich einen Zettel mit dem Wort »Traumpartner« und fühlte mich, natürlich unwissentlich, in die Stelle meines Körpers hinein, wo die Karte lag. Irritierenderweise bemerkte ich in diesem Körperteil eine massive Blockade. Mir wurde übel, und ich wusste sofort, dass es ein Zettel war, mit dessen Inhalt ich überhaupt nicht einverstanden war.

Du kannst dir meine Überraschung vorstellen, als ich den Zettel entfaltete und darauf das Wort »Traumpartner« las. Was konnte ich nun mit meiner Körperreaktion anfangen? Warum war ich meinem Traummann gegenüber so negativ eingestellt? Ich grübelte lange über diese

Fragen, bis ich endlich zu dem Schluss kam, dass meine Vorstellung davon, was mein Traummann war, falsch sein musste. Ich sehnte mich nach dem Richtigen und suchte dabei nach dem Falschen. Denn ich hatte eine strikte Vorstellung von dem Mann, der mit mir sein Leben teilen durfte: Stark musste er sein, unabhängig und erfolgreich. Wenn ich ehrlich war, wollte ich jemanden, der so war wie ich. So sehr, dass ich die anderen erst gar nicht wahrnahm.

Darüber hinaus wurde mir klar, dass ich in die Traumpartnerfalle Nummer eins getappt war. Denn ich suchte nach jemandem, der alles war, nur nicht so wie meine Ex-Partner. Die waren nämlich nicht nur das Gegenteil von mir gewesen, sondern auch alles andere als stark, unabhängig und erfolgreich.

Wie oft lassen wir uns von unserer Vergangenheit leiten? Indem wir entweder genau das suchen, was wir verloren haben, oder das komplette Gegenteil? Dies ist der Grund, warum es so wichtig ist, alles, was geschehen ist, vor allem aber dir selbst zu vergeben, um frei und selbstbestimmt endlich den Richtigen zu erkennen.

Wenn es um die Suche nach deinem Traumpartner geht, solltest du dir zunächst einmal darüber klar werden, dass die Vergangenheit wirklich vergangen ist. Solltest du oft an eine alte Liebe oder Partnerschaft aus deiner Vergangenheit denken, vielleicht noch dazu mit einem Gefühl der Wehmut und Sehnsucht, ist die Beziehung in dir noch nicht aufgelöst und beeinträchtigt deine Suche. De facto hast du noch nicht losgelassen: nicht das Vergangene, nicht den Schmerz und auch nicht die alte Liebe. Deshalb bist du auch nicht bereit, einen neuen Partner in deinem Leben zu empfangen, oder versuchst, eine ähnliche Beziehung wie die bereits verlorene wiederzufinden.

Bring Klarheit in dein Denken und nimm die alten Muster und Blockaden nicht mit in eine neue Beziehung. Frag dich, wonach du suchst – und ob das, was du suchst, wirklich das ist, was du brauchst. Sei ganz ehrlich zu dir! Je weniger wunde Punkte und blinde Flecken du in dir trägst, desto eher findest du die Liebe.

#### Das Liebesleben ausmisten

Eine Feeling-Code-Sitzung zum Thema Liebe kann dir helfen, dich von alten Mustern und Blockaden zu befreien. Schreib die Namen der Männer oder Frauen aus deinem Leben auf, mit denen du wichtige Beziehungen geführt hast. Das kann deine erste Liebe sein, aber auch eine kurze Affäre, die du bis heute nicht vergessen kannst. Schreib alle Namen auf je einen leeren Zettel, falte die Zettel zusammen und verteile sie zufällig auf deinem Körper.

Wandere nun als kleines Ich die verschiedenen Stationen deines Körpers ab und notiere deine Wahrnehmungen. Möglicherweise wirst du eine Körperstelle finden, die besonders schmerzt, sich heiß oder sehr kalt anfühlt. Andere werden vielleicht rot schimmern, dich wärmen und dir Freude spenden. Es kann auch sein, dass du an dem Ort, wo ein Zettel liegt, gar nichts spürst. Alles ist wichtig und hat seine Berechtigung.

Sobald du die Körperreise abgeschlossen hast, sieh nach, welche Namen auf den einzelnen Zetteln standen. Du weißt nun, welche Partner und Beziehungen dir bis heute Kraft und den Glauben an die Liebe geben und welche ungesund waren, dich aber immer noch beeinflussen, egal, ob es darum geht, einen Partner zu finden oder eine Beziehung zu führen.

Löse die Blockaden mithilfe der Feeling-Code-Karten »Liebe und Partnerschaft« in einer zweiten Körperreise auf. Eine Erläuterung der Karten findest du in Kapitel 11, »Der Feeling-Code und die heilenden Karten«.

Ich empfehle dir, zusätzlich zu dem Auflösen durch die Karte auch ein Verbrennungsritual für die Namen deiner Partner durchzuführen, die dich bis heute mit Schmerz und Wehmut erfüllen. Schreib einen ehrlichen Brief, der nur von deinen Gefühlen handelt und keine Anklage oder Vorwürfe enthält. Schildere in diesem Brief deinen Schmerz und versuch, dir zu verzeihen, was du getan hast. Verbrenne im Anschluss den Brief, und du wirst endlich frei sein.

Bevor du nun mit der Suche loslegst, empfehle ich dir, dich mit deinen Wünschen auseinanderzusetzen. Sehr hilfreich ist dabei eine Liste, auf der du die für dich wichtigsten Eigenschaften deines Traumpartners notierst. Schreib mindestens zehn der wesentlichsten äußerlichen wie innerlichen Merkmale auf. Ist er oder sie groß und schlank? Beruflich erfolgreich oder unabhängiger Freiberufler? Welche Charaktereigenschaften zeichnen ihn oder sie aus? Hat er oder sie Kinder oder Haustiere? Was liebt er oder sie an dir? Was liebst du an ihm oder ihr? Je konkreter du wirst, desto besser.

Wenn du nun auf die Partnersuche gehst, hast du diese Liste immer dabei – imaginär oder tatsächlich, zum Beispiel als Notiz in deinem Handy. Überprüf bei jedem Mann oder jeder Frau, den oder die du kennenlernst: Entspricht er oder sie meinen Vorstellungen? Du solltest unter keinen Umständen weniger als zwei Drittel der Eigenschaften akzeptieren.

*Carolina war auf der Suche nach ihrem Traumpartner, hatte aber in der Vergangenheit nur echte Frösche geküsst und war ehrlich verzweifelt. Ich schlug ihr eine Feeling-Code-Sitzung mit dem Thema Traumpartner vor. Auf mehrere Zettel schrieben wir verschiedene Fragen, unter anderem: Wo finde ich mei-*

*nen Traumpartner? Dann verteilten wir die zusammengefalteten Zettel willkürlich auf ihrem Körper und begannen mit der Körperreise. Carolina stellte sich vor, wie sie als kleines Ich in ihrem Körper spazieren ging.*

*Wir wanderten in Carolinas linke Hand, in der ein Zettel lag. Natürlich wussten wir nicht, was auf dem Zettel stand. Ich notierte, was meine Klientin wahrnahm: Sie hörte lautes Pferdewiehern und spürte ein euphorisches Gefühl.*

*Als wir die Körperreise beendet hatten, sah ich nach, was auf den verschiedenen Zetteln gestanden hatte. Das Papier in der linken Hand war mit der Frage beschriftet: Wo finde ich meinen Traumpartner?*

*»Du musst auf die Trabrennbahn«, sagte ich sofort.*

*Carolina sah mich mit skeptischer Miene an. »Was soll ich denn da?«*

*»Da wirst du deinen Traummann finden.«*

*»Auf der Trabrennbahn?« Zweifelnd verzog sie das Gesicht. »Na, ich weiß nicht. Ich finde Jockeys nicht sehr sexy. Die sind so klein und dünn … Das ist genau das Gegenteil von dem, was ich suche!«*

*Ich blieb jedoch hartnäckig. »Lass es wenigstens auf einen Versuch ankommen. Was hast du zu verlieren?«*

*Es vergingen einige Wochen, ehe mich Carolina wieder anrief. »Du wirst es nicht glauben«, rief sie atemlos in den Hörer. »Aber ich bin auf die Trabrennbahn gegangen, und ich habe dort wirklich jemanden kennengelernt!«*

*Ich lachte und bat sie, mir alles zu erzählen. Sie berichtete von einem Sonntag vor ein paar Wochen, als sie der Trabrennbahn zum ersten Mal in ihrem Leben einen Besuch abgestattet hatte. Auf dem Weg zur Tribüne begegnete sie einem Mann, den sie von früher kannte. Er arbeitete im Pferdesport, allerdings nicht als Jockey, sondern er war für den Transport der Tiere verantwortlich. Sie tauschten Telefonnummern aus und verabredeten sich kurz darauf – und verliebten sich Hals über Kopf ineinander.*

## Wahre Freunde erkennen

Jeder kennt Menschen in seinem Umfeld, die einem mehr oder weniger guttun. Ich bezeichne sie gerne als Energiespender oder Energieräuber. Vielleicht bist du bei bestimmten Personen nicht ganz sicher, ob du ihnen vertrauen kannst, ob sie es tatsächlich gut mit dir meinen oder dich nur ausnutzen. Möglicherweise gibt es auch Menschen in deinem Leben, mit denen du nur noch aus sentimentalen Gründen verbunden bist – insbesondere alte Freundschaften oder Personen aus der Vergangenheit gehören dazu. Das Gute ist: Du weißt im Grunde deines Herzens, wer gut für dich ist und wen du aus deinem Leben verabschieden darfst. Der Feeling-Code kann dir helfen herauszufinden, mit wem du dich umgeben solltest und bei wem es Zeit ist, Abschied zu nehmen.

### Der große Freundschaftstest

Schreib auf leere Zettel die Namen aller Personen, die dir wichtig sind und die in deinem Leben eine Rolle spielen. Es können Menschen sein, die dir nahestehen, mit denen du früher einmal befreundet oder zusammen warst, oder Menschen, die du verloren hast. Benutze dabei unbedingt die Rufnamen oder die Namen, mit denen du emotional verbunden bist. Falte die Zettel zusammen und vermische sie.

Nimm einen der Zettel in die Hand. Fühle tief in dich beziehungsweise die Hand hinein und lass den Namen auf dich wirken. Natürlich weißt du nicht, welcher Name es ist - und dennoch wirst du etwas wahrnehmen. Es können Farben sein, Materialien, Formen, Wärme oder Kühle. Lass dir Zeit und empfinde, ohne zu bewerten. Du wirst spüren, dass die unterschiedlichsten Gefühle auftauchen. Notiere deine Wahrnehmung - auf dem weiterhin zusammengefalteten Zettel oder auf einem Zusatzblatt – mit ein paar Stichwörtern. Löse erst am Ende, wenn du alle Zettel in der Hand hattest, auf, welcher Name auf welchem Papier steht, um deine Wahrnehmung nicht zu beeinflussen.

Bei manchen Namen wirst du vielleicht erkennen, dass die Verbindung blockiert ist, dass etwas nicht stimmig ist oder sich einfach unangenehm anfühlt. Das können Menschen sein, mit denen du dich noch umgibst, weil ihr eine gemeinsame Vergangenheit teilt. Vielleicht hast du schon einmal daran gedacht, diese Freundschaft zu beenden, hattest aber noch nicht die emotionale Kraft, den Plan in die Tat umzusetzen. Dann ist es an der Zeit, darüber nachzudenken, was euch noch verbindet und was euch mittlerweile trennt – und ob diese Freundschaft es wert ist, weitergeführt zu werden.

Löst der Name in deiner Hand negative Gefühle in dir aus, wie Wut oder Aggression, dann solltest du dir die Beziehung zu der Person noch genauer ansehen. Hat das etwas mit dem oder der anderen zu tun oder mit dir selbst? Gibt es etwas in der Beziehung zu der Person, das es aufzulösen gilt, damit Frieden eintreten kann?

Fühlt sich ein Zettel nicht stimmig an, und kommen dir eher dunkle Farben in den Sinn? Auch das hat einen Grund. Mach dich auf den Weg zu dieser Ursache und bereinige sie; es wird dir enorm viel Energie zurückgeben. Denn du wirst bald merken, dass dir Beziehungen, die negativ behaftet sind, Lebensfreude nehmen und dass es an der Zeit ist, eine Entscheidung dazu zu treffen. Dies kann eine Aussprache oder Abstand zu dem betreffenden Menschen sein. Vergiss aber nicht, dass sich ganz akute Konflikte ebenfalls auf eine Wahrnehmung in deinem Körper auswirken können. Du musst nicht zwangsläufig jede Beziehung beenden, die dir während deiner Körperreise negativ vorkommt.

Bist du von Menschen umgeben, die dir mehr Kraft und Liebe

geben, als dir bislang bewusst gewesen ist? Hast du das Glück, solche Menschen in deinem Umfeld zu haben, so wirst du das über den Feeling-Code spüren. Der Name in deiner Hand fühlt sich positiv, sonnig und hell an. Es können sich schöne Klänge oder wunderbare Gerüche dazugesellen. Auch bunte Bilder, freundliche Tiere oder positive Symbole können in deinen Gedanken bei Personen auftauchen, die eine gute Aura haben und dir Liebe und Zuwendung schenken.

# 10 Der Feeling-Code und der Beruf

In unserem Beruf verbringen wir beinahe die meiste Zeit unseres Lebens. Ein Vollzeitangestellter arbeitet im Schnitt siebzehnhundert Stunden im Jahr – das ist sehr viel Zeit, die uns möglichst zufrieden und glücklich machen sollte. Denn was meinst du, was passiert, wenn das Gegenteil der Fall ist? Wenn unsere Beschäftigung, das Arbeitsumfeld, die Bedingungen oder die Bezahlung dauerhaft nicht zufriedenstellend sind? Viele Menschen schleppen sich jeden Tag zur Arbeit und leisten diese ab, nur um ihre Wohnung, ihr Auto und ihren Lebensstandard finanzieren zu können. Die meisten arbeiten oft so viel, dass es ihnen kaum möglich ist, ihr Leben wirklich zu genießen.

*Veronika arbeitete seit Jahren als Immobilienmaklerin, doch sie spürte, dass ihr Beruf sie nicht mehr glücklich machte. »Ich kann es gar nicht genau benennen«, erklärte sie mir zu Beginn unserer Sitzung. »Ich mag die Klienten, ich arbeite gern mit Immobilien, und mein Verdienst ist auch mehr als ausreichend. Aber ich spüre keine Zufriedenheit mehr.«*
*»Könntest du dir vorstellen, einen anderen Beruf zu ergreifen?«, fragte ich sie.*
*Sie zuckte mit den Schultern. »Ich bin Mitte fünfzig. Und eigentlich habe ich das Makeln immer geliebt. Wenn es nicht anders geht, dann schule ich natürlich um, aber ist das die Lösung?«*
*Nein, das war nicht die Lösung. Es war vielleicht ein Ausweg aus der Misere, aber nicht immer ist ein radikaler Bruch die beste Option.*

*Wir machten uns an die Arbeit. Gerade im Beruf reicht es im Feeling-Code oft nicht, nur den Begriff Arbeit auf einem Zettel zu notieren. Denn Arbeit setzt sich aus vielen unterschiedlichen Aspekten zusammen. Veronika und ich schrieben also alles auf, was wir mit ihrer Arbeit in Verbindung brachten: Immobilien, Arbeitsweg, Kollegen, Kunden, Verdienst, Arbeitszeit und so weiter. Dann begannen wir mit der Feeling-Code-Sitzung und machten eine überraschende Entdeckung. Denn nicht der Verdienst, nicht die Kunden, nicht die Kollegen, die Arbeitszeit oder die Immobilien selbst waren der Grund, warum Veronika als Maklerin nicht mehr glücklich war. Es war ihr Arbeitsweg, der sie schon in den Morgenstunden müde machte. Ihr Wohnort war vom Immobilienbüro sechzig Kilometer weit entfernt. Jeden Morgen stand Veronika im Stau und ärgerte sich. Dazu kam, dass sie im ländlichen Raum arbeitete und zum Teil weite Strecken für ihre Objekte zurücklegen musste.*

*»Das hätte ich niemals gedacht!«, meinte Veronika verblüfft, als wir nach der Sitzung die Ergebnisse besprachen. »Klar, ich war genervt von der Fahrerei, aber ich hätte es nicht für möglich gehalten, dass sie mir den ganzen Beruf so vermadet.«*

*»Was könntest du denn tun, um in Zukunft weniger Zeit im Auto zu verbringen?«*

*Veronika dachte kurz nach. »Ich werde die Objekte, die weiter weg sind, an einen Kollegen übergeben, der sich gerade ein neues Auto gekauft hat und gar nicht genug vom Fahren bekommen kann. Für die Zukunft nehme ich nur noch Maklerprojekte in einem Umkreis von fünfzehn Kilometern rund um das Büro an. Außerdem lege ich meine Besichtigungen auf maximal drei Tage die Woche, damit ich wenigstens zwei Tage die Woche habe, in denen ich autofrei bleiben kann.«*

*»Bleibt der Weg zur Arbeit. Den musst du immer noch fahren.« Sie grinste. »Ich kenne da eine gute Maklerin, die zwei Straßen vom Büro entfernt eine hübsche Dreizimmerwohnung anbietet. Die werde ich mieten. Provisionsfrei, versteht sich.«*

In den letzten Jahrzehnten hat eine Krankheit den Arbeitsmarkt aufgewirbelt, die es vor ein paar Generationen allem Anschein nicht gab: das Burn-out. Der chronische Erschöpfungszustand entsteht nach landläufiger Meinung durch Überarbeitung. Doch es steckt viel mehr dahinter, denn Burn-out entwickelt sich vor allem bei Menschen, die zu lange gegen ihre Werte und damit gegen sich selbst arbeiten.

Wir leben in einer Gesellschaft, die eine Menge Anforderungen an jeden von uns stellt. Es ist vollkommen normal, zunächst einmal die Werte zu übernehmen, die dir vom Umfeld und der Sozialisation vermittelt werden. Doch spätestens dann, wenn du merkst, dass du in deinem Leben keine echte Freude mehr verspürst, ist es an der Zeit, dir selbst einige Fragen zu stellen. Bist du noch glücklich, wenn morgens der Wecker klingelt und du aufstehen musst? Oder denkst du: »Nicht schon wieder arbeiten?« Bist du jemand, der sich am Montag auf den Freitag freut? Nur um dann endlich das Wochenende auf dem Sofa verbringen zu können, da dir die Energie für Aktivitäten fehlt? Mir sagte einmal jemand einen sehr wahren Satz: »Nicht der Montag ist dein Problem, sondern deine Arbeit!«

Die Schulmedizin neigt dazu, sich vor allem um die Behandlung der Symptome zu kümmern. Tatsächlich erfordert eine so komplexe Krankheit wie das Burn-out eine tiefer gehende Diagnostik. Nicht umsonst genesen die meisten Burn-out-Patienten vor allem dann, wenn sie einen radikalen Bruch mit ihrem alten Leben vollziehen und sich Schritt für Schritt eine neue Welt aufbauen, die von ihren ureigenen Werten geprägt ist und nicht von den Anforderungen der Gesellschaft definiert wird.

Und übrigens: Nicht nur Überforderung hat das Potenzial, dich krank zu machen. Unterforderung kann dich genauso »stressen«, nicht umsonst gibt es neben dem Burn-out auch das Bore-out, das beinahe dieselben Symptome hat, aber durch eine permanente Unterforderung ausgelöst wird.

In unserer Welt ist Stress allgegenwärtig. Morgens erwischen wir gerade noch so den Bus, um einigermaßen pünktlich zum wichtigen Meeting zu kommen – Stress! Dort halten wir eine Präsentation, die wir bis in die Nacht vorbereitet haben – Stress! Kaum ist der Termin absolviert, geht es lustig weiter: In der Mittagspause treffen wir einen Kollegen, mit dem wir ein Projekt besprechen, machen anderthalb Überstunden, weil die Stapel auf unserem Schreibtisch einfach nicht weniger werden, hetzen dann zum Sport und fallen am Abend vollkommen erschlagen ins Bett, ohne auch nur eine einzige Sekunde an diesem Tag mit Ruhe und Nichtstun verbracht zu haben. Stress, Stress, Stress, so weit das Auge reicht.

Stress hatte in der Vorzeit einen Nutzen: Er bewahrte uns davor, von Säbelzahntigern oder anderen Furcht einflößenden Angreifern einfach so mir nichts, dir nichts gefressen zu werden. Im Grunde ist Stress nichts anderes als eine körperliche Reaktion auf eine plötzliche Umgebungsveränderung: Dein Puls wird schneller, deine Muskeln spannen sich an, und dein Körper schüttet Hormone aus, die deine Konzentration fördern und die Reflexe verbessern. Dein Organismus fährt unter Stress alle nicht akut lebenswichtigen Maßnahmen runter – den Stoffwechsel, das Immunsystem, die Verdauung und die Zellerneuerung –, damit du überleben kannst.

Ist die Gefahr vorüber und der Stress ebbt langsam ab, setzen die runtergefahrenen Systeme wieder ein, der Hormoncocktail wird nicht mehr ausgeschüttet, und wir kommen in den Zustand der Homöostase, was so viel wie »Gleichstand« bedeutet. Zumindest bei den Steinzeitmenschen funktionierte das sehr gut. Der moderne Mensch jedoch fühlt sich andauernd unter Druck und zeigt körperliche und psychische Anzeichen von Stress, findet jedoch nur selten zurück in die Homöostase. Dabei können ein langer Spaziergang, Meditation oder einfach ein Nachmittag zur freien Verfügung schon wahre Wunder bei der Stressbewältigung wirken.

Stress ist nicht immer schlecht. Man unterscheidet zwischen dem positiven Eustress und dem negativen Disstress. Eustress wird nicht als Belastung empfunden. Wenn ich mich beeile, um möglichst schnell zu meinem Liebsten nach Hause zu kommen, oder wenn ich mich bemühe, ein Projekt abzuschließen, das mir am Herzen liegt, handelt es sich um ein positives Gefühl. Dieser Stress macht mir Freude und bringt in mir Begeisterung zum Vorschein.

Negativer, belastender Stress, sogenannter Disstress, entsteht bei körperlicher, geistiger oder seelischer Überlastung. Wird der Körper dauerhaft diesem Stress ohne Phasen des inneren oder äußeren Ausgleichs ausgesetzt, reagiert er unweigerlich mit Krankheiten. Stress kann bereits vorhandene Erkrankungen, besonders am Herz und im Gefäßsystem, negativ beeinflussen und sorgt für eine psychische Dysbalance – und die macht krank.

Das Gute ist, dass dir der Feeling-Code dabei helfen kann, einzugreifen, bevor du ernsthaft erkrankst oder irgendwann einfach zusammenklappst. Denn dein Körper teilt dir vermutlich schon lange mit, dass er nicht zufrieden mit der Art und Weise ist, wie du ihn permanentem Stress aussetzt. Die Symptome sind wahrscheinlich schon länger sichtbar – aber hast du sie auch bemerkt?

Frage dich einmal selbst: Bist du zufrieden mit deinem Leben? Erinnere dich zurück an die Übung *Wertsachen* ganz am Anfang des Buches. Wenn einer der Werte, die dir wichtig sind, berufliche Selbstverwirklichung ist, du diese aber nicht (er-)lebst, ist es kein Wunder, wenn du das Gefühl hast, festzustecken. Ein schönes Sprichwort lautet: »Ein Hamsterrad sieht von innen aus wie eine Karriereleiter.« Möglicherweise bist du mit deiner aktuellen Anstellung unzufrieden, traust dich aber noch nicht, zu kündigen. Oder spielst du schon länger mit dem Gedanken, dich selbstständig zu machen, dir fehlt aber die zündende Geschäftsidee?

Um deinen Traumjob finden zu können, musst du wissen, welche Hindernisse noch zwischen dir und deinem idealen Beschäftigungsfeld oder Traumprojekt stehen. Die allererste Frage dabei ist: Was ist überhaupt dein Traumjob?

**Traumjob gesucht!**

Schreib auf leere Zettel fünfzehn verschiedene Berufe, die du gern ausüben würdest – egal, ob du das nötige Handwerkszeug dafür hast oder nicht. Das können Tätigkeiten sein, die du schon als Kind machen wolltest, oder solche, die du später erlernt hast oder in Zukunft gern machen würdest. Jobs, die du dir besonders erfüllend oder schön vorstellst, oder Berufe, um die du andere beneidest. Schreib intuitiv und bremse dich nicht aus!

Wenn die fünfzehn Zettel vor dir liegen, wähle aus diesen fünf Zettel aus, auf denen Berufe stehen, die dir im Vergleich zu den anderen weniger wichtig sind. Diese fünf Zettel legst du beiseite.

Was bedeutet »weniger wichtig«? Denk einmal über Folgendes nach: Stell dir vor, du müsstest arbeiten, ohne Geld zu erhalten. Welche Berufe würdest du ausüben, nur um der Arbeit willen? Einfach, weil dir diese Tätigkeiten Freude bereiten oder sie deine Interessen widerspiegeln?

Von den zehn verbliebenen Zetteln nimmst du noch einmal die

fünf Berufe weg, die dir am wenigsten wichtig erscheinen. Die letzten fünf Zettel enthalten die Berufe, die am besten zu dir passen. Nun gilt es, aus diesen Zetteln den Traumjob für dich zu ermitteln.
Leg die Zettel beliebig auf irgendeine Stelle deines Körpers, geh in dich, wie du es schon gelernt hast, spaziere zu jedem einzelnen Zettel und fühle in ihn hinein. Anhand deiner Wahrnehmungen und Gefühle wirst du bald schon wissen, welche Tätigkeit für dich geeignet ist und welche nicht.

Angenommen, du hast schon deinen Traumjob, aber blöde Kollegen? Oder einen cholerischen Chef, mit dem du nicht umzugehen weißt? Auch hier kann der Feeling-Code helfen!

**Jobcenter**
Schreib die Namen der Personen aus deinem beruflichen Umfeld auf, die dich wütend oder traurig machen oder negativ beeinflussen. Verwende pro Namen einen Zettel und falte ihn zusammen.
Leg danach die Zettel auf den Boden in einen Kreis. Bevor du dich in die Mitte des Kreises stellst, zieh genauso viele Feeling-Karten »Beruf«, wie Namen auf den Zetteln stehen. Leg die Karten intuitiv auf die zusammengefalteten Zettel und stell dich in die Mitte des Kreises. Natürlich weißt du nicht, welcher Name sich auf welchem Zettel verbirgt.
In welche Richtung wandert deine Aufmerksamkeit? Welcher Zettel beziehungsweise welche Feeling-Karte zieht deinen Blick förmlich an? Und welche möchtest du gar nicht ansehen?
Merke dir diese Karten besonders: Hinter ihnen verbirgt sich, mit wem du in die Auseinandersetzung gehen und wen du besser meiden solltest.

Nun löse die Übung auf. Schau dir an, welche Feeling-Karte bei welchem Namen liegt. Es gibt einen direkten energetischen Zusammenhang zwischen den Karten und den Namen. Die Karten sagen dir, wie du dein Verhalten in Bezug auf die Person auf dem Zettel verändern kannst.

- Freiheit: Löse dich von deinen inneren Fesseln und erkenne, dass nur du Verantwortung für dein Leben übernimmst.
- Fülle ernten: Sieh dir an, welche Talente und Stärken euch verbinden. Sei dankbar für das, was dir gegeben ist.
- Goldmagnet: Auch aus einer problematischen Beziehung im Arbeitsumfeld ziehst du Positives. Leg den Konflikt beiseite und konzentriere dich auf das Gute, das dir die Person widerspiegelt.
- Innere Ruhe: Warte geduldig und voller Zuversicht auf den richtigen Moment, um eine Entscheidung zu treffen. Alles, was du tust, geschieht zur richtigen Zeit.
- Männlich sein: Mit Stärke und Kraft trittst du der Person gegenüber auf und zeigst eindeutig Kante. Du entdeckst dein Durchsetzungsvermögen und gehst mutig in Auseinandersetzungen.
- Neuanfang: Investiere in die zwischenmenschliche Beziehung – und vergiss, was vorher war.

# 11 Der Feeling-Code und die heilenden Karten

In meiner Praxis arbeite ich gern mit den Feeling-Code-Karten. Es gibt sie in verschiedenen Ausführungen, auf der Seite www.feeling-code.de findest du ein PDF mit allen zweiundvierzig Karten zum Download. Du kannst dir die Seiten ganz einfach zu Hause oder im Copyshop auf schönem, festem Papier ausdrucken und anschließend zurechtschneiden.

Es handelt sich bei den Karten um Energie- und Entstörkarten, die reinigend oder stärkend wirken und negative Gefühle klären und lösen. Ihre Symbole haben eine große Kraft und sind durch ihre positiven Energien eine wunderbare Hilfe bei der Arbeit mit dem Feeling-Code. Alle Karten haben eines gemeinsam: Sie lösen die Störung in der betreffenden Körperregion auf und sorgen für einen energetischen »Abfluss« und zugleich eine positive Aufladung.

Insgesamt findest du in dem PDF

- sechs Basic-Karten,
- acht Kindliches-Trauma-Karten,
- acht Karten mit Heilzeichen,
- sieben Liebe-und-Partnerschaft-Karten,
- sieben Gesundheitskarten und
- sechs Karriere-und-Erfolg-Karten.

Du kannst alle Karten zum Auflösen von Blockaden bei einer Feeling-Code-Sitzung anwenden, bei der du im Anschluss an die Körperreise je eine Karte pro besuchter Stelle blind auswählst und verdeckt auf beziehungsweise unter deinen Körper legst. Indem du die Karten verwendest, entsendest du die Energie, die auf der Karte steht, an die jeweilige Körperregion oder den betreffenden Menschen, dessen Name auf dem Zettel steht, um Blockaden aufzulösen und Muster zu durchbrechen.

*Meine Klientin Sarah war über vierzig, hatte keine Kinder, war in ihrer Partnerschaft unzufrieden und trat beruflich seit Jahren auf der Stelle. Da es sich um Sarahs erste Feeling-Code-Sitzung handelte, beschloss ich, sowohl mit leeren Zetteln als auch mit den Feeling-Code-Karten zu arbeiten.*

*Sarah suchte sich zehn Karten aus dem vollständigen Kartendeck heraus. Ich möchte betonen, dass es nicht wichtig ist, die Bedeutung der einzelnen Karten zu kennen, es ist sogar besser, sie intuitiv auszuwählen, denn dann wird das Unterbewusstsein aktiviert. Sarah sah sich die Symbole an und wählte aus. Natürlich ist es auch möglich, die Karten blind zu ziehen oder nur aus dem reduzierten Kartendeck zu wählen, beispielsweise aus den Karten zum Thema Liebe und Partnerschaft, wenn es in der Sitzung speziell um das Liebesleben gehen soll. Bei Sarah waren die Probleme umfassend, weshalb ich ihr alle Karten zur Auswahl anbot.*

*»Welche Bereiche deines Lebens möchtest du verbessern?«, fragte ich sie.*

*»Auf jeden Fall den Beruf und die Liebe«, sagte sie wie aus der Pistole geschossen. »Und vielleicht …« Sie zögerte.*

*»Ja?«*

*»Die Selbstliebe. Da bin ich nicht besonders gut drin«, gab sie leise zu.*

*Ich hakte nach. »Wie sieht es mit deinem Körper aus? Akzeptierst du ihn?«*

*Sie schüttelte den Kopf, und ich schrieb neben »Beruf«, »Liebe« und »Selbstliebe« auch »Körperwahrnehmung« auf einen leeren Zettel.*

*Sarah wollte außerdem wissen, wie ihre Familie zu ihr stand. Deshalb beschrieben wir einige Zettel mit den Namen von Familienmitgliedern. Am Ende hatte sie zehn Feeling-Karten gewählt, und wir hatten zehn Zettel mit Wörtern beschriftet.*
*Ich wies sie an, es sich bequem zu machen, gab ein ätherisches Öl in die Duftlampe und brachte sie dazu, sich zu entspannen. Dann legte ich ihr intuitiv auf verschiedene Stellen ihres Körpers die mit Wörtern beschrifteten Zettel auf. Einer lag in ihrer linken Hand, einer in ihrer rechten, ich nahm den linken und den rechten Fuß dazu, und auch die Schultern bezog ich mit ein. Das Herz ließ ich aus, da sie kürzlich am Herz operiert worden war. Die anderen Zettel verteilte ich unter ihrem Kopf, auf ihrem Intimbereich und unter ihren Knien.*
*Dann ließ ich sie mit ihrem kleinen Ich durch ihren Körper wandern, und sie berichtete mir von jedem Eindruck, den sie an der jeweiligen Stelle verspürte. Sie beschrieb mir, was sie wahrnahm, ganz vorbehaltlos und offen.*
*Und jedes Mal fragte ich sie: »Fühlt es sich positiv oder negativ an?« Es ist wichtig, zu wissen, ob ein Eindruck ein angenehmes oder unangenehmes Gefühl verursacht. Denn Helligkeit, Dunkelheit, Wärme, Kühle, verschiedene Farben und Symbole sind erst einmal wertfrei zu verstehen. Sie stehen für etwas, einen Gemütszustand, ein Erlebnis aus der Vergangenheit, eine alte Verletzung, aber sie müssen nicht negativ behaftet sein. Erst die individuelle Empfindung desjenigen, der die Körperreise macht, entscheidet darüber, ob es sich um eine Blockade oder Unebenheit beziehungsweise einen Zustand handelt, der aufgelöst werden soll, oder ob die Stelle so bleiben kann, wie sie ist.*
*Danach kamen die Feeling-Karten zum Einsatz. Ich fragte Sarah, auf welchen Zetteln und Stellen ich die unterschiedlichen Karten verteilen sollte. Sie wählte intuitiv und blind die Feeling-Karten aus, und ich verteilte sie auf ihrem Körper, sodass am Ende zehn beschriftete Zettel und je eine Feeling-Karte darüber auf ihrem Körper verteilt waren.*

*Als wir mit der Sitzung fertig waren, deckte ich die Zettel und Karten auf. Das Interessante war, dass Sarah den Zettel »Beruf« und die Feeling-Karte »Hamsa« aufeinanderliegen hatte. Ich erklärte ihr: »Das Hamsa-Symbol steht für Schutz, zeigt jedoch auch Stillstand an. Daraus können wir schließen, dass du mit deinem Beruf in einer Sackgasse gelandet bist.«*
*Sarah bestätigte, dass sie schon länger das Gefühl hatte, im Job nicht weiterzukommen. Nun wussten wir, dass sie auf dieser Position keine Veränderung zu erwarten hatte, sondern einen neuen Weg gehen musste.*
*Die Feeling-Karte »Selbstliebe« hatte Sarah intuitiv dem Zettel zugeordnet, auf dem der Name ihrer Mutter stand.*
*»Das passt«, meinte sie nachdenklich. »Meine Mutter hatte große Probleme damit, sich selbst zu akzeptieren – von Selbstliebe ganz zu schweigen.«*
*»Also hast du von deiner Mutter nie gelernt, dass du dir selbst genug bist?«, wollte ich wissen.*
*Sarah schüttelte den Kopf.*
*Die »Lotosblume« befand sich auf dem Zettel mit dem Namen ihres Partners. Es ist das Zeichen für eine tiefe Wandlung, um wieder in innere Balance zu kommen. Sie hilft, negative Glaubenssätze und Muster aufzulösen und das Gleichgewicht zwischen männlichen und weiblichen Energien wiederherzustellen. Das Symbol eignet sich auch für die Verbindung zwischen den Partnern – es war offensichtlich, dass Sarahs Beziehung aus dem Gleichgewicht geraten war.*
*Den Begriff »Geld« hatte Sarah mit der Feeling-Karte »Frei sein« zusammengelegt.*
*»Das verstehe ich nicht«, erklärte Sarah. »Was hat Geld mit meiner Freiheit zu tun?«*
*Ich forderte sie auf, den Begleittext der Karte vorzulesen.*
*»Die Karte Frei sein unterstützt dich dabei, frei zu sein und dich nicht (länger) einsperren zu lassen. Sie lehrt dich, dass du der Meister oder die Meisterin deines Seins bist, und lässt dich er-*

*kennen, dass du innerlich frei bist und doch dazugehörst«, las Sarah laut. Dann blickte sie mich an.*
*»Wie sieht es denn aus bei dir mit dem Geld? Hast du genug davon? Kommst du gut mit Geld klar?«*
*Sie zuckte mit den Schultern. »Im Grunde habe ich nie genug. Ich kann mich mit meinem Gehalt gerade so über Wasser halten. Wenn mein Partner nicht wäre, wüsste ich ehrlich gesagt nicht, wie ich mir das Leben leisten könnte.«*
*»Das ist der springende Punkt«, erklärte ich. »Du kannst nicht frei haushalten, sondern bist auf deinen Partner angewiesen.«*
*Sie nickte. »Das stimmt.«*
*»Dann wundert es mich nicht, dass eure Beziehung nicht ausgeglichen ist. Fühlst du dich ihm unterlegen?«*
*Sarah dachte nach. »Eigentlich nicht. Aber was das Geld angeht, schon.« Sie schwieg einen Moment und fragte mich dann: »Und was soll ich jetzt tun?«*
*»Du trittst beruflich auf der Stelle und verdienst nicht genug, um frei entscheiden und handeln zu können. Das belastet unter anderem deine Beziehung. Was denkst du, was könnte dein Problem lösen?«*
*Sarah blickte mich lächelnd an. »Ich muss einen anderen Job finden, in dem ich mehr verdiene. Damit löse ich zwei Probleme auf einmal.«*

Die Karten unterstützen dich dabei, die im jeweiligen Moment am besten geeigneten Energien für dich zu generieren. Alle Karten verfügen über energetische Schwingungen. Es ist deine Entscheidung, ob und wie du sie in besonders schwierigen Lebenssituationen einsetzen möchtest, um Unterstützung zu erhalten. Sie wirken sich auf deine Seele und auf deinen Körper aus, genau dort, wo sie gerade gebraucht werden, um deine Stimmung und dein Gefühl zu verbessern.

Du kannst die Karten verwenden, indem du sie während einer Feeling-Code-Sitzung auf die betreffenden Körperregionen auflegst und, nachdem du die selbst beschriebenen Zettel entfernt hast, noch einen Moment liegen lässt, damit sie ihre volle Wirkung entfalten. Noch besser können die Energien fließen, wenn du das jeweilige Symbol der Karte auf deine Haut malst.

**Der Große Feeling-Code und die heilenden Karten**

1. Absolviere eine Große-Feeling-Code-Sitzung nach dem bekannten Prinzip.
2. Sieh dir anschließend deine Notizen an. Welche Körperregion mit welchem Zettel darauf oder darin hat welche Empfindungen in dir ausgelöst? Sind sie positiv, so darfst du ihnen mit Wohlwollen begegnen. Sind sie unangenehm, schmerzhaft oder negativ, gibt es Handlungsbedarf.
3. Wähle aus den zweiundvierzig Karten, die du heruntergeladen und dir ausgedruckt hast. Ziehe blind eine Karte und leg sie intuitiv auf eine der unangenehmen Körperregionen.
4. Schau dir an, welche Karte du gezogen hast, und lies im Anhang des Buches oder in Kapitel 11 (Der Feeling-Code und die heilenden Karten) nach, welche Bedeutung die Karte hat. Konzentriere dich dann mit geschlossenen Augen auf die jeweilige Region und entsende all das, was auf der Karte steht, in diese Körperstelle.
5. Verfahre auch bei den weiteren Körperregionen so – für jeden Ort, an dem ein Zettel lag und den du während deiner Körperreise besucht hast, ziehst du blind eine Karte und legst sie auf den Körperteil. Die positive Energie der Karte geht auf dich und den Körperteil über.
6. Wenn du das Gefühl hast, ein inneres Gleichgewicht gefunden zu haben, atme ein paarmal tief durch, öffne langsam die Augen und komm wieder im Hier und Jetzt an.

Die Feeling-Code-Karten helfen dabei, seelische oder körperliche Beschwerden zu lindern und physisches oder psychisches Ungleichgewicht gar nicht erst entstehen zu lassen. Sie bringen dich in die Balance und geben dir bei depressiven Stimmungen Kraft und Willensstärke. Sie lehren dich, deinem seelischen Immunsystem die notwendige Aufmerksamkeit zu schenken.

Die Karten sollen dich in allen Lebenslagen begleiten, dich in schweren Zeiten unterstützen und dir bei der Verarbeitung negativer Gefühle und Erfahrungen hilfreich zur Seite stehen. Sie verleihen dir Energie, reinigen deine Seele und deinen Körper und spenden dir in schweren Zeiten Trost. Sie werden dein Leid erleichtern, dir helfen loszulassen und dir den Weg zu dir selbst ebnen. Nutze die Feeling-Karten, und sie werden dir tiefgründige Erlebnisse und Erfahrungen schenken und immer genau die Wirkung auf deine Seele und deinen Körper haben, die es gerade braucht, um deine Stimmung, dein Gefühl und dein Sein zu bereichern.

Zu Beginn empfehle ich dir, die themenbezogenen Karten für Gesundheit, Karriere und Erfolg sowie Liebe und Partnerschaft nur bei Feeling-Code-Sitzungen zu verwenden, die sich auch tatsächlich auf diese drei Themenbereiche beziehen. Die Basic-Karten, die Karten »Kindliches Trauma« sowie die Heilzeichen eignen sich hingegen sehr gut für deine ersten Feeling-Code-Reisen in deinen Körper. Sie stellen ein ideales Grundlagen-Set dar und sind universell einsetzbar. Nach und nach kannst du die anderen Karten dann dazunehmen.

Die Beschreibung der einzelnen Symbole und deren Bedeutung findest du noch einmal kurz und knapp als Übersicht im Anhang des Buches.

Wie kann man die Karten auch außerhalb einer Feeling-Code-Sitzung nutzen? Es gibt zum Beispiel die

Möglichkeit, eine einzelne Karte, deren Wirkung du dir in deinem Leben wünschst, auszuwählen und ein Glas Wasser auf die Karte zu stellen. Während das Glas mindestens fünfzehn Minuten auf der Karte steht, liest du dir im Anhang noch einmal die genaue Bedeutung der Karte durch und visualisierst, welche Auswirkung die neue Eigenschaft in deinem Leben haben wird, beispielsweise »Stärke«. Trinke dann das Wasser und wiederhole das Vorgehen am besten jeden Tag. Bald schon wirst du spüren, dass sich dein Körper stärker und energievoller anfühlt. Übrigens eignet sich die Wasserglasmethode besonders gut bei Kindern – und sogar bei Menschen, die mit der Feeling-Code-Technik nicht vertraut sind. Probier es doch einmal aus!

Auch ist es möglich, einzelne Karten am Körper zu tragen, wenn du das Gefühl hast, in einer bestimmten Situation besondere Unterstützung zu benötigen.

## Die Basic-Karten

Bei den zehn Basic-Karten zum Feeling-Code handelt es sich um folgende energetische Begriffe:

- Bewusstseinserweiterung
- Blinder Fleck
- Energie
- Frei sein
- Loslassen
- Rückschau

Die Karte **Bewusstseinserweiterung** bringt mehr Spiritualität in dein Leben. Wenn du engstirnig oder egoistisch bist oder oftmals viel Wut in dir trägst, so verwende die Karte der Bewusstseinserweiterung. Spüre, dass wir alle eins sind, dass wir zusammengehören und dass jeder Stärken und Schwächen in sich trägt. Diese Karte wird dir zu mehr Gelassenheit in Bezug auf die Menschen um dich herum verhelfen, und genau das wird dir sehr guttun.

Der **Blinde Fleck** führt dir vor Augen, dass sich hinter Erfahrungen, Gefühlen, Bildern, Tönen und Farben noch mehr verbirgt. Hier scheint etwas noch tiefer zu liegen. Diese Karte dringt bis in deine hintersten Ecken vor, damit du spürst, wo noch etwas gesehen werden möchte. Es ist die Reinigungskarte deines seelischen Immunsystems.

Die **Energie**-Karte verleiht dir einen Powerschub. Sie ermöglicht dir, wieder mehr Kraft zu spüren und dich zu verausgaben. Wenn du dich immer wieder abgeschlagen fühlst und nur wenig Energie in dir trägst, leg diese Karte unter dein Kopfkissen. Du wirst über Nacht so stark regenerieren, dass du am nächsten Morgen voller Kraft aus dem Bett springst.

Diese Karte kann auch bei Menschen angewandt werden, denen der Lebensmut verloren gegangen ist. Fehlende Motivation, kein Antrieb und Lustlosigkeit, aber auch depressive Verstimmungen können durch die Energie-Karte sehr gut geklärt werden. In letzterem Fall ist es ratsam, die Karte während einer Feeling-Code-Sitzung auf oder an den Kopf zu legen, da die meisten neurologischen Probleme dort verankert sind. Sie funktioniert aber natürlich auch auf jedem anderen Körperteil.

Die Karte **Frei sein** unterstützt dich dabei, frei zu sein und dich nicht (länger) einsperren zu lassen. Sie lehrt dich, dass du der Meister oder die Meisterin deines Seins bist, und lässt dich erkennen, dass du innerlich frei bist und doch dazugehörst.

Die **Loslassen**-Karte eignet sich hervorragend, wenn du vorhast, dich von jemandem abzuwenden. Gerade wenn du Liebeskummer hast oder es dir in zwischenmenschlichen Situationen nicht gutgeht, hilft dir die Karte. Alte Erinnerungen, belastende Erfahrungen und negative Begebenheiten kannst du mit ihrer Hilfe loslassen. Sie hilft dir, dich selbst wiederzufinden. Solltest du gerade akut an Liebeskummer leiden, so trage die Karte am besten den ganzen Tag bei dir, zum Beispiel in einer Tasche oder nah an deinem Körper.

Die **Rückschau**-Karte hilft dir dabei, auf Vergangenes zurückzublicken und die Ereignisse anzunehmen. Sie unterstützt dich dabei, alles, was war, zu begreifen, um das, was noch vor dir liegt, zu verstehen. Mit ihrer Hilfe lernst du, deine Vergangenheit zu akzeptieren, um glücklich zu leben.

Sehr gut wirkt diese Karte in Verbindung mit der Karte **Blinder Fleck.** Lege beide Karten auf eine Stelle deines Körpers, wo es zu einer dunklen, kalten oder harten Blockade kommt. Oft befinden sich diese Stellen, die mit der Vergangenheit zu tun haben, in der Nähe der Beine. Nach dem Auflegen und Wirken lassen der Karten kann es ein paar Tage später in einem Traum zur Lösung der Blockade kommen, in dem du die Erlebnisse noch einmal verarbeitest. Auch eine plötzlich wiederauftauchende Erinnerung bringt dich auf den richtigen Weg, das Vergangene hinter dir zu lassen.

## Kindliches Trauma

Bei diesem Kartendeck handelt es sich um folgende Karten:

- Blockaden lösen
- Grenzen setzen
- In Liebe getränkte Herzen
- Loslassen der Vergangenheit

- Schutz und Sicherheit
- Selbstliebe
- Selbstvertrauen
- Universal

Mit der Karte **Blockaden lösen** kannst du Verstrickungen in deinem Leben lösen, um deine Energie wieder frei fließen zu lassen. Die Karte hilft dir, zu erkennen, welche Blockaden aufzulösen sind, damit das Qi wieder frei durch deinen Körper strömen kann.

Dank der **Grenzen-setzen**-Karte wirst du künftig in der Lage sein, Grenzen zu setzen und Nein zu sagen. Sie verschafft deiner inneren Stimme mehr Gehör und macht dir bewusst, was dir im Leben wichtig ist. So erkennst du, dass du immer geschützt bist, auch dann, wenn du Nein sagst. Die Karte hilft dir dabei, Menschen anzuziehen, die mit deinem Nein umgehen können. Vergiss nie: Ein Nein zu anderen ist ein Ja zu dir.

Eine besondere Karte, die ich sehr oft verwende, ist die Karte **In Liebe getränkte Herzen.** Was muss man sich darunter vorstellen? Die Karte unterstützt dich dabei, wieder Sonne in dein Herz zu lassen und deine Liebe und dein Sein wiederzuerkennen. Sie verleiht dir die Kraft und Stärke, wieder zu dir selbst zu finden, wenn es dir nicht gutgeht oder du dich mit negativen Gedanken und Erfahrungen quälst.

Ich stelle mir, wenn ich die Karte anwende, immer maximale positive Energie vor, die in den Körper hineinfließt. In Liebe getränkte Herzen ist ein Bild für alles, was gut und reinigend ist. Die positive Energie neutralisiert negative Gefühle, die bei der Auseinandersetzung mit dir selbst auflodern können, und hilft dir dabei, dir selbst und anderen zu vergeben.

Jeder Mensch hat dazu ein anderes Bild, wie diese in

Liebe getränkten Herzen aussehen, und jedes dieser Bilder ist richtig und wirksam. Kannst du dir vorstellen, dass es »in Liebe getränkte Herzen« in der Farbe deiner Wahl vom Himmel regnet? Diese Herzen können tatsächlich eine Herzform haben und rot, vielleicht sogar ein sattes Rot, sein. Ich persönlich stelle mir österreichische Punschkrapfen in Herzform vor, die mit Liebe und Leichtigkeit gefüllt sind.

Auch wenn diese Herzen in einem schönen Grün oder Gelb vom Himmel fallen, sind sie gut für dein Wohlbefinden. Öffne in Gedanken deinen Körper und alle Zellen, um die bedingungslose Liebe in dich aufzunehmen. Spüre, wie diese unendliche und wohltuende Liebe deinen Körper nährt. Nimm dir Zeit und lass das Gefühl in dich hineinfließen, solange du es für notwendig und angenehm empfindest. Sollten bei einer Feeling-Code-Sitzung starke negative Vorfälle aus der Vergangenheit aufsteigen, dann bitte ich dich, dir »in Liebe getränkte Herzen« vorzustellen und dich damit berieseln zu lassen.

Mithilfe der Karte **Loslassen der Vergangenheit** erkennst du, dass du eine alte Liebe noch nicht losgelassen hast. Sie unterstützt dich dabei, die Person freizugeben und zu Neuem aufzubrechen. Es kann sein, dass die alte Liebe, die du noch nicht hast gehen lassen, nicht mehr unter uns weilt oder bereits in einer anderen Beziehung lebt.

Die Karte **Schutz und Sicherheit** unterstützt dich dabei, dich selbst zu stabilisieren und Schutz und Sicherheit in dein Leben zu lassen. Du erkennst, dass du den Kampf schwerer vergangener Zeiten überstanden hast. Die Karte lässt ausschließlich positive Energien zu dir durchdringen und ist ideal geeignet, wenn ein schwieriges Gespräch ansteht.

Mit der **Selbstliebe**-Karte wirst du in deiner Mitte ankommen. Sie unterstützt dich dabei, dir bewusst zu machen, was du kannst, und hilft dir, deine Ressourcen und Stärken zu erkennen. Du wirst in der Lage sein, dich mit einem Lächeln selbst zu bewundern und deine inneren Kräfte zum Vorschein zu bringen. Du bist zukünftig stolz darauf, ein Bürger dieser Erde zu sein, und kommst auf eine zarte und besänftigende Art und Weise bei dir selbst an.

Mit der **Selbstvertrauen**-Karte lernst du, dir selbst zu vertrauen. Sie zeigt dir, wer du wirklich bist, dass du wachsen und dich selbst stärker wahrnehmen kannst. Nur du bestimmst über dein Leben. Die Karte unterstützt dich dabei, auf deine innere Stimme zu hören und zu erkennen, was gut für dich ist. Sie eignet sich besonders für dich, wenn du dir deiner selbst noch nicht sicher bist.

Die **Universal**-Karte unterstützt dich darin, die Freude in dir zuzulassen und dein Leben mit Liebe und Balance zu bereichern. So wird deine Lebensqualität erhöht und du wirst spürbar glücklicher. Diese Karte solltest du in Verbindung mit einer anderen Karte verwenden, um zu definieren, worauf der Fokus liegt.

## Heilzeichen

Bei den acht Heilzeichen handelt es sich um besondere Schutzzeichen. Sie helfen dir insbesondere in zwischenmenschlichen Konfliktsituationen und beschützen dich vor den negativen Gedanken anderer.

Die Symbole, die du auf den Karten findest, haben eine besondere spirituelle Wirkung, denn sie entspringen einem alten, universellen Wissen aus mehr als dreitausend Jahren Menschheitsgeschichte.

- Anch
- Pentagramm

- Yin-Yang
- Baum des Lebens
- Hamsa
- Hermesstab
- Blume des Lebens
- Lotosblume

**Das Anch** ist ein altägyptisches Symbol, das für das Weiterleben im Jenseits steht. Es steht demnach für Unsterblichkeit, aber auch für Lebenskraft. Im vorliegenden Kartendeck unterstützt es dich dabei, deine sexuelle Energie wahrzunehmen und achtsam mit deiner Sexualität umzugehen. Das Anch bringt dich zurück in deine Weiblichkeit oder Männlichkeit und hilft dir, Sinnlichkeit zu erleben. Die Karte unterstützt dich außerdem, wenn bei dir im Bett gerade Flaute herrscht.

**Das Pentagramm** wurde schon in der Antike als Symbol der Venus verwendet. Pythagoras kannte es außerdem als Zeichen der Gesundheit. Im Mittelalter diente das Pentagramm als Schutzzeichen gegen das Böse sowie als Zauber- und Abwehrzeichen gegen Dämonen. Und auch die Freimaurer verehrten das Symbol, da es den vier Elementen Feuer, Wasser, Erde und Luft sowie dem fünften Element des Äthers huldigte. Im Feeling-Code unterstützt dich das Zeichen dabei, Energieräuber fernzuhalten. Es schützt dich vor Bösem und zieht gute, dir wohlgesinnte Menschen in dein Leben. Die obere Spitze des Pentagramms repräsentiert deinen Geist, die anderen vier Spitzen die Elemente Luft, Erde, Wasser und Feuer. Sollte das Symbol in Verbindung mit einer anderen Person auftauchen, ist es ratsam, die Beziehung noch einmal zu überdenken.

Aus der chinesischen Kultur kommt das **Yin-Yang**-Symbol, das dir sicher schon öfter begegnet ist. Es wurde auch schon von den Kelten, Etruskern und Römern verwendet. Es steht für die Überzeugung, dass es auf unserer Welt (und darüber hinaus) immer zwei entgegengesetzte Kräfte gibt, die miteinander im Einklang stehen: Tag und Nacht, Leben und Tod, Ebbe und Flut und so weiter. Im Feeling-Code unterstützt dich diese Karte dabei, das Männliche und das Weibliche in dir zu vereinen und für Harmonie in deinem Inneren zu sorgen. Sie verdeutlicht, dass Gleichgewicht der Schlüssel zu einem ganzheitlichen Leben ist.

Der **Baum des Lebens** ist ein Fruchtbarkeits- und Schöpfungssymbol und kommt in der Mythologie vieler Völker vor. Er steht im Zentrum der Welt und symbolisiert die Weltachse, denn während seine Äste bis in den Himmel reichen, gelangen seine Wurzeln bis tief unter die Erde. So verbindet der Baum des Lebens Himmel, Erde und Unterwelt. Diese Karte hilft dir, den Kreis des Lebens wahrzunehmen: die Geburt, das Leben, den Tod und die Wiedergeburt. Sie unterstützt dich dabei, Dinge zu bereinigen, die noch zu klären sind.

Darüber hinaus hilft dir der Baum des Lebens zu erkennen, was im Leben wichtig ist, was du hinterlassen möchtest und welche Personen dich zeit deines Lebens begleiten sollen. Die Karte hilft dir besonders bei Erdungs- und Himmelsübungen, denn sie lässt negative Energie in die Erde abfließen und gleichzeitig in den Himmel aufsteigen, wo sie zu Liebe transformiert wird.

Das Symbol **Hamsa** ist auch als Hand der Fatima bekannt. Es stellt ein universelles magisches Abwehrmittel gegen den bösen Blick dar, bringt jedoch auch Kraft und Glück. Im Feeling-Code hilft dir diese Karte dabei, Schutz zu finden und dich vor schwierigen Situationen und Herausforderungen zu bewahren. Die ausgestreckte, abwehrende Hand steht allerdings auch für den Stillstand.

Das Symbol taucht oft in Verbindung mit Neid und Missgunst auf – eine Aussprache wirkt meist Wunder.

Der **Hermesstab** war im Altertum Erkennungszeichen der Herolde, der sie als Überbringer schlechter oder geheimer Nachrichten schützen sollte. In der Alchemie stellt das Zeichen die Verbindung zweier gegensätzlicher Kräfte, aber auch die Fruchtbarkeit dar. Durch den Hermesstab im Feeling-Code kann die Energie in deinem Leben wieder fließen. Die Karte hilft dir, zu erkennen, wo die Energie ins Stocken geraten ist und welche Bereiche deines Lebens gesäubert werden müssen. Außerdem unterstützt dich das Zeichen darin, Gefühle und Energien wahrzunehmen, die in deinem Beruf, deinem Privatleben, deinen Freundschaften und deiner Gesundheit mitschwingen und diese beeinflussen.

Der Hermesstab wirkt auch als Fruchtbarkeitskarte, also falls ein Kind gewünscht wird, oder als Hilfe zur erfolgreichen Umsetzung eines Projekts.

Das Symbol **Blume des Lebens** ist bereits seit Jahrhunderten als Ornament aus Architektur und Kunst bekannt, wird jedoch erst in der modernen Esoterik als Schutzamulett verwendet. Es dient der Belebung von Wasser, der Entstörung von Innenräumen und dem allgemeinen Schutz. Die Blume des Lebens im Feeling-Code zeigt das Muster der Schöpfung und die Frucht des Lebens. Diese Karte hilft dir, die heiligen Geheimnisse des Universums zu entdecken. Mit ihrer Hilfe lernst du, hinzusehen und zu erkennen, wer du bist, warum du bist und was du bist.

Die **Lotosblume** ist eines der ältesten Symbole der Menschheit und steht für Erneuerung, Transformation und Neubeginn, aber auch für Göttlichkeit, Fruchtbarkeit und Reichtum. Sie symbolisiert die Reinheit des Herzens und die spirituelle Erleuchtung. Mit dieser Karte wirst du eine tiefe Wandlung vollziehen und wieder in deine innere Balance zu kommen. Die Lotosblume hilft dir, negative Glaubenssätze und Muster aufzulösen und das Gleichgewicht zwischen männlichen und weiblichen Energien gerade in Bezug auf die Partnerschaft und unter Kollegen wiederherzustellen.

## Karten zu Liebe und Partnerschaft

Zu diesem Kartensatz gehören die sieben energetischen Begriffe

- Bedingungslose Liebe
- Fruchtbarkeit
- Liebesmagnet
- Liebevolle Verbundenheit
- Sexualität
- Selbstwert
- Weibliche Fülle

Die Karte **Bedingungslose Liebe** wird dir zeigen: Egal, mit wem du Streit oder Differenzen hast, alles darf heilen, und ihr seid eins. Sie lässt dich erkennen, dass jeder Mensch, jede Gegebenheit und jede Erfahrung eine Art Spiegel für dich und dein Leben darstellt. Die bedingungslose Liebe betrachtet dich mit liebevollem Blick und zeigt dir, dass wir alle Kinder Gottes sind und dass es wichtig ist, dass wir zusammenhalten und gemeinsam an einem Strang ziehen.

Die Karte **Fruchtbarkeit** unterstützt dich darin, ein Projekt zu »pushen«. In Kombination mit der Karte »In Liebe getränkte Herzen« und dem Hermesstab zieht sie das Gute in dein Leben, damit es fruchten kann. Insbesondere Frauen hilft sie, Muster und Blockaden aufzulösen, um fruchtbar zu sein und leichter schwanger zu werden. Diese Karte eignet sich deshalb besonders für Personen, die ihr Leben mit Kindern bereichern wollen.

Mit der **Liebesmagnet**-Karte wirst du der Liebesmagnet der Welt sein. Sie hilft dir, deine Anziehung zu stärken und positive Menschen in deinem Leben zu begrüßen. Du wirst durch sie dein Charisma entdecken, deine Weiblichkeit oder Männlichkeit voll ausleben und im Mittelpunkt der Aufmerksamkeit stehen. Deiner Wirkung bist du dir bewusst, und du genießt sie.

Die Karte **Liebevolle Verbundenheit** eignet sich besonders für Paare, die den Kontakt zueinander verloren haben. Sie richtet sich auch an Seelenpartner, die sich zwar kennen, aber noch nicht miteinander verbunden sind. Diese Karte ist ein Türöffner für jede neue Liebe.

Mithilfe der Karte **Sexualität** wirst du deine Intimität besser kennenlernen und ausleben. Sie offenbart dir, wie es sich anfühlt, anziehend auf andere zu wirken. Durch sie wirst du erkennen, wie schön es sein kann, deine eigene Sexualität zu leben und dich selbst auf eine Art und Weise zu befriedigen, die dir guttut. Du lernst, was du magst und was nicht, und erlangst die Fähigkeit, dies auch zu kommunizieren, um zukünftig glücklich und zufrieden mit dir selbst zu sein.

Die **Selbstwert**-Karte unterstützt dich dabei, deine Stärken zu erkennen und zurück in deine Weichheit zu kommen. Durch ihre Hilfe wirst du dich selbst durch die Augen der bedingungslosen Liebe sehen und Dinge wahrnehmen, von denen du nicht geglaubt hättest, dass du sie jemals spüren könntest. Sie hilft dir auch, zu erkennen, was du wert bist, und wird Geld, Liebe und Wohlstand in dein Leben ziehen.

Die Karte **Weibliche Fülle** unterstützt dich dabei, deine Weiblichkeit auszuleben und dich insgesamt weicher zu machen. Sie lässt dich erkennen, dass es ein sehr erfüllendes Gefühl ist, eine Frau sein zu dürfen, dir selbst wohlwollend gegenüberzutreten und die eigene Weiblichkeit in dir zu spüren.

## Gesundheitskarten

Zu den sieben Karten, die sich speziell um deine Gesundheit kümmern, gehören:

- Balance
- Gesundheit
- Heilung
- Stärke
- Stille
- Stoffwechsel anregen
- Zellenreinigung

Die **Balance**-Karte unterstützt dich beim Ausgleich in jede Richtung. Beim Ausbalancieren des inneren Gleichgewichts kann es zu Schmerzen kommen – diese Karte mildert sie. Sie hilft dir, die Liebe und den Mut anzunehmen, die aus dem überwundenen Schmerz hervorgehen. Darüber hinaus eignet sich diese Karte nicht nur für deinen Körper, sondern auch für Räume oder Wohnungen. Falls du ein Zimmer hast, in dem du dich nicht besonders wohlfühlst, lege die Balance-Karte hinein und warte einige Tage ab, bis die negativen Energien abgewandert sind. Lüften nicht vergessen!

Mit der Karte **Gesundheit** kannst du jede Zelle deines Körpers reinigen und klären und alles Negative aus den Zellen herausschwemmen. Wenn du krank bist, lege die Karte auf die betroffene Stelle und entspanne dich für einige Minuten. Sehr gut wirken die Karten auch über Nacht beziehungsweise beim Einschlafen, da in diesen Phasen das Unterbewusstsein besonders aktiv ist. Du kannst die Karte einfach unter dein Kopfkissen oder auf die kranke Stelle deines Körpers legen. Nutze sie auch in Kombination mit der Karte **In Liebe getränkte Herzen,** um Gesundheit, Wohlbefinden und Liebe in deinem Leben willkommen zu heißen. Sie hilft dir, anzunehmen, was gerade ist, und so den ersten Schritt der Heilung einzuleiten.

Die Karte der **Heilung** sorgt dafür, dass du rasch genesen und heil werden darfst. Schmerzliche Erfahrungen, schlimme Erlebnisse und alles Negative, mit dem du glaubst, nicht fertigzuwerden, kannst du mithilfe dieser Karte klären und in Positives umwandeln. Wenn du körperliche Probleme hast, male das Symbol der Heilung auf die schmerzende Stelle, und du wirst merken, dass deine Genesung schneller eintritt, als du erwartet hast. Bei depressiven Verstimmungen legst du die Karte auf dein Herz; sie wirkt hier besonders stark.

Dank der **Stärke**-Karte wirst du kraftvoll sein und schwere Zeiten gut überstehen. Sie hilft dir, deine innere Kraftquelle aufzuladen und Energien freizusetzen, die dir helfen, etwas durchzustehen oder zu erreichen. Diese Karte hilft dir auch bei schwierigen Arztbesuchen und bei Angst vor Krankheiten.

Die Karte **Stille** unterstützt dich dabei, auf deine Intuition zu vertrauen und die Kommunikation mit dir zu stärken. Dein Fokus wird sich vom Außen ins Innen verlegen. So erkennst du die Bedeutung dessen, was du wahrnimmst, wenn du in dich gehst. Hast du die Karte der Stille gezogen, ist nun der richtige Moment, um den Blick nach innen zu richten, zu erkennen, anzunehmen und darauf zu vertrauen, dass alles gut werden darf.

Wenn du Gewicht verlieren willst, ist die Karte **Stoff-**

**wechsel anregen** perfekt für dich. Sie unterstützt dich dabei, dein Immunsystem zu stärken, deine Zellen zu reinigen und deinen Stoffwechsel in Schwung zu bringen. Damit verhilft sie dir zu mehr Energie und Motivation, um deinen Alltag locker und leicht zu bewältigen. Fett und Übersäuerung in deinem Körper werden so effektiv abgebaut. Leg diese Karte jeden Abend vor dem Schlafengehen auf deinen Bauch und lass sie bis zum nächsten Morgen liegen. Oder stell ein Glas mit Wasser auf die Karte. Nach einer kurzen Einwirkzeit kannst du das Wasser trinken und damit deinen Stoffwechsel anregen.

Die **Zellenreinigung**-Karte wird dir dabei helfen, deinen Körper zu entschlacken und bis in die kleinste Zelle von all den negativen Erfahrungen, Mustern und Blockaden zu reinigen, die du nicht mehr mit dir tragen möchtest. Am effektivsten wendest du diese Karte im Rahmen einer Entschlackungs- oder Entgiftungskur an.

## Karten zum Thema Karriere und Erfolg

Sechs Symbolkarten für Karriere und Erfolg vervollständigen den Kartensatz:

- Freiheit
- Fülle ernten
- Goldmagnet
- Innere Ruhe
- Männlich sein
- Neuanfang

Mit der **Freiheit**-Karte wirst du lernen, deine inneren Fesseln abzulegen und zu erkennen, dass alle deine Gedanken frei sind. Du bist der Meister oder die Meisterin deines eigenen Lebens. Die Karte hilft dir dabei, zu erkennen, in welchen Bereichen du noch gefangen bist und wie du dich aus diesen Fesseln lösen kannst.

Die Karte **Fülle ernten** unterstützt dich dabei, immer energetisch aufgeladen zu sein. Sie weist dir den Weg zur Fülle deiner Möglichkeiten und lässt dich die bedingungslose Liebe spüren, die in dir ist. Sie hilft dir, Erfolg, Reichtum und Unabhängigkeit durch deinen Körper fließen zu lassen.

Der **Goldmagnet** sorgt dafür, dass du liebe Menschen triffst und alles Spirituelle in dir vereint wird. Die Karte unterstützt dich dabei, Projekte erfolgreich umzusetzen und Positives (Materielles wie Immaterielles) in dein Leben zu ziehen. Wenn du Lotto spielst, darfst du mit der Karte auf einen Gewinn hoffen.

Die **Innere-Ruhe**-Karte hilft dir, den richtigen Moment zu spüren und zu erkennen, dass alles, was du tust, zur richtigen Zeit geschieht. Dank ihr wirst du mit dem Gefühl der inneren Unruhe und des Nicht-angekommen-Seins umzugehen wissen. Außerdem lehrt sie dich, geduldig zu sein und abzuwarten, um eine Entscheidung im richtigen Moment zu treffen.

Die Karte **Männlich sein** unterstützt dich darin, deine Männlichkeit mehr zu leben. Mit ihrer Hilfe kannst du Dinge schneller ändern. Dank innerer Kraft gelangst du zu mehr Standhaftigkeit in deinem Leben. Mit dieser Karte ziehst du mehr Durchsetzungsvermögen, Mut und Abenteuerlust in dein Leben. Diese Karte eignet sich speziell für Personen, die (zu) viele weibliche Attribute in sich vereinen und sich mehr Stärke und Klarheit wünschen.

Die **Neuanfang**-Karte hilft dir, neue Beziehungen einzugehen oder alte wiederaufleben sowie Projekte entstehen zu lassen. Sie zeigt dir an, dass ein Neuanfang und der Abschluss von Altem sinnvoll sind, und unterstützt dich bei der Umsetzung.

# Zum Schluss

Auf den Seiten dieses Buches hast du erfahren, welche unglaubliche Kraft in dir und jedem Einzelnen von uns steckt. Du hast das Handwerkszeug erhalten, um Verborgenes und Unklarheiten aufzudecken und zu lösen, dunkle Stellen in helle umzuwandeln und überhitzte Körperteile gedanklich abzukühlen.

Du selbst entscheidest, welche Bedeutung der Feeling-Code in deinem Leben haben wird. Ob du ihn nur in bestimmten Situationen oder wöchentlich anwendest, ob du große oder kleine, klärende oder heilende Sitzungen abhältst. Ich habe es schon einige Mal geschrieben, aber es kann nicht oft genug gesagt werden: Du bist der Meister deines Lebens! Du und niemand sonst bist für dich und dein Lebensglück verantwortlich.

Der Feeling-Code stellt eine Reise zu dir selbst dar, auf der du dich besser kennenlernst und erfährst, wie Selbstliebe und Zuversicht dein Leben verändern können. Ich wünsche mir von ganzem Herzen, dass du erkennst: Du bist frei, in deiner Seele und deinem Körper. Ich habe schon vielen Menschen mit dem Feeling-Code helfen können, wieder ein glückliches, zufriedenes und schmerzfreies Leben zu führen. Auch dann, wenn alle anderen Therapien versagt hatten, zeigte der Feeling-Code positive Wirkung.

In meiner Akademie in Österreich und der Schweiz, die von mir im Jahr 2012 gegründet wurde, wird die Technik des Feeling-Codes gelehrt. Viele dort ausgebildete Berater wenden die Methode mittlerweile an, und das nicht nur bei sich, sondern auch an ihren Klienten.

Die Entdeckung des Feeling-Codes war mein größtes

Glück. Ich arbeite seit einigen Jahren mit der Methode in meiner Praxis, gemeinsam mit einer Ärztin, die auf alternative Medizin spezialisiert ist. Wir beraten und begleiten Menschen in schwierigen Phasen, mit Depressionen, unheilbar erkrankt und oft auch Frauen mit unerfülltem Kinderwunsch. Dank des Feeling-Codes konnten wir schon sehr vielen Menschen helfen, indem wir ihre inneren Blockaden gelöst und alte Muster durchbrochen haben. Oftmals dauert es nur wenige Sitzungen, bis meine Klienten den Feeling-Code allein zu Hause anwenden können.

Ich freue mich, wenn ich dir mit dem Feeling-Code eine Selbsthilfemethode an die Hand geben konnte, die dein Leben erleichtert, bereichert und lebenswerter macht. Heile dich selbst, denn nur du weißt, was du wirklich brauchst. Du bist dein bester Therapeut.

Alles Gute,
deine Birgit

# Anhang

## Anleitung zur Feeling-Code-Reise Gesundheit

*Audiotracks auf der Website*

Herzlich willkommen zur Feeling-Code-Reise durch deinen Körper. Ich möchte dich hiermit einladen, eine Reise durch das Innere deines Körpers zu machen. Das Innere deines Körpers sollte genauso schön strahlen wie das Äußere. Wir wollen es gemeinsam zum Glänzen bringen.
Ich bitte dich nun, dich entspannt hinzulegen oder hinzusetzen, so wie es für dich bequem ist. Nimm dir die Zeit, die du brauchst. Korrigiere deine Haltung, wenn du das Gefühl hast, dass es noch nicht gut ist. Du solltest in den nächsten Minuten ruhig liegen können, ohne Störung von außen, um dich wirklich auf dein Innerstes zu konzentrieren.
Alle Gedanken, die kommen und gehen, sind wichtig. Nimm sie wahr, aber nimm sie nicht mit auf die Gedankenreise. Schick sie weiter. Immer wenn ein Körper in die Stille kommt, werden die Gedanken lauter. Sieh sie dir innerlich an, spüre sie oder fühle sie und schick sie dann weiter auf eine Reise, die in diesem Augenblick nicht deine Reise ist.
Ich bitte dich nun, deine Augen zu schließen und dein inneres Auge zu öffnen. Das innere Auge befindet sich an der Stelle des dritten Auges inmitten deiner Stirn. Es ist wie ein Lichtschalter, den du anmachst, um dein Innerstes klar und deutlich vor dir zu sehen.
Vielleicht kannst du dich an dich erinnern, als du ein kleines Mädchen oder ein kleiner Junge warst. Ich bitte dich nun, dir dieses kleine Wesen vorzustellen. Lass dich auf dieses kleine

Geschöpf auf eine Größe von zwei bis drei Zentimetern schrumpfen, um mit ihm zusammen deinen Körper zu erkunden.

Falls diese Vorstellung nicht möglich ist, dann stell dir vor, wie du als Erwachsener auf zwei bis drei Zentimeter schrumpfst, um so durch deinen Körper zu spazieren.

Ich bitte dich, dir nun vorzustellen, wie du als kleines Wesen auf deinem Brustkorb Platz nimmst und dir alles genau ansiehst. Wie sieht dein Körper aus? Wie fühlt er sich an?

Sag laut, was du wahrnimmst, wenn du eine Tonaufnahme laufen lässt! Bewerte nicht. Alles, was du wahrnimmst, darf sein. Falls du keine Tonaufnahme laufen lässt, wirst du später Zeit haben, dir das zu notieren, was du wahrgenommen, gesehen, gehört und gefühlt hast.

Entspanne all deine Muskeln in deinem Gesicht, deine Muskeln zwischen den Augenbrauen, deine Wangen, deine Haare und deine Kopfhaut. Alles darf sich entspannen, und mit jedem Atemzug gehst du immer tiefer und tiefer in Trance. Atme ein – und atme aus. Sehr langsam und behutsam. Du darfst alle Muskeln deines Körpers entspannen. So wie es für dich gut ist. Du sinkst mit jedem Atemzug tiefer und tiefer in Trance. Dein Kopf wird immer schwerer. Deine Schultern, deine Hände hängen ganz schwer und sinken in die Matratze ein. Dein Unterkörper wird immer schwerer und schwerer. Und alle negative Energie wird über die Füße aus deinem Körper geleitet und im Erdinneren transformiert. Jeder Muskel wird entspannt, und du spürst richtig, wie sich eine leichte Müdigkeit in dir ausbreitet.

Nun bitte ich dich, dich auf das Innere deines Körpers zu konzentrieren. Schau mit deinem inneren Auge das kleine Wesen auf deinem Brustkorb an, öffne langsam und behutsam deinen Mund und lass es mit einem Sprung in deine Mundhöhle hüpfen. Das kleine Wesen rutscht durch die Mundhöhle und den Hals direkt in dein Herz und setzt sich dort hin.

Nun bitte ich dich, spüre tief in dein Herz hinein. Wie geht es

deinem Herz? Wie sieht es aus? Wie fühlt es sich an? Hörst du Musik? Hörst du Klänge? Hörst du irgendetwas, was wichtig ist? Sätze von deinen Eltern?
Alles, was kommt, darf sein. Und während du so dasitzt und in dich hineinspürst, merkst du, wie du immer entspannter und entspannter wirst.
(Drei Minuten Pause)
Wenn du fertig bist mit dem Hineinspüren, dann bitte ich dich, deinen Spaziergang im Inneren des Körpers fortzusetzen.
Spaziere in Richtung deiner Leber und schau sie dir an. Wie sieht sie aus? Wie fühlt sie sich an? Ist sie hart? Ist sie weich? Welche Farben dominieren? Gibt es Gefühle, Personen, Erfahrungen, die in dir aufsteigen? Oder ist alles gut, so wie es ist? Es können Zahlen auftauchen, Gefühle, alles ist richtig, wie es ist, und darf und will gesehen werden. Lass dir Zeit, um alles genau zu beschreiben.
(Drei Minuten Pause)
Nun wanderst du weiter in Richtung deiner Milz, und auch dort spürst du in dich hinein. Wie sieht deine Milz aus? Was ist alles in deiner Milz beheimatet? Kannst du Bilder sehen? Stimmen hören? Alles, was in dir ist, darf sein. Und während du dich so in deine Organe hineinspürst, wirst du immer entspannter und müder und müder.
(Drei Minuten Pause)
Ich schicke dich nun über deinen Darm zu deinen Füßen. Du spazierst durch deinen Darm. Ist er weit? Ist er eng? Ist er grob oder sehr fein und klar? Ist er rein oder gibt es etwas zu verändern?
(Drei Minuten Pause)
Es ist wichtig, dich mit deinem Innersten anzufreunden. Denn dein Innerstes ist das Fundament deines seelischen Immunsystems.
Du spazierst nun in deine Füße. Zuerst in den linken Fuß. Sieh dir an, wie es deinem linken Knie geht. Gibt es irgendwelche

Unebenheiten und dunklen Stellen, die dort auftreten? Zieht es dich irgendwo hin? Was siehst du? Personen, Erfahrungen, Klänge, Musikstücke, Gedichte? Alles, was auftaucht, darf sein.
(Drei Minuten Pause)
Deine Reise geht nun in deinen rechten Fuß, und du siehst dir an, wie es deinem rechten Knie geht. Gibt es irgendwelche Unebenheiten und dunklen Stellen, die dort auftreten? Ob es dich irgendwo hinzieht. Personen, Erfahrungen, Klänge, Musikstücke, Gedichte? Alles, was auftaucht, darf sein.
(Drei Minuten Pause)
Du hast nun den größten Teil der Feeling-Code-Reise hinter dir, und nun machst du dich wieder auf den Weg in Richtung deines Halses. Du spazierst durch deinen rechten Fuß, über deinen Darm/Intimbereich hinauf, an der Leber und Milz vorbei über das Herz direkt bei deinen Lungenflügeln vorbei in deinen Hals. Im Hals machst du eine kurze Pause. Schau dir an, wie dein Hals aussieht. Ist er eng? Bekommst du genug Luft? Kannst du durch diesen Hals immer das sagen, was du denkst? Alles, was ist, darf sein.
(Drei Minuten Pause)
Und wenn du dir das angesehen hast, wanderst du weiter in deinen Kopf. In deinem Kopf siehst du dir an, ob es dunkel oder hell ist. Wie sehen deine Gedanken aus? Sind sie rund oder eckig? Sind sie sehr klar oder eher verworren? Alles, was bei den unterschiedlichsten Stellen auftaucht, darf sein.
(Drei Minuten Pause)
Und nun kommen wir zu der Öffnung deines Kopfes nach oben hin. Wie fühlt sich diese Öffnung an? Ist sie verstopft oder ist sie sehr klar und rein, sodass du Energie vom Himmel bekommen kannst? Diese Energie fließt dann über die einzelnen Zellen deines Körpers direkt in die Erde, sodass deine Zellen immer rein und voller Lebensenergie sind.
(Drei Minuten Pause)
Und wenn du dir das angesehen hat, machst du noch einen Abstecher in deine Hände. Spaziere deine Hände entlang. Sieh dir

die Ellbogen und die Schultern an. Gibt es hier irgendetwas zu erkennen? Steigt etwas auf, was wichtig wäre? Schau in deine Hände, in deine einzelnen Finger.
Zuerst in die rechte Hand, und dann, wie es für dich passend ist, spazierst du in die linke Hand. Kannst du in jeden Finger gehen, oder gibt es ein oder zwei, die blockiert sind?
(Fünf Minuten Pause)
Das ist alles wichtig, denn je nachdem kannst du daran erkennen, was mit deinem Körperinneren los ist. Und wenn du dir deine Ellbogen und deine Hände angesehen hast, so spaziere wieder in Richtung deiner Mundhöhle. Über deine Schultern, durch den Hals direkt in die Mundhöhle.
Und wenn es für dich passt und du alles in deinem Körper gesehen hast, was für dich wichtig war, dann hüpf aus der Mundhöhle heraus und setz dich, als kleines Wesen, wieder auf den Brustkorb.
Du hast nun den ersten Teil der Feeling-Code-Sitzung erfolgreich geschafft. Du hast eine Bestandsaufnahme, eine Analyse deines inneren Körpers gemacht. Selbst wenn du nichts gespürt und wahrgenommen hast, waren diese Minuten sehr wichtig für dich, um anfängliche Blockaden und Hindernisse zu lösen. Und du wirst recht schnell merken, dass du mit jeder Sitzung, mit jeder Bestandsaufnahme immer tiefer in dein Unbewusstes gehen kannst und dass dein Körperinneres der Grund ist, warum Menschen dich anstrahlen. Nicht das Äußere ist das Wichtigste, sondern dass dein Inneres strahlt, dass dein Kern von innen heraus leuchtet.
Und nun möchte ich dir noch zur ersten Feeling-Code-Reise eine kurze Abschlussübung geben. Lass dir vom Himmel aus in Liebe getränkte Herzen regnen. Diese »in Liebe getränkten Herzen« sollen in jede deiner Zellen gelangen. Dein Körper ist wie ein ausgetrockneter Schwamm, der in Liebe getränkte Herzen aufsaugt. Genieß das Gefühl und gib dir Zeit, in jede deiner Zellen diese Herzen fließen zu lassen.

(Fünf Minuten Pause)
Du wirst innerlich gestärkt, du strahlst wie ein Diamant und wirst sehr schnell merken, dass sich schon dadurch Blockaden lösen dürfen.
Nun werde ich behutsam rückwärts von drei bis eins zählen, und bei eins wirst du hellwach und voll entspannt sein.
Drei – dein Puls wird wieder schneller. Zwei – deine Blutwerte stabilisieren sich, deine Atmung wird wieder schneller. Und 1 – du öffnest deine Augen, streckst dich und bist hellwach. Hellwach.
(Zwei Minuten Pause)
Und nun bitte ich dich noch einmal, in dich zu gehen, deinen Körper noch einmal kurz wahrzunehmen und, ohne ein Wort zu sagen, die Augen zu öffnen und jetzt aufzuschreiben, was du alles wahrgenommen hast. Sollten Personen, Erfahrungen, Gefühle aufgetaucht sein, so verwende auch diese und schreib sie dazu. Das ist wichtig, denn dies ist deine erste Sitzung mit dem Feeling-Code.

**Herzlich willkommen zum zweiten Teil deiner Feeling-Code-Reise.**

Du wirst vermutlich bei der Bestandsaufnahme und Analyse deines Körperinneren auf einige Sachen gekommen sein. Vielleicht hast du Gefühle wahrgenommen, Personen, Zahlen, alte Erinnerungen und vieles mehr. Hast etwas gespürt, Farben gesehen oder Leute gehört, die dir gezeigt haben, dass es hier etwas zu klären gibt.
Deshalb werden wir uns im zweiten Teil der Feeling-Code-Reise ansehen, wie du es schaffst, genau diese Blockaden zu lösen und einfache kleine Musterketten alleine aufzulösen.
Ich bitte dich nun, dir wieder einen bequemen Platz zu suchen. Diesmal jedoch sitzend. Notiere nun alle Erfahrungen, die du bei der Reise durch deinen Körper gemacht hast. Was hast du an den unterschiedlichen Stellen gerochen, gefühlt, gesehen und gehört?

(Fünf Minuten Pause)
Nachdem du alles genau notiert hast, sieh dir an, was du aufgeschrieben hast. Wo gab es dunklere Stellen, wo hellere, wo tauchten Personen auf und wo Gefühle und Farben?
Es ist wichtig, dass du all das aufschreibst, was dich auf deiner Reise begleitet hat.
Wir arbeiten mit den Feeling-Karten, die du dir nun bitte herrichtest. Um sie bei der Hand zu haben, um die Blockaden und die Stellen, die für dich nicht so positiv wirkten, auszugleichen. Es geht wirklich darum, dass du dies alles ausgleichst, es ausbalancierst. Das ist eine ganz einfache Übung im Feeling-Code. Du versuchst, jede Stelle, die problematisch ist, mit einer Feeling-Karte auszugleichen, die du intuitiv ziehst. Das Ziel ist, dass diese Stelle automatisch in Balance kommt.
Wenn du das Gefühl hast, dass Personen, Gefühle, Farben auftauchen, die dir Angst machen, zieh intuitiv eine Feeling-Karte. Lies dir die Beschreibungen auf der Rückseite durch und verwende diese Feeling-Karte, um dich in Balance zu bringen.
Genauso durchwandern wir jetzt deinen Körper. Lege auf die problematischen Stellen, die du im ersten Teil der Reise wahrgenommen hast, intuitiv ausgewählte Feeling-Karten, um direkt an diesen Stellen die Wirkung dieser Karten zu spüren.
Mit diesen intuitiv ausgewählten Feeling-Karten erreichst du den Ausgleich. Verwende die Feeling-Karten, die dir wichtig sind, und gib sie auf die Stellen, wie es für dich passt.
*Ein kleiner Tipp: Ganz viele Personen verwenden die aus Liebe getränkten Herzen immer für das Herz-Chakra und die liebevolle Verbundenheit für das Wurzel-Chakra. Die Karten wirken dort am besten.*
So, nun bitte ich dich, es dir wieder bequem zu machen. Lege dich oder setze dich hin und lass dich auf eine Lösungsreise im Feeling-Code ein. Es ist wichtig, dass du wieder deine Augen schließt. Das kleine Ich nimmt wieder Platz auf deinem Brustkorb. Es ist wichtig, dass du in dich hineinspürst. Sämtliche Ge-

räusche in deiner Umgebung machen dich nur noch entspannter und entspannter. Öffne dein inneres drittes Auge, mache Licht in deinem Körper und schau dich um, während du immer tiefer und tiefer in Trance gehst. Jeder Muskel in deinem Körper geht in vollkommene Entspannung und darf loslassen. Du darfst dich entspannen und loslassen.

Wie schaut es innerlich aus? Wie spürst du dich? Fühlst du dich jung? Fühlst du dich sehr frisch? Oder ist da schon etwas an Verbrauchtheit in den Körper eingezogen? Stagniert etwas, oder darf es richtig gut fließen? Du merkst schon, es geht in eine Richtung: Es soll sehr frisch sein, alles darf in deinem Körper fließen. Du darfst ganz viele helle Stellen haben, es darf dir innerlich wie äußerlich gut gehen.

Und nun beginnen wir mit der ersten Lösungsreise im Feeling-Code. Ich bitte dich nun, das kleine Wesen, das auf deinem Brustkorb Platz genommen hat, über deinen Mund in deine Mundhöhle und durch deinen Hals und die Lungenflügel wieder in dein Herz zu schicken. Und wenn in deinem Herzen die Stelle ist, die gelöst werden darf, dann stell dir vor, wie in deinem Herzen der Ausgleich geschaffen wird. Stell dir ein gut durchblutetes, schlagendes Herz vor, sehr frisch, rot, saftig, voller Lebensfreude und Lebenslust, wie es klopft und wie es dir zeigt: Ich bin da, um dich am Leben zu halten.

(Zwei Minuten Pause)

Und wenn es für dich passt, spazierst du weiter in Richtung deiner Leber, die ordentlich pulsiert, die mit einem saftigen, nicht zu festen und nicht zu weichen Bestandteil in deinen Körperorganen verbunden ist. Du merkst, wie die Leber da ist, um zu entgiften. Alle Verletztheit, alle Wut und alle Trauer dürfen abfließen, direkt in den Erdkern, um dort transformiert zu werden. Die Leber ist dafür da, dass sie deinen Körper reinigt. Sie ist das Reinigungs- und Putzorgan in deinem Körper. Deshalb achte speziell auf sie. Jede Feeling-Karte, die du auf deinen Körper gelegt hast, darf dir positive Energie schicken. Sie darf Liebe,

Mut und Gelassenheit in dein seelisches Immunsystem fließen lassen.
(Vier Minuten Pause)
Nun bitte ich dich, weiter zu deiner Milz zu gehen. Deine Milz unterstützt die Leber, um deinen Körper weiter zu reinigen. Ganz wichtig ist es, dass du dich richtig in deine Milz hineinlässt. Die Milz steht für einen guten Zusammenhalt in der Familie und unter Freunden. Stärke, Vertrauen und Liebe dürfen direkt in deine Milz fließen.
(Drei Minuten Pause)
Und nun bitte ich dich, weiter auf deiner Reise in Richtung deines Darmes zu gehen. Dein Darm darf frei und gut pulsierend alles Gegessene auf eine liebevolle und reinigende Art und Weise verarbeiten und ausscheiden. Alle Schlacken und Überreste dürfen sich auflösen. Das, was er nicht braucht, darf der Körper wieder gut ausscheiden. Es ist ganz wichtig, dass du dir bewusst bist, dass jedes Organ in deinem Körper eine ganz spezielle Aufgabe hat. Und sie müssen zusammenarbeiten, damit es dir, deinem Körper und deiner Gesundheit gut geht.
(Vier Minuten Pause)
Alle Feeling-Karten dürfen nun wieder ihre Wirkung entfalten und alles Negative aus deinem Körper fließen lassen und jede Zelle deines Körpers reinigen und klären.
Und nun bitte ich dich, weiterzugehen in deine Knie und in deine Füße. Wie es dir gefällt, zuerst in den linken, dann in den rechten oder umgekehrt. Und wenn du an einer Stelle irgendetwas aufzulösen hast, so verweile an dieser Stelle und gib dir Zeit, um das mit dir auszumachen.
Lass vom Himmel in Liebe getränkte Herzen regnen. Diese Feeling-Karten löschen alle Blockaden und alle Muster und bewirken, dass es jeder Stelle in deinem Körper gut geht.
(Drei Minuten Pause)
Wenn du mit deinen Knien und mit deinen Füßen fertig bist, so spazierst du wieder hinauf über den Darm, über die Milz, über

die Leber, über das Herz, direkt bei den Lungenflügeln vorbei und weiter zu deinem Hals. Sieh dir an, wie es deinem Hals geht.
(Drei Minuten Pause)
Nun bitte ich dich, dir deinen liebsten Duft vorzustellen und diesen Duft direkt in deinen Hals fließen zu lassen. Puste alle Zellen, alle Adern, die ganze Blutbahn mit diesem Duft aus. Alles in dir darf nach deinem Lieblingsduft riechen. Er reinigt und bringt dir Wohlbefinden, Gesundheit und Liebe in jede Zelle deines Körpers.
(Vier Minuten Pause)
Es ist wichtig, dass du weißt, dass alle deine Zellen automatisch gereinigt werden, denn von oben lässt du die ganze Zeit in Liebe getränkte Herzen regnen, um deine Zellen aufzuladen und ihnen die Möglichkeit zu geben, wieder rein zu sein und deine Seele, deinen Körper und deinen Geist zu entgiften.
(Drei Minuten Pause)
Du spürst nun, dass dein Körper vollkommen entspannt, gereinigt und gesund ist, dass jede Zelle deines Körpers strahlt. Nun wird es Zeit, wieder aufzuwachen.
Ich werde jetzt behutsam von drei bis eins zählen, und bei eins wirst du hellwach und voll entspannt sein.
Drei – dein Puls wird wieder schneller. Zwei – deine Blutwerte stabilisieren sich, deine Atmung wird wieder schneller. Eins – du öffnest deine Augen, streckst dich und bist hellwach. Hellwach.

**Wahrnehmungen und ihre Bedeutungen**

| | |
|---|---|
| **Kälte** | Fehlende Emotionalität, Distanz, Unsicherheit, Ängste |
| **Hitze** | Überspannung, Belastungen, Überhitzung, Stau, Unterdrücktes |
| **Wasser** | In den Fluss kommen, Reinigung, Hinsehen |
| **Erde** | Erdung, Leben im Hier und Jetzt, Bodenständigkeit, Unklarheit |
| **Luft** | Abenteuerlust, Lockerheit, Flexibilität, Wunscherfüllung |
| **Feuer** | Energie, Aggression, Wut, Stärke |
| **Holz** | Erdung, Abgrenzung, Sicherheit, Ursprung |
| **Rot** | *Positiv:* Neuanfang, Unterstützung, über sich hinauswachsen, Sexualität<br>*Negativ:* selbstzerstörendes Verhalten, Sexualität, Überlebens- und Durchsetzungsproblematik |
| **Orange** | *Positiv:* Glückseligkeit, Flexibilität, Kreativität, Beweglichkeit, Begeisterungsfähigkeit<br>*Negativ:* Neid, Starre, blockierte Kreativität, Hamsterrad |
| **Gelb** | *Positiv:* Optimismus, Extrovertiertheit, Strahlkraft, Leichtigkeit<br>*Negativ:* Überkritisch, Meinungen von anderen nicht annehmen, Zurückgezogenheit |
| **Grün** | *Positiv:* Neuanfang, Harmonie, Heilung, Entscheidungsfreude<br>*Negativ:* fehlende Erdung, verlorener Bezug zur Realität, funktionieren, ohne zu leben |

| | |
|---|---|
| **Blau** | *Positiv:* Kommunikation, Schutz und Geborgenheit, Mitgefühl, Klarheit<br>*Negativ:* mangelnde Kommunikation, fehlende Emotionalität, kein Schutz, keine Geborgenheit |
| **Schwarz** | *Positiv:* Schwächen annehmen, Blickwinkel ändern, innere Balance leben<br>*Negativ:* Ratlosigkeit, Verlust, Trauer, extremes Denken |
| **Weiß** | *Positiv:* Sicherheit, Freiheit, Neuanfang, Mut, Freude<br>*Negativ:* keine Freude im Leben, fehlende Fürsorge, Schutzlosigkeit |

| | |
|---|---|
| **Affe** | Mehr Farbe ins Leben lassen, etwas zurückholen, Verrücktheit, Beweglichkeit, Abenteuerlust, kreative Handlungen |
| **Bär** | Schutz und Sicherheit, liebevolle Verbindung, Nähe, Urvertrauen, Stärke |
| **Fische** | Fehlende Entscheidungsfreue, verborgene Anteile leben, Kräfte sammeln, Rückzug, Freiheit leben |
| **Haustiere** | Innige Verbindung, Treue und Liebe, Verschmelzung, Gemeinschaft |
| **Huftiere** | Reisen, andere Kulturen kennenlernen, neue Erkenntnisse, Blickwinkel ändern, Spiritualität und Vielseitigkeit |
| **Insekten** | Energieraubend, nicht zur Ruhe kommen, Gedankenkarussell, Unsicherheit, Achtsamkeit, kritisches Hinterfragen |
| **Vögel** | Leben im goldenen Käfig, gestörtes Milieu, Freiheit, emotionaler Abstand |

Basic-Karten

***Bewusstseinserweiterung***

Die Karte *Bewusstseinserweiterung* bringt mehr Spiritualität in dein Leben. Wenn du engstirnig oder egoistisch bist oder oftmals viel Wut in dir trägst, so verwende die Karte der Bewusstseinserweiterung. Spüre, dass wir alle eins sind, dass wir zusammengehören und dass jeder Stärken und Schwächen in sich trägt. Diese Karte wird dir zu mehr Gelassenheit in Bezug auf die Menschen um dich herum verhelfen, und genau das wird dir sehr guttun.

***Blinder Fleck***

Der *Blinde Fleck* führt dir vor Augen, dass sich hinter Erfahrungen, Gefühlen, Bildern, Tönen und Farben noch mehr verbirgt. Hier scheint etwas noch tiefer zu liegen. Diese Karte dringt bis in deine hintersten Ecken vor, damit du spürst, wo noch etwas gesehen werden möchte. Es ist die Reinigungskarte deines seelischen Immunsystems.

*Energie*

Diese Karte kann auch bei Menschen angewandt werden, denen der Lebensmut verloren gegangen ist. Fehlende Motivation, kein Antrieb und Lustlosigkeit, aber auch depressive Verstimmungen können durch die *Energie*-Karte sehr gut geklärt werden.

*Frei sein*

Die Karte *Frei sein* unterstützt dich dabei, frei zu sein und dich nicht (länger) einsperren zu lassen. Sie lehrt dich, dass du der Meister oder die Meisterin deines Seins bist, und lässt dich erkennen, dass du innerlich frei bist und doch dazugehörst.

### *Loslassen*

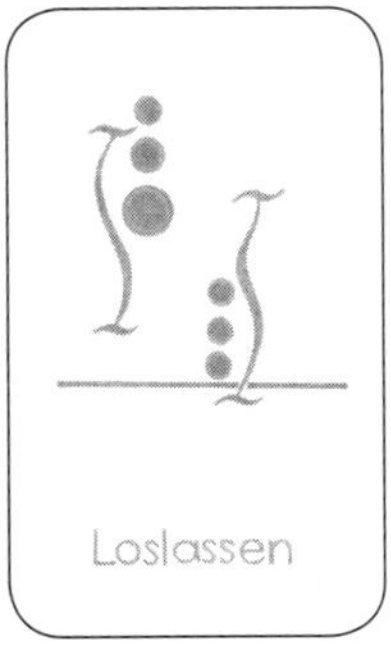


Die *Loslassen*-Karte eignet sich hervorragend, wenn du vorhast, dich von jemandem abzuwenden. Gerade wenn du Liebeskummer hast oder es dir in zwischenmenschlichen Situationen nicht gut geht, hilft dir die Karte. Alte Erinnerungen, Erfahrungen und negative Begebenheiten kannst du mit ihrer Hilfe loslassen. Sie hilft dir, dich selbst wiederzufinden.

### *Rückschau*

Die *Rückschau*-Karte hilft dir, auf Vergangenes zurückzublicken und die Ereignisse anzunehmen. Sie unterstützt dich dabei, alles, was war, zu begreifen, um das, was noch vor dir liegt, zu verstehen. Mit ihrer Hilfe lernst du, deine Vergangenheit zu akzeptieren, um glücklich in deiner Zukunft zu leben.

***Blockaden lösen***

Mit der Karte *Blockaden lösen* kannst du Verstrickungen in deinem Leben lösen, um deine Energie wieder frei fließen zu lassen. Die Karte hilft dir, zu erkennen, welche Blockaden aufzulösen sind, damit das Qi wieder frei durch deinen Körper strömen kann.

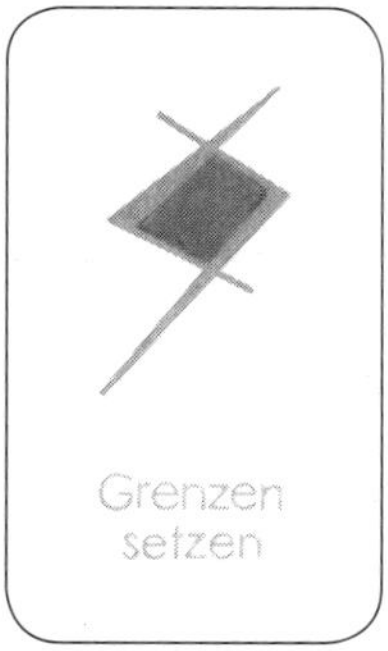


***Grenzen setzen***

Dank der *Grenzen-setzen*-Karte wirst du zukünftig in der Lage sein, Grenzen zu setzen und Nein zu sagen. Sie verschafft deiner inneren Stimme mehr Gehör und macht dir bewusst, was dir im Leben wichtig ist. So erkennst du, dass du immer geschützt bist, auch dann, wenn du Nein sagst. Die Karte hilft dir dabei, Menschen anzuziehen, die mit deinem Nein umgehen können. Vergiss nie: Ein Nein zu anderen ist ein Ja zu dir.

*In Liebe getränkte Herzen*

Diese Karte unterstützt dich dabei, wieder Sonne in dein Herz zu lassen und deine Liebe und dein Sein wiederzuerkennen. Sie verleiht dir die Kraft und Stärke, wieder zu dir selbst zu finden, wenn es dir nicht gut geht oder du dich mit negativen Gedanken und Erfahrungen quälst.

***Loslassen der Vergangenheit***

Mithilfe der Karte *Loslassen der Vergangenheit* erkennst du, dass du eine alte Liebe noch nicht losgelassen hast. Sie unterstützt dich dabei, die Person freizugeben und zu Neuem aufzubrechen. Es kann sein, dass die alte Liebe, die du noch nicht hast gehen lassen, nicht mehr unter uns weilt oder bereits in einer anderen Beziehung lebt.

### *Schutz und Sicherheit*

Die Karte *Schutz & Sicherheit* unterstützt dich dabei, dich selbst zu stabilisieren und Schutz und Sicherheit in dein Leben zu lassen. Du erkennst, dass du den Kampf schwerer vergangener Zeiten überstanden hast. Die Karte lässt ausschließlich positive Energien zu dir durchdringen und ist ideal geeignet, wenn ein schwieriges Gespräch ansteht.

### *Selbstliebe*

Mit der *Selbstliebe*-Karte wirst du in deiner Mitte ankommen. Sie unterstützt dich dabei, dir bewusst zu machen, was du kannst, und hilft dir, deine Ressourcen und Stärken zu erkennen. Du wirst in der Lage sein, dich mit einem Lächeln selbst zu bewundern und deine inneren Kräfte zum Vorschein zu bringen. Du bist zukünftig stolz darauf, ein Bürger dieser Erde zu sein, und kommst auf eine zarte und besänftigende Art und Weise bei dir selbst an.

***Selbstvertrauen***

Mit der *Selbstvertrauen*-Karte lernst du, dir selbst zu vertrauen. Sie zeigt dir, wer du wirklich bist, dass du wachsen und dich selbst stärker wahrnehmen kannst. Nur du bestimmst über dein Leben. Die Karte unterstützt dich dabei, auf deine innere Stimme zu hören und zu erkennen, was gut für dich ist. Sie eignet sich besonders für dich, wenn du dir deiner selbst noch nicht sicher bist.

***Universal***

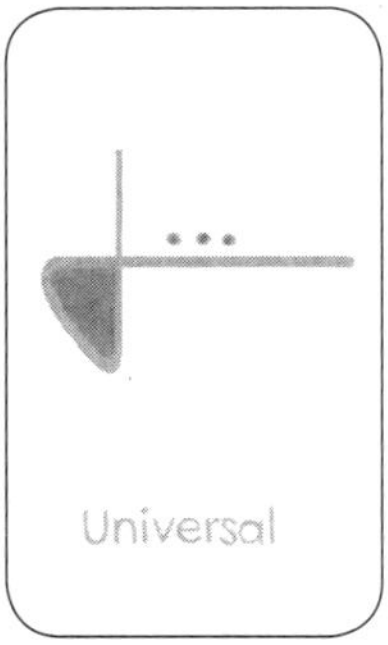


Die *Universal*-Karte unterstützt dich darin, die Freude in dir zuzulassen und dein Leben mit Liebe und Balance zu bereichern. So wird deine Lebensqualität erhöht, und du wirst spürbar glücklicher. Diese Karte solltest du in Verbindung mit einer anderen Karte verwenden, um zu definieren, worauf der Fokus liegt.

### *Das Anch*

*Das Anch* unterstützt dich dabei, deine sexuelle Energie wahrzunehmen und achtsam mit deiner Sexualität umzugehen. Es bringt dich zurück in deine Weiblichkeit oder Männlichkeit und hilft dir, Sinnlichkeit zu erleben. Die Karte unterstützt dich außerdem, wenn bei dir im Bett gerade Flaute herrscht.

### *Das Pentagramm*

Dieses Zeichen unterstützt dich dabei, Energieräuber fernzuhalten. Es schützt dich vor Bösem und zieht gute, dir wohlgesinnte Menschen in dein Leben. Die obere Spitze des *Pentagramms* repräsentiert deinen Geist, die anderen vier Spitzen die Elemente Luft, Erde, Wasser und Feuer. Sollte das Symbol in Verbindung mit einer Person auftauchen, ist es ratsam, diese Beziehung noch einmal zu überdenken.

*Das Yin-Yang*

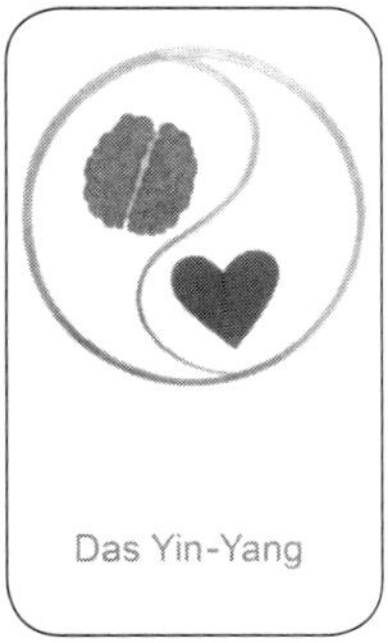


Diese Karte unterstützt dich dabei, das Männliche und das Weibliche in dir zu vereinen und für Harmonie in deinem Inneren zu sorgen. Sie verdeutlicht, dass Gleichgewicht der Schlüssel zu einem ganzheitlichen Leben ist.

*Der Baum des Lebens*

Diese Karte hilft dir, den Kreis des Lebens wahrzunehmen: die Geburt, das Leben, den Tod und die Wiedergeburt. Sie unterstützt dich dabei, Dinge zu bereinigen, die noch zu klären sind. Darüber hinaus hilft sie dir, zu erkennen, was im Leben wichtig ist, was du hinterlassen möchtest und welche Personen bis zum Tod in deinem Leben bleiben sollen.

### *Der Hamsa*

Die Karte hilft dir dabei, Schutz zu finden und dich vor schwierigen Situationen und Herausforderungen zu bewahren. Die ausgestreckte, abwehrende Hand steht allerdings auch für Stillstand. Das Symbol taucht oft in Verbindung mit Neid und Missgunst auf – eine Aussprache wirkt meist Wunder.

### *Der Hermesstab*

Durch den *Hermesstab* kann die Energie in deinem Leben wieder fließen. Die Karte hilft dir, zu erkennen, wo die Energie ins Stocken geraten ist und welche Bereiche deines Lebens gesäubert werden müssen. Außerdem unterstützt dich das Zeichen darin, Gefühle und Energien wahrzunehmen, die in deinem Beruf, deinem Privatleben, deinen Freundschaften und deiner Gesundheit mitschwingen und diese beeinflussen.

**_Die Blume des Lebens_**

*Die Blume des Lebens* zeigt das Muster der Schöpfung und die Frucht des Lebens. Diese Karte hilft dir, die heiligen Geheimnisse des Universums zu entdecken. Mit ihrer Hilfe lernst du, hinzusehen und zu erkennen, wer du bist, warum du bist und was du bist.

**_Die Lotosblume_**

*Die Lotosblume* symbolisiert die Reinheit des Herzens und die spirituelle Erleuchtung. Mit dieser Karte wirst du eine tiefe Wandlung vollziehen und wieder in deine innere Balance zu kommen. Die Lotosblume hilft dir, negative Glaubenssätze und Muster aufzulösen und das Gleichgewicht zwischen männlichen und weiblichen Energien gerade in Bezug auf die Partnerschaft und unter Kollegen wiederherzustellen.

***Bedingungslose Liebe***

Die Karte *Bedingungslose Liebe* wird dir zeigen: Egal, mit wem du Streit oder Differenzen hast, alles darf heilen, und ihr seid eins. Sie lässt dich erkennen, dass jeder Mensch, jede Gegebenheit und jede Erfahrung eine Art Spiegel für dich und dein Leben darstellt. Die bedingungslose Liebe betrachtet dich mit liebevollem Blick und zeigt dir, dass wir alle Kinder Gottes sind und dass es wichtig ist, dass wir zusammenhalten und gemeinsam an einem Strang ziehen.

***Fruchtbarkeit***

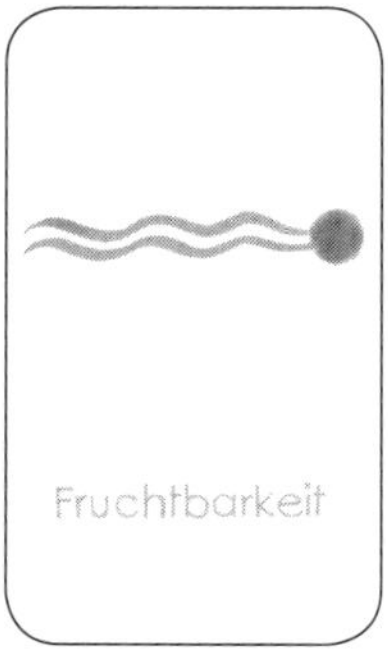


Die Karte *Fruchtbarkeit* unterstützt dich darin, ein Projekt zu »pushen«. In Kombination mit der Karte *In Liebe getränkte Herzen* zieht sie das Gute in dein Leben, damit es fruchten kann. Insbesondere Frauen hilft sie, Muster und Blockaden aufzulösen, um fruchtbar zu sein und leichter schwanger zu werden. Diese Karte eignet sich deshalb besonders für Personen, die ihr Leben mit Kindern bereichern wollen.

### *Liebesmagnet*

Mit der *Liebesmagnet*-Karte wirst du der Liebesmagnet der Welt sein. Sie hilft dir, deine Anziehung zu stärken und positive Menschen in deinem Leben zu begrüßen. Du wirst durch sie dein Charisma entdecken, deine Weiblichkeit oder Männlichkeit voll ausleben und im Mittelpunkt der Aufmerksamkeit stehen. Deiner Wirkung bist du dir bewusst, und du genießt sie.

### *Liebevolle Verbundenheit*

Diese Karte eignet sich besonders für Paare, die den Kontakt zueinander verloren haben. Sie richtet sich auch an Seelenpartner, die sich zwar kennen, aber noch nicht miteinander verbunden sind. Die *Liebevolle-Verbundenheit*-Karte ist ein Türöffner für jede neue Liebe.

### *Sexualität*

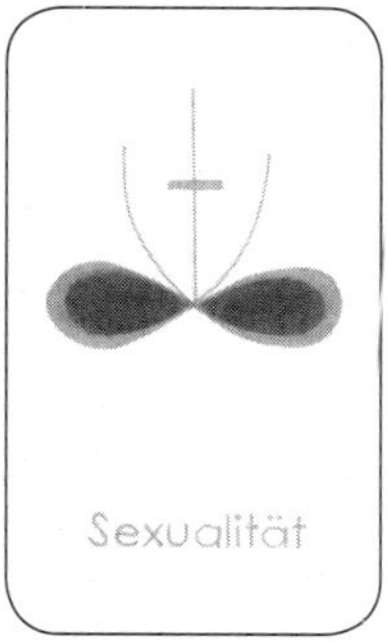


Mithilfe der Karte *Sexualität* wirst du deine Intimität besser kennenlernen und ausleben. Sie offenbart dir, wie es sich anfühlt, anziehend auf andere zu wirken. Durch sie wirst du erkennen, wie schön es ist, deine eigene Sexualität zu leben und dich selbst auf eine Art und Weise zu befriedigen, die dir guttut. Du lernst, was du magst und was nicht, und hast die Fähigkeit, dies auch zu kommunizieren, um zukünftig glücklich und zufrieden mit dir selbst zu sein.

### *Selbstwert*

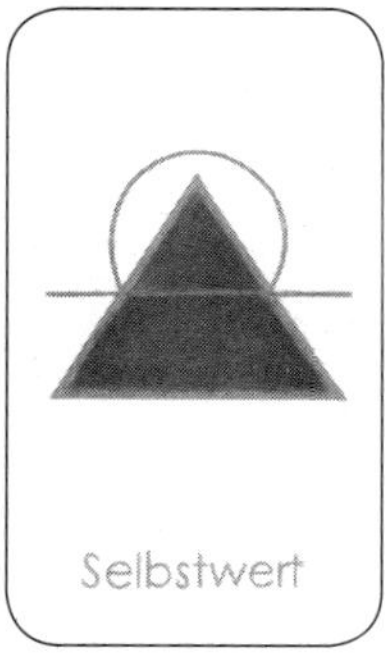


Die *Selbstwert*-Karte unterstützt dich dabei, deine Stärken zu erkennen und zurück in deine Weichheit zu kommen. Durch ihre Hilfe wirst du dich selbst durch die Augen der bedingungslosen Liebe sehen und Dinge wahrnehmen, von denen du nicht geglaubt hättest, dass du sie jemals spüren könntest. Sie hilft dir auch, zu erkennen, was du wert bist, und wird Geld, Liebe und Wohlstand in dein Leben ziehen.

### *Weibliche Fülle*

Diese Karte unterstützt dich dabei, deine Weiblichkeit auszuleben und dich insgesamt weicher zu machen. Sie lässt dich erkennen, dass es ein sehr erfüllendes Gefühl ist, eine Frau sein zu dürfen, dir selbst wohlwollend gegenüberzutreten und die eigene Weiblichkeit in dir zu spüren.

## *Gesundheitskarten*

### *Balance*

Die *Balance*-Karte unterstützt dich beim Ausgleich in jede Richtung. Beim Ausbalancieren des inneren Gleichgewichts kann es zu Schmerzen kommen – diese Karte mildert sie. Sie hilft dir, die Liebe und den Mut anzunehmen, die aus dem überwundenen Schmerz hervorgehen. Darüber hinaus eignet sich diese Karte nicht nur für deinen Körper, sondern auch für Räume oder Wohnungen. Falls du ein Zimmer hast, in dem du dich nicht besonders wohlfühlst, leg die Balance-Karte hinein und warte einige Tage ab, bis die negativen Energien abgewandert sind. Lüften nicht vergessen!

### *Gesundheit*

Mit der Karte *Gesundheit* kannst du jede Zelle deines Körpers reinigen und klären und alles Negative aus den Zellen herausschwemmen. Wenn du krank bist, leg die Karte auf die betroffene Stelle und entspanne dich für einige Minuten. Sehr gut wirken die Karten auch über Nacht beziehungsweise beim Einschlafen, da in diesen Phasen das Unterbewusstsein besonders aktiv ist. Du kannst die Karte einfach unter dein Kopfkissen oder auf die kranke Stelle deines Körpers legen. Nutze sie auch in Kombination mit der Karte *In Liebe getränkte Herzen*, um Gesundheit, Wohlbefinden und Liebe in deinem Leben willkommen zu heißen.

### *Heilung*

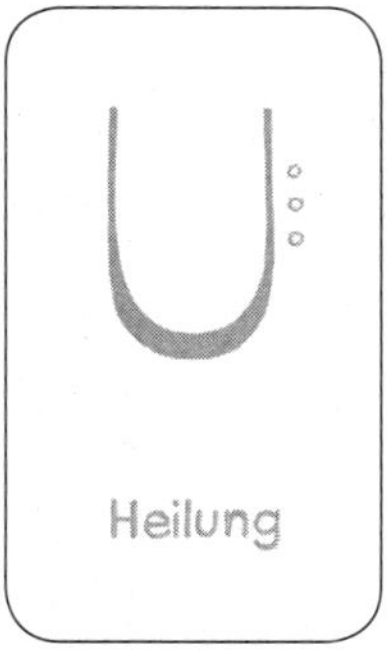


Die Karte der *Heilung* sorgt dafür, dass du rasch genesen und heil werden darfst. Schmerzliche Erfahrungen, schlimme Erlebnisse und alles Negative, mit dem du glaubst, nicht fertigzuwerden, kannst du mithilfe dieser Karte klären und in Positives umwandeln. Wenn du physische Probleme hast, male das Symbol der Heilung auf die schmerzende Stelle, und du wirst merken, dass deine Genesung schneller eintritt, als du erwartet hättest.

### *Stärke*

Dank der *Stärke*-Karte wirst du kraftvoll sein und schwere Zeiten gut überstehen. Sie hilft dir, deine innere Kraftquelle aufzuladen und Energien freizusetzen, die dir helfen, etwas durchzustehen oder zu erreichen. Diese Karte hilft dir bei schwierigen Arztbesuchen und Angst vor Krankheiten.

### *Stille*

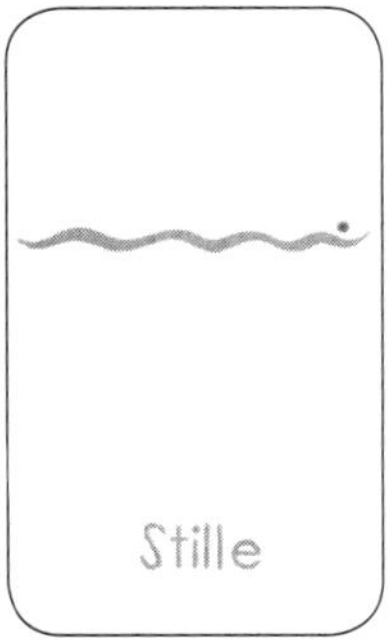


Die Karte *Stille* unterstützt dich dabei, auf deine Intuition zu vertrauen und die Kommunikation mit dir selbst zu stärken. Dein Fokus wird sich vom Außen ins Innen verlegen. So erkennst du die Bedeutung dessen, was du wahrnimmst, wenn du in dich gehst. Hast du die Karte der Stille gezogen, ist nun der richtige Moment, um den Blick nach innen zu richten, zu erkennen, anzunehmen und darauf zu vertrauen, dass alles gut werden darf.

### *Stoffwechsel anregen*

Wenn du Gewicht verlieren willst, ist die Karte perfekt für dich. Sie unterstützt dich dabei, dein Immunsystem zu stärken, deine Zellen zu reinigen und deinen Stoffwechsel in Schwung zu bringen. Damit verhilft sie dir zu mehr Energie und Motivation, um deinen Alltag locker und leicht zu bewältigen. Fett und Übersäuerung in deinem Körper werden so effektiv abgebaut. Leg diese Karte jeden Abend vor dem Schlafengehen auf deinen Bauch und lass sie bis zum nächsten Morgen liegen oder stell ein Wasserglas auf die Karte. Nach einer kurzen Einwirkzeit kannst du das Wasser trinken und damit deinen Stoffwechsel anregen.

### *Zellenreinigung*

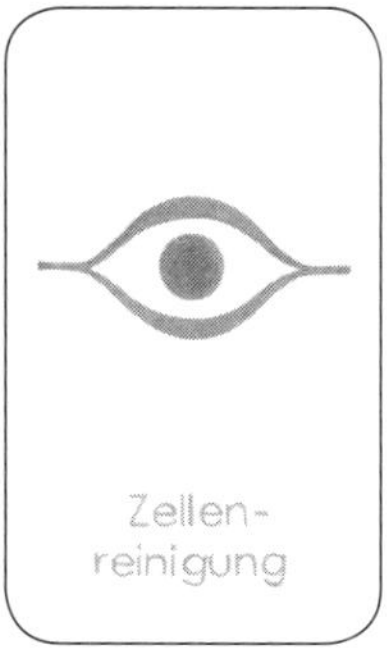


Die *Zellenreinigung*-Karte wird dir dabei helfen, deinen Körper zu entschlacken und bis in die kleinste Zelle von all den negativen Erfahrungen, Mustern und Blockaden zu reinigen, die du nicht mehr mit dir tragen möchtest. Am effektivsten wendest du diese Karte im Rahmen einer Entschlackungs- oder Entgiftungskur an.

***Freiheit***

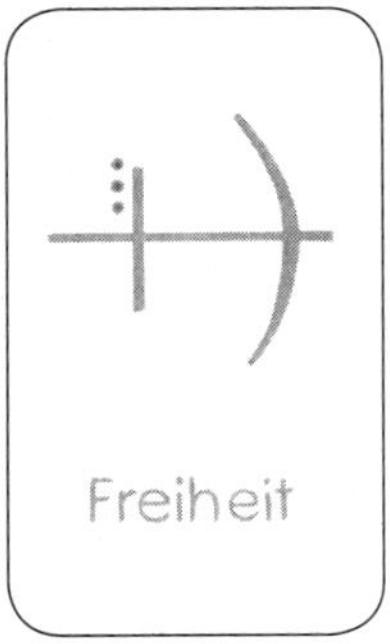


Mit der *Freiheit*-Karte wirst du lernen, deine inneren Fesseln abzulegen und zu erkennen, dass all deine Gedanken frei sind. Du bist der Meister oder die Meisterin deines eigenen Lebens. Die Karte hilft dir dabei, zu erkennen, in welchen Bereichen du noch gefangen bist und wie du dich aus diesen Fesseln lösen kannst.

***Fülle ernten***

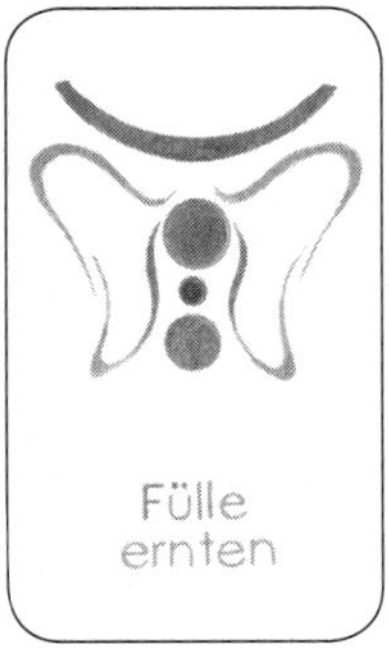


Die Karte *Fülle ernten* unterstützt dich dabei, immer energetisch aufgeladen zu sein. Sie weist dir den Weg zur Fülle deiner Möglichkeiten und lässt dich die bedingungslose Liebe spüren, die in dir ist. Sie hilft dir, Erfolg, Reichtum und Unabhängigkeit durch deinen Körper fließen zu lassen.

***Goldmagnet***

Der *Goldmagnet* sorgt dafür, dass du liebe Menschen triffst und alles Spirituelle in dir vereint wird. Die Karte unterstützt dich dabei, Projekte erfolgreich umzusetzen und Positives (Materielles wie Immaterielles) in dein Leben zu ziehen.

***Innere Ruhe***

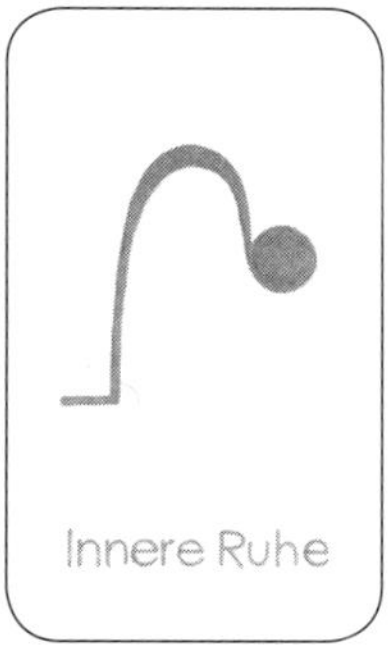


Die *Innere-Ruhe*-Karte hilft dir, den richtigen Moment zu spüren und zu erkennen, dass alles, was du tust, zur richtigen Zeit geschieht. Dank ihr wirst du mit dem Gefühl der inneren Unruhe und des Nicht-angekommen-Seins umzugehen wissen. Außerdem lehrt sie dich, geduldig zu sein und abzuwarten, um eine Entscheidung im richtigen Moment zu treffen.

***Männlich sein***

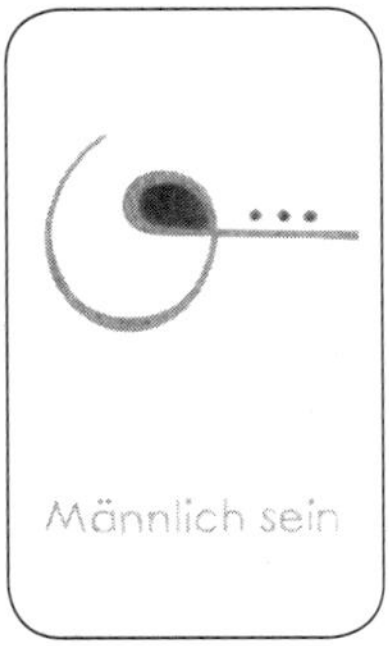


Diese Karte unterstützt dich darin, deine Männlichkeit mehr zu leben. Mit ihrer Hilfe kannst du Dinge schneller ändern. Dank innerer Kraft gelangst du zu mehr Standhaftigkeit in deinem Leben. Mit dieser Karte ziehst du mehr Durchsetzungsvermögen, Mut und Abenteuerlust in dein Leben. Diese Karte eignet sich speziell für Personen, die (zu) viele weibliche Attribute in sich vereinen und sich mehr Stärke und Klarheit wünschen.

***Neuanfang***

Die *Neuanfang*-Karte hilft dir, neue Beziehungen einzugehen oder alte wiederaufleben sowie Projekte entstehen zu lassen. Sie zeigt dir an, dass ein Neuanfang und der Abschluss von Altem sinnvoll sind, und unterstützt dich bei der Umsetzung.